上海市地方志办公室
上海市地方志发展研究中心 编

地方志编纂体裁述论

主　编　　巴兆祥　唐长国
副主编　　陈　畅

文汇出版社

图书在版编目（CIP）数据

地方志编纂体裁述论／巴兆祥，唐长国主编；上海市地方志办公室，上海市地方志发展研究中心编. —上海：文汇出版社，2024.12. -- ISBN 978-7-5496-4383-7

Ⅰ．K290

中国国家版本馆 CIP 数据核字第 20247RV177 号

地方志编纂体裁述论

主　　编／巴兆祥　唐长国
副 主 编／陈　畅
编　　者／上海市地方志办公室　上海市地方志发展研究中心

责任编辑／张　溟
执行编辑／唐　铭
封面设计／张　晋

出版发行／文汇出版社
　　　　　上海市威海路 755 号
　　　　　（邮政编码 200041）
经　　销／全国新华书店
排　　版／南京展望文化发展有限公司
印刷装订／上海颛辉印刷厂有限公司
版　　次／2024 年 12 月第 1 版
印　　次／2024 年 12 月第 1 次印刷
开　　本／890×1240　1/32
字　　数／264 千字
印　　张／12.375

ISBN 978-7-5496-4383-7
定　　价／68.00 元

《地方志编纂体裁述论》编委会

主　　任　王玉梅
副 主 任　姜复生
编　　委　（按姓氏笔画为序）
　　　　　巴兆祥　过文瀚　李学峰　吴一峻
　　　　　陈　畅　唐长国　黄文雷　黄晓明　裘晓燕
主　　编　巴兆祥　唐长国
副 主 编　陈　畅
编著人员　（按姓氏笔画为序）
　　　　　石梦洁　吕志伟　刘效红　李　惠　肖春燕
　　　　　余　璐　张　莉　张燕伶　陈　畅　孟　渊
　　　　　赵明明　赵　峰　洪姝佳　黄　婷
协助编校人员　李晓阳　张晨

序

"方志之学，先儒所重。"（〔宋〕朱长文《吴郡图经续记序》）地方志纵贯古今，横陈百科，自古以来就有"一方之全史""地方百科全书"的美誉，兼具"治天下者以史为鉴，治郡国者以志为鉴"之功用。

以方志编纂为中心的方志理论尽管晚于修志实践，但也同样源远流长。魏晋至隋唐大致处于萌芽、酝酿阶段，两宋以降随着方志定型、发展，学者们为适应修志实践的需要，对方志性质、源流、作用、体例、编纂原则和方法等问题的阐发随之逐渐增多、丰富和系统化。民国初期，"方志学"作为学科概念，被梁启超在《东方杂志》上正式提出，颇引起学者之注意，方志学研究逐渐成为学者们的自觉行为。中华人民共和国成立后，尤其是改革开放以来，全国大规模开展的两轮社会主义新方志编纂热潮，推动方志学理论的探索进入繁荣时期，出版理论著作之多，发表论文数量之大，研究涉及范围之广、之深，影响之巨，在中国方志学术发展史上绝无仅有。方志学的学科知识体系和理论体系初步形成，正以一门独立的学科形态屹立于我国的学科之林。当然，与历史学、地理学、经济学等学科相比，方志学还很年轻，尽管学科建设已颇有成效，但距离"形成较为成熟的理论研究和学科建设体系目标"尚有不小差距，方志学的科学性质、学科体系、理论范式等一系列重大的理论问题仍需进一步深入研究、建构。

上海一直以来都是全国地方志工作的先进之地，首轮新方志编修采用"一纲三目"（《上海通志》+市级专志+区志+县志）的规划设计，为国内独创。二轮修志，规划为市志、市级专志、区县志"三系列"，构建上海市二轮修志"一体两翼"体系，以新颖的篇目设计、科学的编纂组织、多方的编修方式方法探索，为我国地方志事业贡献了"上海智慧""上海经验"。上海市地方志办公室始终把方志理论研究与方志学学科建设作为促进地方志事业高质量发展的重要举措，组织力量开展常态化的方志理论研究，连续举办方志理论研讨会，整理出版"上海府县旧志丛书""上海乡镇旧志丛书"，编著出版《上海方志提要》《方志编修教程》《上海续志编纂研究》《简明方志编纂学》《上海方志研究述评》《上海方志研究论丛》《中国新方志10 000种书目提要（上海通志馆藏）》等诸多方志学著作；复旦大学、上海师范大学等上海高校均开展了方志学研究，出版有黄苇等《方志学》、陈金林《上海资料考录》、陈金林等《上海方志通考》、巴兆祥《方志学新论》等多部方志学理论著作，连续培养方志学硕博士研究生。改革开放40多年来，上海地方志编纂成就辉煌，为方志学学科建设做出了重要贡献，是名副其实的方志学研究的学术高地。

2018年8月，上海市地方志办公室与复旦大学合作成立"上海市地方志发展研究中心"，开创了校地合作的新模式。中心的成立，对有效解决地方志科研工作中存在的各种问题，不断丰富方志理论研究成果，提升学术研究水平，建立成熟的方志学学科，具有创新性和引领性意义。令人欣喜地看到，在上海市地方志办公室与复旦大学的支持下，上海市地方志发展研究中心与上海市地方志办公室研究室通力合作，凝练学科研究发展方向，整合全市地方志研究队伍，每年举办高端学术研讨会"上海地方志论坛"，发布《上海地方志年度报告》，编著出版学术著作《方志学述论》，设立上海市哲学社会科学规划（地方志专项）课题。这一系列的成果产生了良好的社会反响，为地方志系统与高校的理论研究合作树立了榜样，也为地方志系统建设习近平文化思想最佳实践地积累了经验。

《地方志编纂体裁述论》是继《方志学述论》后"中心""研究室"组织研究的又一力作。读罢书稿，大致有以下几点感受：

其一，选题价值高。编纂体裁是地方志体例的重要组成要素，如何确定合理、完善的体裁体例，直接影响着志书的整体面貌，关系着编纂工作的质量，故无论是旧志，还是新地方志，都重视编纂体裁的运用。学术界对地方志编纂体裁也多有论述，如欧阳发《新编方志十二讲》、黄苇等《方志学》、中国地方志指导小组办公室《当代志书编纂教程》、上海市地方志办公室《方志编修教程》等著作皆设有专门章节，相关的研究论文则更多，但将地方志编纂体裁作为一部书的选题、集中加以研究的，该书则属首次，因此单就选题而言，该书即具有填补学术空白的意义。

其二，体裁种类有发展。地方志编纂体裁比较多样，旧方志中没有统一的要求，常用的有纪（记）、志（书、考）、传、图、表（谱）、录等。1985年中国地方志指导小组颁布的《新编地方志工作暂行规定》，首次明确规定："新方志的体裁，一般应有记、志、传、图、表、录等。"2008年中指组印发的《地方志书质量规定》进一步明确为述、记、志、传、图照、表、录、索引。该书所研究的对象不仅包括《地方志书质量规定》中所列全部体裁，还增加了序跋、凡例、英文翻译，并将记体分作大事记、专记两项进行论述。

其三，研究范式较科学。现有论著对地方志编纂体裁基本按照"起源""特点""功用"等方面展开论述，该书在借鉴现有成果的基础上，统一按照下列范式进行研究：一是界定地方志编纂体裁的概念、内涵、特点、作用，辨章学术；二是概述此体裁的学术研究史，考镜源流；三是探索此体裁在旧志、首轮及二轮新方志的应用及存在的问题，辨析应用；四是对此体裁在即将启动的第三轮修志中如何运用的问题提出建议，开塞利弊。各类体裁的专题研究，资料丰富，对首轮、二轮新方志的应用情况考察全面，对存在的不足分析较为客观，对第三轮修志中运用的建议虽属作者的个人之见，然具有较强的启发性。

该书各章的作者均为上海市地方志系统的青年工作者，他们在繁忙的日常工作之余，克服重重困难，推陈出新，开展地方志编纂体裁的专题研究并取得不菲的成果，实属不易，可敬可佩。体例（包含体裁）之于著述，宛如骨架之于生命体。该选题述古论今，指陈古今志书体裁运用之得失，期待未来之运用，对即将启动的全国第三轮修志极有借鉴作用。该书的出版，值得庆贺，同时上海这种以专题学术研究形式开展团队合作，既出学术成果又培养学术人才的做法，值得全国各地认真学习。

邱新立　中国地方志工作办公室一级巡视员
　　　　中国地方志学会副会长　　研究员　　博士生导师

前　言

地方志之所以能在中华文明史上千载流传，其中一个十分重要的原因是，在其逐步发展过程中形成了一种在原则和格式上被社会公认并普遍应用的编修体例，即编修志书的统一准绳，包括志书名称、断限、篇目、体裁、体式、文风、结构逻辑等。

在近代西方科学思想影响下，传统修志理念不断革新，"方志之学"开始由"编纂之学"向近代科学转化。梁启超敏锐地注意到了这一动态，率先提出"方志学"概念，由此使得方志学理论与学科建设成为此后方志界探讨的核心问题，并形成理论来源于修志实践又对修志实践具有指导意义的良性循环，开启了近代方志转型发展新的历程。然而，虽此后方志学成果丰硕，但方志学著作主要围绕方志学史、方志编纂研究、方志学科建设等方面进行论述，内容上以方志起源、体例结构、性质特点、志书编纂、读志用志、旧志整理、事业管理的结构模式为主。近些年的方志学著作的内容结构也有所趋同。

为了进一步总结二轮修志相关经验，为三轮修志提供参考借鉴；鉴于方志编纂体裁的重要性，而现有方志学著作对此论述不够全面、系统，上海市地方志办公室组织安排《地方志编纂体裁述论》（以下简称本书）的编研工作。

本书作为上海市地方志办公室、上海市地方志发展研究中心共同策划推出的"方志学研究丛书"第二部，基本沿袭了首部即

《方志学述论》（2020年）的研究团队和述论编写体例。上海市地方志办公室整合地方志系统和上海市地方志发展研究中心的科研力量，重点关注"序跋、凡例、述体、大事记、志体、传体、图体、表体、专记、附录、索引、英文翻译"12种地方志编纂体裁的基本概念、历史发展、学术研究史回顾、二轮修志实践问题、对三轮修志等未来应用的建议等方面，开展系统研究和综述，所形成的12篇学术论文，陆续在《上海地方志》学术期刊发表。

经过一年半的努力，本书付梓。本书在吸收前人研究成果的基础上，开辟新思路，将12种体裁独立成章，为适应方志文化国际传播交流的发展需要，拓展新内容，创新编设"英文翻译"一章。本书兼顾学术研究和实践参考，全面系统地构建地方志编纂体裁整体框架，希望能够为地方志工作者和研究者了解地方志编纂体裁提供全面性、历史性、普及性参考价值。

由于水平所限，思考不周、观点不同、表述疏漏、文字错误等情况都可能存在，敬请专家学者批评指正！

2024年11月

目录 Contents

序跋 ……………………………………	李 惠 /	1
凡例 …………………………… 余 璐	吕志伟 /	36
述体 ……………………………………	赵 峰 /	67
大事记 ……………………… 肖春燕	洪姝佳 /	101
志体 ……………………………………	孟 渊 /	134
传体 ……………………………………	张燕伶 /	165
图体 ……………………………………	陈 畅 /	198
表体 ……………………………………	张 莉 /	237
专记 ………………………… 洪姝佳	肖春燕 /	266
附录 ……………………………………	黄 婷 /	292
索引 ……………………………………	刘效红 /	325
英文翻译 …………………… 赵明明	石梦洁 /	357
后记 ………………………………………………	/	382

序 跋

李 惠

方志序跋是志书中的常见体裁。"一般而言，志书结构应当包括序、目录、凡例、图片、大事记、概述、正文、附录、跋等部分。"① 我国方志蔚为大观，方志序跋也同样典藏丰富。要研究方志序跋，需要先了解序与跋。序与跋是古老的文体，主要是"陈述作品（书、文、诗等）的作意（宗旨、目的、写作动机等）和介绍、评价作品内容的文字"②，两者既有相似之处亦有差异所在，往往合在一起研究讨论。

一、方志序跋的内涵及功能

（一）序与跋的定义

序，又称叙、序言、绪（言）、导言（语）、前言、弁言、引（言）、序传、序论、序略、叙例、叙录等，主要是介绍志书基本内容、用途、体例、编写原委等，有引导之用，一般放在正文前。"序文是相当古老的一种文体，其源头可追溯到先秦。《尚书》《诗经》中已有序，到了汉代，序文才走向正

---

① 黄苇等：《方志学》，上海：复旦大学出版社，1993 年，第 301 页。以下凡出自该书者皆简称《方志学》。
② 李乔：《读书先读序跋——序跋琐谈》，《前线》2019 年第 9 期。

规化。"① 方志设序则"始于晋，宋代方志普遍设序"②。关于序的位置，旧志中放在正文前、文中和文末都可以，但总体而言，"魏晋以前多列于书末，魏晋以后一般列于书前"③，新方志中大多都设序，且置于正文前。

跋，有书后、后序、后记、编后记、书后题识等别称，内容多是评价、考释，以及交代成书经过、刊印情况、版本源流等，放在正文后面。跋的产生晚于序，书云："书后跋文始见于唐代，当时不称'跋'，而称'题某后'等。正式用'跋'，起于宋代，且多是后人为前人之作作跋。"④

(二) 序与跋的功能

方志序跋除了具有序跋的基础功能外，还具有"记述方志性质，追溯方志源流，论述方志体例，谈论方志特点，介绍方志内容，探讨方志理论，阐述方志功能，论说修志方法，阐明修志意义，总结修志经验，记录修志始末，辨别版本源流，述说历史沿革，赞扬守官政绩，寻找兴衰得失，记明资料来源"⑤ 16 种功能。具体而言，序主要侧重记述方志性质、追溯方志源流、论述方志体例、谈论方志特点、介绍方志内容、探讨方志理论、阐述方志功能、阐明修志意义、总结修志经验、述说历史沿革、赞扬

---

① 单光启：《序跋说略》，《淮北煤炭师范学院学报（哲学社会科学版）》2001 年第 2 期。

② 《〈方志百科〉序跋》，"方志中国"微信公众号，2018 年 5 月 21 日。

③ 中国地方志指导小组办公室编：《当代志书编纂教程》，北京：方志出版社，2010 年。可访问、检索该书的在线电子版：http://www.difangzhi.cn/ztzl/zs/zsbz/。

④ 中国地方志指导小组办公室编：《当代志书编纂教程》，北京：方志出版社，2010 年。可访问、检索该书的在线电子版：http://www.difangzhi.cn/ztzl/zs/zsbz/。

⑤ 柳成栋：《如何写好志书的序跋》，《中国地方志》2004 年第 7 期。

守官政绩、寻找兴衰得失这 12 种功能；而跋主要侧重记录修志始末、论说修志方法、辨别版本源流、记明资料来源这 4 种功能。但这些功能在方志序与跋的实际呈现中并不是全部具备的，而是会各有侧重；且也不是均匀分布的，多会交叉出现。

（三）序与跋的比较

关于方志序与跋的比较："序多介绍，跋多评价；序多阐述，跋多总结；序文略长，跋文较短（修志始末例外）。"[①] 单光启在《序跋说略》中也写道："一般序详而跋简，序重在对全书做总体说明，跋则只是有感而发。跋比序的用途更广，写法亦更自由，议论、叙事、说明、抒情无所不可。跋大都篇幅短小，少有长篇。"[②]

1. 从基本设置来看

宋代以来，志书普遍设置序与跋，绝大部分志书至少有序或者跋；而"当代新编志书，一般都只设序而不设跋，但也有个别志书序、跋兼设"[③]。在一些新编志书中，"跋"已被"编后记""后记"替代，即序与编后记并存。

2. 从撰写主体来看

序有自序和他序之分，还有一种较为少见的代序。自序是志书编修者自己为志书作序，一般会陈述志书编纂基本情况、编修成因及宗旨、成书过程、修志方法与经验、印刻版本等信

[①] 柳成栋：《如何写好志书的序跋》，《中国地方志》2004 年 7 月。
[②] 单光启《序跋说略》，《淮北煤炭师范学院学报（哲学社会科学版）》2001 年第 2 期。
[③] 韩章训：《谈志序》，《江苏地方志》2009 年第 5 期。

息,还会阐发个人修志理念与相关方志理论。他序通常是由非志书编修者,主要是文人学者、知名乡绅、一地官员等为志书作序,一般是同时代的人,他们或具有声望或具有学识,知晓地情并且熟悉志书编修情况,当然也有后人为前人志书作序的情况。他序中,撰写者往往阐发个人对该志书的分析评价,也有相关考释及方志理论阐发。代序就是挑选与所修志书内容相关的文章作为序,或是代别人写序,这种情况在志书中相对少见。"自序如晋裴秀《禹贡九州地域图序》、常璩《华阳国志序》等;他序如唐权德舆为贾耽《贞元十道录》作序、宋司马光为宋敏求《河南志》作序等,也有后人为前人志书作序的,如宋洪迈为唐李吉甫《元和郡县图志》作序等。"[①] 跋则是修志人题写。从撰写者的数量来看,序和跋均有单人撰写、多人合写及编写组集体撰写这三种情况。

3. 从价值功用来看

方志序跋往往兼具文学性与学术性。不少方志序跋特别是旧志的序跋,出自文人名家之手,堪称佳作,比如"杨笃《山西通志》序、章学诚《荆州府志》序、戴震《曲沃县志》序、罗愿《新安志》自序、林则徐《大定府志》序、洪亮吉《泾县志》序、高佐廷《重修崇阳县志》序、梁启超《龙游县志》序等"[②]。文人学者、志书修纂者透过这些序跋开展历史性考察,或以地域为界进行整体性概述,其在序跋中倾注的文学审美、志

---

① 《〈方志百科〉序跋》,"方志中国"微信公众号,2018年5月21日。
② 《〈方志百科〉序跋》,"方志中国"微信公众号,2018年5月21日。

学主张、学术思想、乡邦文化根脉等都可一览无遗,是后世据以了解地情、研读志书以及探究学者思想等不可多得的研究文本。

二、方志序跋历史发展脉络

(一) 清代以前

"方志从南宋定型以来,'序'也被逐渐应用到方志编纂上,并积习相承,成为独立的组成部分和特殊的体裁"①,元代方志稳步发展,到明代进入迅速发展阶段,清代进入鼎盛,元明清三代"几乎所有方志都有序文,不同的是,前序增大,后跋减少"②。清代方志编修进入封建时代的全盛时期,方志体例、编纂方法基本完备。从一统志到乡镇志、专志、杂志,种类齐全,数量大增。有清一代,文人学者在志书序跋、凡例和往来书信中探讨方志源流、性质、章法等更加普遍。特别是以章学诚为代表的方志学家,结合自身修志实践与方志研究,形成较为系统的传统方志学理论体系,"关于方志这种地方性综合著作的编纂和研究发展成为一门新的学问——方志学"③,成就了传统方志学的发展巅峰。乾嘉以来,涌现了一批拥有相对完整方志思想的方志学家、方志理论家,他们各自从方志性质、起源、功用、编纂、志家素质等方面阐发其方志理论,尤其是以戴震为代表的地理派

---

① 上海市地方志办公室编:《方志编修教程》,北京:方志出版社,2004年,第136页。
② 上海市地方志办公室编:《方志编修教程》,北京:方志出版社,2004年,第136页。
③ 仓修良:《方志学通论(增订本)》,上海:华东师范大学出版社,2013年,第291页。

（又称考据派、厚古派、旧派）与以章学诚为代表的历史派（又称文献派、详今派、新派）的学术论争，促进了方志理论的系统化和方志学体系的形成。这些方志理论家多是志书修纂者，如孙星衍纂修《松江府志》《邠州志》等，戴震纂修《汾州府志》《汾阳县志》等，章学诚纂修或参修《和州志》《永清县志》等，他们的理论研究成果存录于其所编修志书的序跋、凡例或个人文集中。"旧志跋文写得最多、影响最大的为清周中孚，共撰各类志书跋文近三百篇，皆收入《郑堂读书记补逸》。"①

(二) 民国时期

方志序跋仍旧是阐发方志理论、修志见解，以及对志书进行评论的重要平台与载体。此时期虽时局动荡，但"各类志书编纂总数达1 705种，年均44.8种。其中通志类94种，市志类53种，县志类1 011种，乡土志类132种，其他类159种，无确切编纂年代的有256种，涉及全国三十个省市"②。因为行政建制的调整，府志渐行衰落而市志开始出现，但因时局动荡，编修的市志数量相比县志而言并不多，乡土志也渐渐式微。此时期的志书体例除沿袭以往外，有的还增加了交通、实业等极具时代性的篇目，"强烈地反映了贯注现代科学精神、注重民生实用的要求"③。因为诸多学者教授、名家名士参与编修，所以此时期也出现不少名志。民国方志编修实践具有不少变革新意④，如修志

---

① 《〈方志百科〉序跋》，"方志中国"微信公众号，2018年5月21日。
② 吕志毅：《方志学史（修订版）》，石家庄：河北大学出版社，2018年，第316页。
③ 林衍经：《方志学综论》（新版），上海：华东师范大学出版社，2008年，第85页。
④ 许卫平：《中国近代方志学》，南京：江苏古籍出版社，2002年，第111—126页。

宗旨思想的变化、志书体例门类的变革（如开创方志设"概述""大事记"先河）、志书记载内容的变化（社会经济内容成重点，科学性增强）、编纂方式的改进（借助近代数理知识与仪器设备，通过测量获取较准确的材料与数据，增加志书可信度与实用性）等。这些实践变革促成方志理论及方志编纂理念阐释的新意，在方志序跋中多有体现，如梁启超《龙游县志序》阐述方志之学的大功用、志书编修的价值等；黎锦熙《洛川县志序》提出方志四大用、志书"续、补、创"三法等；黄炎培《川沙县志序》主张设立"概述"，重视大事表等。

（三）中华人民共和国成立后

新方志基本有序跋，但初期各地志书中序跋的设置也并非一致。"新志书可以分成：概述、大事记、各类专志、人物传、附录等五个主要组成部分。卷首加序和凡例，卷末附跋。"[①] 虽然说设置卷首序与卷末跋基本成为共识，但是在各地志书的实际编纂中，仍旧有未设序跋的情况，比如"现已出齐的新编《黑龙江省志》不但无序，原来酝酿已久的修志始末也无迹象表明编入书中。同样，《哈尔滨市志》虽然有市长一序，但也无修志始末，只是将修志以来的6个修志文件，以《哈尔滨市修志要文辑要》的形式编入《附录》之中"[②]。随着一轮、二轮修志的不断实践与总结，众多新志与续志的编修完成，对序跋的设置、写作、研究等也在不断地完善与深入，而蔚为大观的方志序跋也呈现出与

[①] 河南省周口地区地方志编纂办公室编：《地方志编纂手册》，河南省许昌地区印刷厂印，1984年，第82页。

[②] 柳成栋：《如何写好志书的序跋》，《中国地方志》2004年第7期。

时俱进的新意，比如有对新志编修过程的介绍，对新志编纂的经验总结，对方志事业的规划，对志书功用的新见解，对修志队伍素质能力的新要求等。

三、方志序跋的整理辑录与学术研究

（一）序跋整理与辑录

旧志序跋的辑录整理，需要研究者具有扎实的文献学、目录学、方志学等综合学识修养。20世纪80年代开始，不少关于旧志序跋的整理汇编与辑录等成果涌现，如《贵州地方志序跋凡例选录》（1984）[1]、《江西地方志序跋凡例选录》（1986）[2]、《辽宁地方志书凡例小序选》（1987）[3] 等。《东北方志序跋辑录》（1993）收录1949年之前东北地区所修191种方志的645篇序跋[4]，《清代方志序跋汇编（通志卷）》（2014）汇集清代《盛京通志》《畿辅通志》等的序跋[5]，《明代方志选编·序跋凡例卷（上下）》（2016）收入现存明代方志序跋凡例500余种及有关文集所载已散佚的明代方志序跋[6]，《广东历代方志序跋集》

---

[1] 贵州省地方志编纂委员会办公室编：《贵州地方志序跋凡例选录》，内部编印，1984年。
[2] 江西省省志编辑室编：《江西地方志序跋凡例选录》，内部编印，1986年。
[3] 辽宁省地方志办公室编：《辽宁地方志书凡例小序选》，辽宁省人民政府印刷厂印刷，1987年。
[4] 柳成栋、宋抵：《东北方志序跋辑录》，哈尔滨：哈尔滨工业大学出版社，1993年。
[5] 中国地方志指导小组办公室编：《清代方志序跋汇编（通志卷）》，上海：上海古籍出版社，2014年。
[6] 王熹、张英聘、张德信校点：《明代方志选编·序跋凡例卷（上下）》，北京：中国书店出版社，2016年。

（2014）共收录广东历代地方志书序跋 1 300 篇[①]，《苏州旧志序跋汇编（府县志辑）》(2018) 汇编苏州 96 种府县志 287 篇序跋和 43 篇凡例[②]。这些序跋汇编不仅反映旧志版本源流、编修出版情况，而且为进一步研究历代方志理论、方志学家思想等提供翔实资料。

全面系统地反映中国地方志序跋的资料汇编——《中国古代地方志序跋文献集粹》于 2021 年出版，主要是《中国地方志联合目录》和其他方志丛刊著录所收录的、现可见的方志之序跋，选取华东、华北、西北、东北 2 634 种重要方志中 10 881 篇序跋，填补了中国地方志序跋汇编整理的空白，对推动中国地方志编修理论、编修方法、方志学史以及地方历史文化研究等，具有重要的文献价值。[③]《山东运河区域方志序跋校注（聊城卷）》(2022) 以京杭大运河流经的重要地级市山东省聊城市的存世方志（均为明中期之后纂修）序跋为研究对象，通过系统搜集、整理与注释，全面展现聊城旧志纂修的基本风貌，对于充分挖掘聊城运河文献资料，服务于大运河文化保护传承利用具有重要的现实意义和价值。[④]

[①] 广东省人民政府地方志办公室编：《广东历代方志序跋集》，广州：岭南美术出版社，2014 年。

[②] 苏州市地方志办公室编：《苏州旧志序跋汇编（府县志辑）》，扬州：广陵书社，2018 年。

[③] 《中国古代地方志序跋文献集粹》编委会：《中国古代地方志序跋文献集粹》，北京：国家图书馆出版社，2021 年。

[④] 周广骞：《山东运河区域方志序跋校注（聊城卷）》，北京：中国社会科学出版社，2022 年。

(二) 方志序跋学术研究

在整理辑录的基础上，方志序跋的多维度研究也在逐步深入，且呈现垂直细分现象。截至 2024 年 7 月初，在中国知网检索"方志序跋"主题词，共计有 63 条相关信息，其中学术论文、会议文章等 30 篇（原为 31 篇，其中一篇为征稿启事，与序跋无关），学位论文 31 篇（博士 19 篇、硕士 12 篇），图书 2 本。

1. 方志序跋历时性研究

吴晓萍、郭怡《宋代方志研究述评》指出，宋代是方志发展的一个特殊时期，序跋中容纳了宋人对方志的相关见解与论述。[①] 张英聘《明代方志序跋凡例探论》梳理了所见明代方志中的序跋内容，对序跋定义、题序者职衔以及修志之难做了记述。[②] 李莉《清代通志序跋研究》以清代通志序跋为例，着重考察其中反映的方志是什么、为什么修、修什么、怎么修等理论问题，并从序言篇数、主要内容、行文记述等方面对新方志序言撰写提出若干建议。[③] 杜鹃的硕士学位论文《伪满时期方志的编纂》通过梳理 150 余篇伪满时期志书序跋，系统考察了伪满时期的志书编纂情况，并探讨了伪满试图通过编纂志书构建"国家"认同但终究以失败告终的原因。[④] 郑欢的硕士学位论文《从方志序看明代方志观——以〈天一阁藏明代方志选刊〉及续编为中心》通过对《天一阁藏明代方志选刊》和《天一阁藏明代方志选

---

① 吴晓萍、郭怡：《宋代方志研究述评》，《史志学刊》2018 年第 5 期。
② 张英聘：《明代方志序跋凡例探论》，《第八届明史国际学术讨论会论文集》，1999 年。
③ 李莉：《清代通志序跋研究》，《中国地方志》2017 年第 11 期。
④ 杜鹃：《伪满时期方志的编纂》，复旦大学硕士学位论文，2010 年。

刊续编》中方志序文的梳理，探究明代方志的发展、方志序文的分类、序文数量的变化、序文的作者身份等问题，进而解析序文所体现的明代人方志纂修观。①

2. 方志序跋区域性研究

庄林丽《台湾道台视阈下的台湾社会探析——以台湾方志之"序"为中心的考察》，以台湾方志修纂的重要组织者、参与者台湾道台所作的方志序言为研究对象，通过透视其中的政治理念和治台方略，探析清政府对台湾管理政策的变化以及台湾的近代化历程，从而构建一个被纳入清朝版图之后不断文明化发展的"台湾之相"。②沈洁的硕士学位论文《宁夏方志中的序跋研究》立足对宁夏地方志中序跋的整理，从四方面进行研究：对收录的序跋进行数目统计，补充未收录作品，并从方志的创作出版、方志创作理论的推动、序跋的交际性和固定的方志体例三个方面分析宁夏方志序跋繁荣的原因；对序跋进行分类并梳理各类主要内容；分析宁夏方志序跋的文体特色、艺术特色；总结地域视野下宁夏地方志序跋的价值。③

3. 方志序跋专人研究

薛艳伟《傅振伦与方志序跋》以傅振伦撰写百余篇方志序跋为切入点，就其方志序跋的写作、内容、特色及方志思想进行深

---

① 郑欢：《从方志序看明代方志观——以〈天一阁藏明代方志选刊〉及续编为中心》，东北师范大学硕士学位论文，2020年。
② 庄林丽：《台湾道台视阈下的台湾社会探析——以台湾方志之"序"为中心的考察》，《福建史志》2017年第2期。
③ 沈洁：《宁夏方志中的序跋研究》，宁夏大学硕士学位论文，2015年。

入研究。① 胡芬《清高安邓应韬生平小考——兼论方志序跋佚文两则》对清代学者邓应韬所写的《清流县志序》《高安县志跋》进行整理点校，呈现邓应韬蕴含在序跋中的方志学术思想，折射明末清初的修志活动及江右方志学理论的地域特色。② 谢茂芝的《论杭世骏方志序跋及其价值》探析清代杭世骏方志序跋的独特价值和意义，其方志序跋不仅详细记载了地方志书的编纂经过、修志宗旨和资料来源，还深入探讨了地方的历史文化和风土人情，为后人研究地方历史提供了丰富而宝贵的资料，也为考察杭世骏交游情况及洞悉康雍乾时期文学生态的发展与演变提供了一个重要途径。③

4. 方志序跋考释评介

黄汉《嘉庆〈江宁府志·序〉成文考》梳理历代《江宁府志》纂修过程，以此为背景再对相关年谱等文献进行分析对比，推断嘉庆《江宁府志·序》初稿即为姚鼐弟子方东树的《新修江宁府志·序》，后经姚鼐修改而成，置于嘉庆《江宁府志》卷首。④ 赵心愚《清代西藏地方志序、跋的史料价值——读几部清代西藏地方志的序、跋》以《藏纪概》《西藏见闻录》《西藏志》等7部不同时期的西藏方志的序跋为例，在分析评述重要观点、评价的基础上，指出清代西藏地方志序跋特点及其在清代西藏方

---

① 薛艳伟：《傅振伦与方志序跋》，《中国地方志》2019年第3期。
② 胡芬：《清高安邓应韬生平小考——兼论方志序跋佚文两则》，《南昌师范学院学报》2023年第6期。
③ 谢茂芝：《论杭世骏方志序跋及其价值》，《莆田学院学报》2024年第3期。
④ 黄汉：《嘉庆〈江宁府志·序〉成文考》，《江苏地方志》2019年第4期。

志史研究中的资料价值。[1] 此外还有对旧志序跋汇编整理的评介，如《旧志整理的一大硕果——读〈东北方志序跋辑录〉札记》[2]《萃方志序跋于一编 探运河修志之原委——周广骞〈山东运河区域方志序跋校注（聊城卷）〉评介》[3] 等。

5. 方志序跋撰写研究

仓修良《序跋琐议》通过讲述序跋的产生、发展及其内容上的要求，指出序跋这种文体作为作为一部志书的组成部分，有着自己特定的功能，呼吁编修者重视并写好序跋，充分发挥序跋在志书中的应有作用。[4] 柳成栋《如何写好志书的序跋》肯定方志序跋在记述方志体例、阐述方志性质等方面的十六个作用，指出新志序跋不足之处并提出六大建议。[5] 鄢钢城《新方志编纂管见》中对序言提出了五点编纂要求，即要了解一方基本情况、明确序言撰写目的、拟定序言撰写内容、把握序言撰写角度、遵守序言撰写规范；对编纂始末提出了四个注意方面，即确定记述的内容、确定记述的重点、遵守撰写的体例规范、总结修志经验和教训。[6]

6. 其他细分领域研究

方志序跋研究越来越精细化，讲究从小切口深入。比如刘桂

---

[1] 赵心愚：《清代西藏地方志序、跋的史料价值——读几部清代西藏地方志的序、跋》，《西南民族大学学报（人文社会科学版）》2014年第1期。
[2] 邵长兴：《旧志整理的一大硕果——读〈东北方志序跋辑录〉札记》，《中国地方志》1999年第3期。
[3] 袁辉：《萃方志序跋于一编 探运河修志之原委——周广骞〈山东运河区域方志序跋校注（聊城卷）〉》，《运河学研究》2023年第1期。
[4] 仓修良：《序跋琐议》，《黑龙江史志》1995年第2期。
[5] 柳成栋：《如何写好志书的序跋》，《中国地方志》2004年第7期。
[6] 鄢钢城：《新方志编纂管见》，沈阳：辽宁大学出版社，2018年。

奇《明清方志序跋署款钤印价值初探》从鲜少被人关注的方志序跋署款钤印入手，以明清广东方志序跋署款钤印为对象，研究中国旧方志和篆印发展的互动关系，旧方志序跋署款钤印使用的趋向，以及其史料价值、艺术价值和社会价值。[①] 陈野《建构文化传统：中国方志的深层功能》选择积淀深厚、与地方文化传统关联密切的方志作为分析案例，从传统志书中的序跋切入，揭示方志所具有的"建构地方文化传统"的功能，剖析其实现路径、成效和动力，实证化地呈现文化传统建构的具象场景，为传承弘扬中华优秀传统文化提供地方性的观察视角和扎实的文献依据。[②] 王文章的博士学位论文《浙江近世道教方志研究》以浙江近世道教方志为研究对象，其中不乏以道教方志序跋为母本的探索，系统考察浙江近世道教方志的编纂、刊行与存录情况，发掘其宗教学、文献学价值和文学属性，为开展道教方志本体研究和道教教派传衍、人物考证、诗歌散文等相关性研究提供参考。[③]

总体来说，对方志序跋的研究，在整理辑录的基础之上呈现出从历时性、区域性的"面"上研究，向专人化、考释类、撰写实践类等多维度、精细化研究领域的延伸。

四、序跋在二轮志书中的应用

以上海市二轮区县志（共计 24 本）为研究对象，就新方志序和跋的数量、篇幅、落款、内容构成等进行分析，见表 1-1、1-2。

[①] 刘桂奇：《明清方志序跋署款钤印价值初探》，《地方文化研究》2022 年第 10 期。
[②] 陈野：《建构文化传统：中国方志的深层功能》，《浙江学刊》2021 年第 1 期。
[③] 王文章：《浙江近世道教方志研究》，福建师范大学博士论文，2019 年。

表1-1 上海市二轮区县志"序"情况表

序号	志　　书	数量	字数（正文）	落　　款	内　容　构　成
1	《上海市闵行区志（1992—2011）》	1	886	中共闵行区委书记朱芝松2018年3月26日	志书价值与出版祝贺；编纂始末；志书特色及致谢；志书内容与价值肯定；以志为鉴。
2	《上海市黄浦区续志（1993~2020）》	0	0	未设序	/
3	《上海市南市区续志》	0	0	未设序	/
4	《上海市虹口区志（1994—2007）》	1	657	中共上海市虹口区委副书记、上海市虹口区人民政府区长吴清2011年12月	致谢；对志书记录时代内容的肯定；志书编纂的价值展望；祝贺出版发行。
5	《卢湾区志（1994—2003）》	1	587	中共上海市卢湾区委书记沙海林上海市卢湾区区长徐逸波	志书地位及编纂简况；志书记录时限内区域发展情况；展望未来。
6	《普陀区志（1991—2003）》	1	860	上海市普陀区区长蔡志强	个人情感、肯定志书价值；致敬；地域特点；肯定修志不易；志书开发利用；未来展望。
7	《杨浦区志（1991—2003）》	0	0	未设序	/

(续表)

序号	志　书	数量	字数（正文）	落　款	内　容　构　成
8	《金山县续志（1986～1997）》	2	860	中共金山区委书记吴尧鑫 2009年1月	续志编修的简要情况；志书记载时段内区域发展情况；对志书价值的肯定与出版祝贺。
			2 386	沙似鹏 2009年1月	引言。简述与志书的关系；编纂的新意，对突出时代特征和彰显地区个性的刻意追求；对志书提升价值的建议；祝贺出版。
9	《南汇县续志（1986～2001）》	1	1 500	戴海波 2005年7月29日	简述区域修志情况；修志始末，致谢；志书着重记录的内容；用志及未来展望。
			1 017（出版致辞）	张立平　彭沉雷（无日期。附有张立平、彭沉雷照片，并分别有照片说明：中共奉贤区委书记张立平，奉贤区人民政府区长彭沉雷。）	修志意义，历次修志情况，本次志书价值；志书的特色，地域文化实证；致谢；未来展望。
10	《奉贤县续志》	2	4 989	姚金祥 2007年8月（作者系上海市地方志办公室原副主任、研究员，《奉贤县志》1987版主编）	个人与地域关系作为引入，第一部分漫谈家乡巨变；编修续志许多做法值得肯定和效仿的提炼；志中的八大亮点；批评指正。

16

(续表)

序号	志书	数量	字数（正文）	落款	内容构成
11	《崇明县志(1985—2004)》	1	1 210	中共崇明县委书记彭沉雷 崇明县县长赵奇 2012年8月	肯定修志价值，回溯崇明修志历史；区域发展情况；崇明岛精神、崇明人性格与特色文化；肯定性评价志书；致谢；未来展望。
12	《上海市松江县续志》	1	1 262	孙建平 2006年8月22日 （序文作者孙建平系上海市松江区区长）	出版祝贺；地方志的价值；松江修志回溯；续编本志的原因；肯定志书编修的特色和亮点；期待该志用能，发挥功能。
13	《青浦县志(1985~2000)》	1	873	中共上海市青浦区委员会书记、上海市青浦区人大常委会主任巢卫林 2009年8月	出版贺喜；修志传统及历史；区域发展；致谢；未来展望（用志）。
14	《上海市徐汇区志(1991~2005)》	1	942	中共上海市徐汇区委员会 上海市徐汇区人民政府	志书编纂始末及致谢；区域发展情况；读本志及展望未来。
15	《上海市嘉定区志(1993—2010)》	1	1 149	中共嘉定区委书记陆方舟 2020年8月	地域历史及特色人文回溯；区域经济社会发展情况；修志始末及特色亮点并致谢；读志用志及发展展望未来。

17

(续表)

序号	志书	数量	字数（正文）	落款	内容构成
16	《上海市长宁区志（1993—2005）》	1	1 038	中共上海市长宁区委副书记、上海市长宁区区长李耀新 2010年12月	修志始末；出版祝贺；区域人文与经济发展；志书价值与未来展望。
17	《上海县续志》	0	0	无序。虽然目录上标"总序"，但正文实为"总述"。	/
18	《上海市静安区志（1993—2010）》	1	509	静安区人民政府区长陆晓栋	区域发展概况；修志始末；志书价值；祝贺。
19	《闸北区志（1994—2005）》	1	907（出版致辞）	中共闸北区委书记、闸北区政府区长安路生 2015年8月	修志始末并祝贺；与前志关联；区域历史发展情况；致谢。
20	《上海市宝山区志（1988～2005）》	1	1 008	中共上海市宝山区委书记吕民元、上海市宝山区区长斯福民 二零零九年五月	祝贺出版；区域发展情况及历史人文；肯定志书；致谢、未来展望。
21	《上海市浦东新区志（1993—2009）》	1	1 110	中共上海市委常委、浦东新区区委书记翁祖亮 2018年7月	祝贺感谢；区域发展情况；修志追溯及价值肯定；展望未来。

(续表)

序号	志 书	数量	字数（正文）	落 款	内 容 构 成
22	《上海市南汇区志(2001—2009)》	1	1 074（前言）	编者 2021年5月	区域发展情况；修志用志、读志情况与致谢；展望未来。
23	《嘉定县续志(1988～1992)》	2	1 001	王忠明 1999年5月	前志情况；地域发展回溯（因涉及撤县建区）；故回溯笔墨较多；展望未来；简述个人与志书的关联；致敬。
			1 185	林克 1999年5月	修志缘由；新志编修要义；续志编修的优点；勉励做好地方志工作。
24	《川沙县续志(1986～1992)》	2	987	孟建柱 2002年12月16日	志书的价值；地域特色人文；经济社会发展；表达个人感谢。
			943	韩坤林 2002年12月16日	修志意义；区域发展情况；展望与致谢。

19

表1-2 上海市二轮区县志"跋"情况表

序号	志书	数量	字数（正文）	落款	内容构成
1	《上海市闵行区志（1992—2011）》	1	2 883	闵行区地方志办公室 2018年2月8日	编纂始末；志书基本情况（章节、字数、图片数等）；编纂阶段；编纂创新的四大举措；编纂人员变动及负责章节情况；致谢；批评指正。
2	《上海市黄浦区续志（1993～2020）》	1	391	黄浦区地方志办公室 2003年3月	编纂始末；主要内容及意义；致谢。
3	《上海市南市区续志》	1	466	黄浦区地方志办公室 2003年2月28日	编纂原因及意义；致谢供稿单位、编纂人员，市志办及专家等审稿人员。
4	《上海市虹口区志（1994—2007）》	1	3 240	编者 2011年12月	编纂始末及志书基本情况简介；六大阶段基本工作内容；人员参与及负责章节内容；再次致敬感谢；批评指正。
5	《卢湾区志（1994—2003）》	1	851	上海市卢湾区地方志办公室 2007年12月	编纂始末及编委会人员构成；各篇章人员负责情况；致谢。

(续表)

序号	志书	数量	字数（正文）	落款	内容构成
6	《普陀区志（1991—2003）》	1	2 165	上海市普陀区地方志编纂委员会 2007年6月	编纂始末与编委会人员构成；体例和内容上突出"特"和"新"，重点记述改革开放所带来的新变化，出现的新事物、新产业，取得的新成就；批评指正；致谢。
7	《杨浦区志（1991—2003）》	1	1 733	杨浦区史志编纂办公室 2009年9月	编纂始末；三大亮点；致谢。
8	《金山县续志（1986～1997）》	1	749	王应华 二零零九年一月	简要追溯前志；编纂始末；致谢；批评指正。
9	《南汇县续志（1986～2001）》	1	2 481	《南汇县续志》编纂委员会办公室 2004年12月	志书记录时限；地域发展新变化新特点；志书纲目设置和内容记述上作较大的革新；编纂始末；编委会人员构成；致谢；批评指正。
10	《奉贤县续志》	1	3 244	丁惠义 2007年10月30日	编修始末；编纂五大阶段；总结政府对修志工作做到"五到位"（领导到位、机构到位、经费到位、队伍到位、条件到位）；各卷、分篡总纂分工情况；致谢、说明修志过程中的艰辛；敬请指正。

21

（续表）

序号	志　书	数量	字数（正文）	落　款	内　容　构　成
11	《崇明县志（1985—2004）》	1	1776	崇明县志编纂委员会办公室 2013年8月	志书出版意义；编纂始末；志书基本情况；修志原则；敬请指正。
12	《上海市松江县续志》	1	1623	何惠明 2006年9月9日	肯定修志价值、个人参与修情况，回溯修志历史及所取得成绩；修志起因；修志始末、志书内容、特色创新；致谢与敬请指正。
13	《青浦县志（1985~2000）》	1	1648	编者 2009年9月	修志始末；续志原则；致谢；敬请指正。
14	《上海市徐汇区志（1991~2005）》	1	859	上海市徐汇区地方志编纂委员会 2010年12月	区志编纂始末、发文、修志原则及本志特色等；编委人员构成；致谢与敬请指正。
15	《上海市嘉定区志（1993—2010）》	1	1834	《嘉定区志》编纂委员会办公室 2020年8月	区域修志追溯；修志始末；本志基本情况；人员分工情况；特色亮点；修志不易；致谢与敬请指正。

(续表)

序号	志 书	数量	字数（正文）	落 款	内 容 构 成
16	《上海市长宁区志（1993—2005）》	1	2 932	上海市长宁区地方志办公室 2010年12月	编纂始末、机构设置等；着重于四大部类的解释说明；人员分工；致谢与指正。
17	《上海县续志》	1	3 355	王孝俭	总结编修本志存在的三大困难，并给出具体解决办法以及可行建议（为涉及撤县建区的志书编修提供参考）；致谢；批评指正、展望未来。
18	《上海市静安区志（1993—2010）》	1	5 917	无落款	《上海市静安区志（1993—2010）》编纂始末，按年以大事记形式记录修志始末、附编修工作流程图。
19	《闸北区志（1994—2005）》	1	1 205	《上海市闸北区志（1994—2005）》执行主编姚荣仲 2015年10月	编纂始末、人员分工；批评指正；致谢。

(续表)

序号	志书	数量	字数（正文）	落款	内容构成
20	《上海市宝山区志（1988~2005）》	1	1 655	陈金龙 2009年5月28日	与前志关联；修志始末；纲目特色亮点；人员分工；致谢；指正。
21	《上海市浦东新区志（1993—2009）》	1	6 156	无落款	《上海市浦东新区编纂记事录》，按年记录编纂各进程。
22	《上海市南汇区志（2001—2009）》	1	2 151	编者 2021年5月	修志始末，分阶段总结各举措经验；致谢、批评指正。
23	《嘉定县续志（1988—1992）》	1	3 845	张振德　倪所安 1999年11月	编纂的组织领导和具体运作，最关键的是结合修志实践总结了一些具体的意见建议。提供了很多参考，比如志书与年鉴的关系等；致谢；批评指正。
24	《川沙县续志（1986~1992）》	1	2 005	浦东新区史志编纂委员会办公室 2003年12月	修志始末，人员分工与调整等；志书新意；批评指正。

（一）序（前言、出版致辞）的情况分析

24本志书中未设"序"的有4本，设"序"的有20本（设一篇序言的16本，设两篇序言的4本），共计序言24篇。其中绝大部分志书中都称之为"序"，《奉贤县续志》《闸北区志（1994—2005）》中称之为"出版致辞"，《上海市南汇区志（2001—2009）》称之为"前言"。值得一提的是，《奉贤县续志》中还附有作序人照片，并有职务说明。

数量。每本志书中"序"的数量为0—2篇。（1）未设序的志书有4本，分别是《杨浦区志（1991—2003）》《上海市南市区续志》《上海市黄浦区续志（1993～2020）》和《上海县续志》，其中《上海县续志》目录中标为"总序"，但正文实为"总述"。（2）设1篇序的志书有16本，占比66.7%。（3）设2篇序的志书有4本，分别是《川沙县续志（1986～1992）》《金山县续志（1986～1997）》《奉贤县续志》《嘉定县续志（1988～1992）》，其中《川沙县续志（1986～1992）》均为领导序，其余3本志书均是一篇领导序加一篇专家序，排列时领导序在前。

篇幅。24篇序文中，各篇字数在500—5 000之间。其中，500—1 000字的有11篇；1 000—2 000字的11篇；2 000字以上的2篇，分别是《金山县续志（1986～1997）》"序二"2 386字、《奉贤县续志》第二篇序4 989字。

落款。落款主要由署名和日期构成，24篇序文中两者俱全的有19篇，有署名而无日期的5篇。就日期而言，有的以"年月日"落款，有的以"年月"落款。作序人署名有集体与个人之分，主要有三类。第一类是党政领导，或者是现任主管领导，或

者是志书记载时限内主政的领导。20本设序的志书中有19本都设有领导序，共计20篇，其中《川沙县续志（1986～1992）》设两篇序，均为领导作序。20篇领导序中，领导单人署名的14篇、领导联合署名的5篇、部门联合署名的1篇（《上海市徐汇区志（1991～2005）》为中共上海市徐汇区委员会和上海市徐汇区人民政府联合署名）。署名要素由职务和姓名两部分构成，以19篇领导署名的序来看，两者俱全的有15篇、只有姓名而无职务的4篇。第二类是专家学者或文化名人。专家序共计3篇，分别是沙似鹏为《金山县续志（1986～1997）》、姚金祥为《奉贤县续志》、林克为《嘉定县续志（1988～1992）》作的序，三人均为上海市地方志办公室原领导，又都是编修志书方面的专家学者。第三类是编者。编者署名情况极少出现，上海市二轮区县志中仅有1篇，即《上海市南汇区志（2001—2009）》的前言。

内容构成。以下将分类说明序言的内容构成。（1）领导序。序言主要包括出版祝贺、区域发展情况、历次修志情况、本志编纂始末、志书内容、志书特色、修志之不易与价值肯定、致谢、未来展望等，尤以祝贺、肯定、致谢、区域发展与未来展望为主。可以发现，领导序中不少是中规中矩的"官样"文章，但是也有一些文辞质朴、感情真挚的序言，比如《普陀区志（1991—2003）》《嘉定县续志（1988～1992）》。（2）专家序。主要包含个人与地域或与该志关系、肯定修志特色做法、总结提炼志书亮点、说明志书编纂新意、对志书提升完善的建议、勉励做好地方志工作、未来期许等。其中，多以肯定性评价为主，少量会给出进一步完善的建议，比如沙似鹏在《金山县续志（1986～1997）》

序言中，给出"可以把金山改革开放的历史分析研究得再透彻一些，把困难和矛盾揭示得更加充分一些，《金山县续志》可能还会更加深刻一些"等建议。(3) 编者序。就《上海市南汇区志（2001—2009）》的前言来看，其内容构成主要是区域发展情况、志书编修情况、修志不易与价值肯定、致谢及功用发挥。

（二）跋（后记、编后记）的情况分析

24本志书中都设有跋，且均为1篇。大多篇幅在1 000—3 000字，落款情况基本与"序"相似，主要由署名和日期构成。

数量。24本志书中跋均为1篇，其中有两篇并非以文章的形式出现，分别是《上海市静安区志（1993—2010）》中的"《上海市静安区志（1993—2010）》编纂始末"、《上海市浦东新区志（1993—2009）》中的"上海市浦东新区志编纂记事录"，按年记录修志进程，《上海市静安区志（1993—2010）》还在编纂始末后附编修工作流程图。

篇幅。篇幅较"序"而言有所提升，少则三四百字，多则五六千字，但大多篇幅在1 000—3 000字。

落款。跋的落款情况基本与"序"相似，主要由署名和日期构成。24本志书中，仅《上海市静安区志（1993—2010）》《上海市浦东新区志（1993—2009）》没有落款。署名大多以地方志工作机构集体名义，部分是主编个人或联合署名。关于日期也并不统一，少部分署名下没有日期，大部分署名下有日期；有的日期精确到年月日，有的只写年月。

内容构成。跋的内容主要包括与前志关联、修志原因及意义、修志始末、纲目特色亮点、人员分工、存在的困难及可行性建议、致谢、敬请指正等。除了常规的编纂始末、致谢、敬请指正外，对编修实践流程的梳理、对修志经验的总结提炼也是一大特色。如《上海市闵行区志（1992—2011）》的编后记里就着重总结提炼了编纂督查通报制、编纂动态指导制、编纂流程管理备案制、志稿评议制四条编纂创新举措。在《嘉定县续志（1988—1992）》跋中，结合修志实践总结了一些具体的意见建议，对志书与年鉴的关系进行思考，即在编纂年鉴时既要保持年鉴自身的特色，又要尽可能使所记事物具有连续性、完整性；年鉴既然对所记事物可作适当的展望或预测，那也应该有适当的追溯，既可减少年鉴读者"难知前情"的烦恼，又可使后人在修志时免得花大量的精力去寻根溯源；年鉴编辑部门应该与档案部门结合起来，逐年编写各类长编资料，既可为现实服务，亦可为后人修志提供方便。《上海县续志》跋梳理了编修该志存在的三大困难，并给出具体解决办法以及可行建议，为涉及撤县建区的地域编修志书提供了较好的参考与借鉴。

五、新旧方志中的序跋对比

方志序跋是一些方志学家修志实践和方志学理论的精练融合。旧志序跋有助于读者了解该本旧志及其编纂、评价等，新志序跋则有助于总结新时期方志编纂经验、探析方志学理论。新、旧志序跋都各有优缺点。

（一）新旧志序的比较

1. 数量较固定

旧志中"一志一序者很少，每部志书少则三五序，多则七八序，甚至十几序"①，一书多序容易造成内容重复。而新志则一般一志设一到两序，多的设三四序，四序以上的很少。

2. 文学性减弱

旧志序不少成于文人大家之手，简练精干、文辞雅致，且理论阐述深入浅出、条理清晰，故而有较高的学术性、文学性。新志序则稍显逊色，尽管也有精品佳序，但是大多文辞寡淡，"新编志序几乎是清一色的说明文体，形式单一，内容单调"②。新志中的序主要是请党政领导和有声望的专家、名人作序，或是主编自序，其中领导作序占比较大，而且不少序文中还存在宣传色彩，"一是对修志事业认识不足，二是由手下人代笔，吹捧褒奖的话增多"③。

3. 学术性削减

"与修志互为因果，清代方志学所获得的成绩也是后来居上，……其中最为突出的一点，就是对方志的全面研究取得了前所未有的成绩"④，而序是此时期阐释方志编修实践与理论的主阵地。清代修志鼎盛，官方组织、文人学者受聘编修是一大特色。也正因为文人的加盟，特别是乾嘉时期戴震、章学诚等学者，结合修志实践对方志的性质、内容、体例以及如何编纂等问题在志书序跋或个人往来书信中加以阐释，地理派与历史派两大方志学流派开启方志学理论研究的学术争鸣。直到清末，时代嬗

---

① 柳成栋：《如何写好志书的序跋》，《中国地方志》2004 年第 7 期。
② 柳成栋：《如何写好志书的序跋》，《中国地方志》2004 年第 7 期。
③ 西樵、张志荣、牛玉瑛：《志书序言琐谈》，《沧桑》1997 年第 5 期。
④ 陆振岳：《方志学研究》，济南：齐鲁书社，2013 年，第 166 页。以下凡出该书者皆简称《方志学研究》。

变与学风转捩下，方志学思想不断演进，志书序言充分"反映出中国古代修志经验的总结和对当下世风的体察"①。而到了民国时期，随着文章刊载平台的新涌现以及方志学理论发展的成书需要，方志序虽仍旧在方志学理论研究中占据有利地位，但是其阐释方志编修实践与理论的主阵地优势逐渐被分化。新志序的学术地位比之民国时期又有降低，已不再是阐释方志编修实践与理论的主阵地。新志序中的理论见解仍然存在，如傅振伦在不少新志序中介绍志书编修过程、总结新志编纂经验，以及评价志书、阐述志书功用等，但是综合来看，"新志书序言中记载供方志理论研究方面的内容大为减少"②。限于序的篇幅以及撰写者的差异，不少新志序中理论阐释部分较少，关于方志编纂、方志学理论的综合探讨并不算多。

4. 政治性增强

相比起旧志，在党委领导、政府主持下，新志"官修"色彩更浓，"特别是 2006 年国务院颁布了《地方志工作条例》，不仅继承和发展了历代方志官修制度的文化传统，更是确立了地方志在经济社会发展中的法律地位，使地方志工作进入了依法修志的阶段"③。与此相应，新志序言中领导序占比增大，以上海市二轮区县志为例，24 篇序言中领导序占比 83.3%，其中还有一本志书中出现了两篇领导序。领导作序一方面从官方层面突显对修

---

① 屈宁、徐成：《传统集成与近代滥觞：阮元方志学思想析论》，《陕西师范大学学报（哲学社会科学版）》2016 年第 5 期。
② 西樵、张志荣、牛玉瑛：《志书序言琐谈》，《沧桑》1997 年第 5 期。
③ 林慧东：《论当代地方志的功能——重温习近平关于修志工作的讲话》，《福建史志》2013 年第 4 期。

志事业的重视，另一方面也是对地方志工作者及志书编修人的认可与肯定，其内容以彰显区域发展、祝贺志书出版、肯定修志价值、致谢与未来展望为主，更多是围绕志书"存史、资政、育人"功能延展的，政治功能较为明显。

5. 褒奖性居多

旧志序言既会肯定志书优点，也会直陈志书存在的缺陷与不足，而新志中序言多以肯定为主。领导序毫无例外皆是对修志不易的肯定、志书出版的认可与祝贺；专家序往往也以大篇幅对编纂做法、特色亮点进行肯定性陈述，并不会直接指出志书存在的不足，而是以给出提升改进建议这种委婉的方式进行处理。

（二）新旧志跋的比较

新旧志中跋的差异不大，一般是志书编修参与者撰写，署名大多为掌握修志全过程的主编或总纂，抑或以志办或志书编写组集体名义落款。新方志中的"跋"多以"编后记""后记""编纂始末"等形式出现，不重复设置，是以编委会或编委办、编辑部、主编（总纂）等名义写成的一篇总结性文章，主要就是记录志书编纂从开始到结束的全过程，并就此过程进行总结提炼。"其内容主要叙述该志编纂始末和志书特点，基本上是自该志启动以来到志书定稿以至印刷出版等志局内外大事的综述，也间有阐发方志理论或彰明该志特点和价值的，读者可以从中了解全志成书过程及与编纂有关的情况，是研究方志编纂学的基本材料。"[①]

---

① 中国地方志指导小组办公室编：《当代志书编纂教程》，北京：方志出版社，2010年。可访问、检索该书的在线电子版：http://www.difangzhi.cn/ztzl/zs/zsbz/。

六、第三轮修志中序跋的编纂建议

较前两轮修志而言,第三轮修志多以续修为主,因此序跋在内容上要注意与前志的衔接,行文风格上既可以是编纂思想的理论性探讨,也可以是娓娓道来的散文,这与具体的撰写人息息相关。虽说要保持志书的朴实文风,但是不代表序跋不可以有文采,在确保内容真实、文辞准确的前提下也可以提升序跋文采,以增强可读性,但总原则是要客观公正,不虚美不掩恶。

序的内容构成,主要有修志背景、修志过程简述、编修意义、志书评介,以及致谢与展望。跋的内容构成,主要包括回溯修志始末、志书基本简介、总结编纂过程中创新举措、致谢与展望。虽然基本构成相似,但因为题写人的角色不同、站位不同、学识笔力不同等,在具体写作中仍旧有差异。

(一) 序言撰写

撰写志书序言要把握一个核心要义,即序有引导之意,要突显其基本的引领导读功能,以便帮助读者迅速了解志书。因此,序言应当着重阐释该志的基本情况与编修特色,总结修志经验与编纂思想,特别是专家学者的序言应该中肯地指出志书所存在的不足与有待改进的地方。

1. 撰写前

一是要明确基本的撰写规范。序言数量1—2篇为佳,不宜多。语言要精练简洁,不宜过长,每篇字数建议在1000字左右,不超过2000字。要言之有物,切忌空洞,因此内容不必面面俱到,风格不必拘泥于一种,需要根据地域特色、题序人身份及志书本身而有所侧重。文末附上署名与日期，署名可以是个人亦可以是集体，个人署名的话建议职务与姓名一并附上，便于读者迅速掌握相关信息，如果可以放上作序人的照片，那更是锦上添花；日期写到月即可，不必精确到日，因为序言初稿完成后一般会有多次审校修改。二是要深化对所在地的了解与认识。地方志根系在地方，因此对一地之特色特点的把握至关重要。一方面可以通过身体力行获取地情的主观体验，同时配合大量图文、音频视频等综合全面地了解其自然地理、历史沿革、人文风俗、经济发展等，如果是为续志作序，还要对前志中序跋进行阅读了解，以便更为全面地了解该地修志情况。三是要通读全志，对志书有整体把握。特别是要对修志的必要性及其作用进行阐述，既要肯定成志之不易、认可志书的价值，同时也要客观公允地对志书进行纵横向的评判。

2. 撰写中

若是一志一序，内容可以全面而精练；若是一志多序，题序人需要明确自己的身份以及写作的要点与目的，从而降低整体序言的内容重复性。

一是党政领导序。作序之人是党政领导的，除部分由领导本人亲自撰写的序言外，大部分序文虽是领导署名，但实际是由其秘书或地方志办公室或编委会（办）代拟，这类序文更注重宏大叙事的表现与阐述，往往更高瞻远瞩，把修志事业与地域发展相结合，并会对修志团队进行表扬与肯定。主要包括四方面的内容：一是陈述地域历史人文及修志背景；二是介绍地域发展情况；三是肯定修志的价值与意义；四是展望志书编修带来的"存史、资政、育人"成效，表达对修志推动地域未来发展的期许。值得注意的是，三轮修志中的续志较多，不宜对方志源流、地域人文历史作太多的铺陈介绍，而应着重说明编修新志的人文背景、展现新发展阶段的特色亮点、总结编修志书的时代经验。

二是名人学者序。专家学者所作的序无需铺陈区域人文，无需钩沉历史，而应着重于地方志这个垂直细分领域，所以此类序可侧重续志与前志的衔接，比较两者在内容、体例、章法等方面的异同，就志书的编纂特色、修志方法的探索与创新以及存在的不足等进行评介阐释。学者通常具有深厚的学术理论底蕴，见多识广且走在研究前沿，他们的评述既可以对志书进行客观公允的评价，又可以为下一部志书的提升完善提供指导性的意见。有些名人学者虽非当地人，但与当地有或多或少的交集，因此可以从个人与该地的联结入手，为序文增添情感温度。

三是主编总纂序。一般来说，自序在新方志中极少出现，但如果是自序，写作者是参与编修的当事人，其对志书的认识和总结必然有较强的实践指导意义，应当着重阐述志书编纂思想和经验。这类序言主要内容包括：修志大致过程、艰辛程度、指出编修特色、总结修志经验、致谢以及敬请批评指正。值得提醒的是，主编作序需要注意与卷末的编后记有所区别。

3. 撰写后

"文章千古事，得失寸心知。"置于卷首的序就是一部志书的门面，所以一定要严肃严格严谨地对待。初稿完成后需要不断地审读修改，可邀请不同领域的相关人士一同审读以提供多元参考意见，不断推动序言的完善。

（二）跋的撰写

相较序而言，编后记设置一篇即可，且篇幅较大，一般在 2 000 字左右。编后记内容虽然相对固定、相对局限，但表达的自由度更高一些，因为多是由地方志办公室或者主编（总纂）执笔，对修志的整个过程很熟悉，故而会有更多切实的修志心得与编纂感受。"跋"（编后记）的落款与"序"相同，撰写人下附日期，个人署名的话建议加上职务，日期以"年月"形式即可。

编后记主要包括三方面内容：一是陈述修志历程。主要包括梳理志书编纂中一些重要的、关键的工作信息，记录章节篇目人员分工、变动调整及对志稿的修改、审校与调整情况等。二是总结经验教训。主要是简述提炼该志的编纂特色与工作亮点，交流好的经验做法，与前志对比的差异点、对前志的补正修订等，分享修志过程中的探索创新，为后来人提供借鉴与指引。三是自谦与展望。所修志书不可能尽善尽美，因此最后一般都会放上自谦之词，敬请读者批评指正，并对读志用志及推动区域发展等提出一些美好展望。

此外，如果编后记不以文章形式出现，则可以参考《上海市浦东新区志（1993—2009）》《上海市静安区志（1993—2010）》的做法，按年记录修志的各项进展，不加评述，仅以记录事实为主。这就需要注重平日里各项工作的记录与梳理。

修志是一项皓首穷经的大工程，个中艰辛自是不言而喻，方志序与跋，存在于志书的首与尾，象征着一本志书乃至一个地域所记载时段的开始与结束，要写出质量上乘的方志序跋，还得具有修志知识和深厚的学识笔力，需要在不断的实践探索中沉淀总结。

凡　例

余　璐　吕志伟

方志凡例一般处于卷首，位列序言之后、目录之前。它作为地方志书专门的附件和独立的辅文，最早出现在南宋淳祐年间，发展演变至今，有770多年的历史，已成为地方志书密不可分的重要组成部分。

一、"凡例"一词的起源、内涵

"凡例"一词源出晋杜预《春秋左氏传·序》。"其发凡以言例，皆经国之常制，周公之垂法，史书之旧章，仲尼从而修之，以成一经之通体。"① 杜预曾深入研究过《春秋左氏传》的内容，撰成《春秋释例》一书。他认为："经之条贯，必出于传，传之义例，总归诸凡。"② 所谓"凡"，是指《左传》中以"凡……"的句式对《春秋》原文用词的本意给予说明的例子。比如，《春秋》载桓公元年"秋，大水"，《左传》在引述原文之后，起例

---

① 杜预注，孔颖达疏：《春秋左传正义》上册，李学勤主编：《十三经注疏》标点本，北京：北京大学出版社，1999年，第14页。
② 杜预注，孔颖达疏：《春秋左传正义》上册，李学勤主编：《十三经注疏》标点本，北京：北京大学出版社，1999年，第22—23页。

曰："凡平原出水为大水。"① 又如，《春秋》载宣公十六年"夏，成周宣榭火"，《左传》在引述原文之后，起例曰："凡火，人火曰火，天火曰灾。"② 类似上述这样"凡……"的句式，在《左传》中有 50 处，后世称之为"五十凡"。故"其发凡以言例"，是指《左传》中有 50 处以"凡"字开始的、用以说明《春秋》属辞比事原则的编例。③ 需说明的是，孔子作《春秋》时并没有在正文中言明义例，那些"凡例"，也就是属辞比事的原则，皆是左丘明后来分析原文得出的结论。④

《春秋释例》中多次出现"凡例"一词，反复阐述这一杜预首创的研究成果。"郱为小国，非邑非夷，故以凡例附之。"⑤ "斯盖非史策旧法，故无凡例。"⑥ "传既显称凡例，而书时不书时，各重发者，皆以别无备而兴作，如书旱雩之别过雩也。"⑦ 如此等等。以上种种，不一而足，"凡例"可谓杜预《左传》研究中的核心概念。鉴于杜氏在经学领域的重要影响力，"凡例"一词逐渐传播开来，并为后世沿用。东晋范宁所撰《春秋穀梁传集解》中便有："凡例宜时而书月者，皆缘下事当日故也。"⑧ 这

---

① 阮元校刻：《十三经注疏·春秋左传正义》，北京：中华书局，2009 年，第 3777 页。
② 阮元校刻：《十三经注疏·春秋左传正义》，北京：中华书局，2009 年，第 4099 页。
③ 孙云霄、何朝晖：《凡例的形成与兴起述论》，《大学图书馆学报》2019 年第 5 期。
④ 申非：《凡例源流初探》，《中国出版》1994 年第 5 期。
⑤ 杜预：《春秋释例》卷二"灭取入例"，上海：商务印书馆，1936 年，第 32 页。
⑥ 杜预：《春秋释例》卷二"氏族例"，上海：商务印书馆，1936 年，第 33 页。
⑦ 杜预：《春秋释例》卷三"土功例"，上海：商务印书馆，1936 年，第 59 页。
⑧ 范宁：《春秋穀梁传注疏》，上海：上海古籍出版社，1990 年，第 18 页。

里的"凡例",还是特指《春秋》的记事原则或行文规范。其后,"凡例"一词在传播中,其涵义逐渐发生变化。其一,指方法。如,南宋陈言《三因极一病证方论》有《中暑凡例》等,讲的是治病用药的方法。① 其二,指编纂体例、体制、规则、样式。如,唐刘知几《史通·外篇·杂说》中有:"皇家诸学士撰《晋书》,首发凡例。"② 其三,置于书前的专篇凡例,是一种实用文体。近代以来,"凡例"词义缩小,最终成为图书凡例的专用名称。③ 比如,《现代汉语词典》释"凡例"曰:"书前关于该书体例的说明。"④《辞海》释"凡例"曰:"说明著作内容和编纂体例的文字。"⑤《方志百科全书》释"凡例"为:"说明方志著述内容和编纂体例的文字。"⑥

因当代部分学者对"凡例"的真正起源与词义的复杂流变了解不够深入,出现了将作为编纂体例、规范的"凡例"与作为一种专文、辅文的图书凡例相混淆的现象。以下提及"凡例",大部分是指独立成文的图书凡例(这是本章研究的主体),少部分

---

① 陈言:《三因极一病证方论》,北京:中国中医药出版社,2007年,第41页。
② 刘知几撰,浦起龙通释,吕思勉评:《史通》卷十七,上海:上海古籍出版社,2008年,第354页。
③ 上述关于"凡例"一词涵义的古今演变轨迹的描述,主要参考孙云霄、何朝晖:《凡例的形成与兴起述论》(《大学图书馆学报》2019年第5期)一文的观点,但根据实际情况和笔者自身理解,有所删改。
④ 中国社会科学院语言研究所词典编辑室编:《现代汉语词典(第6版)》,"凡例"词条,北京:商务印书馆,2012年,第357页。
⑤ 辞海编辑委员会编:《辞海(1999年版缩印本)》,"凡例"词条,上海:上海辞书出版社,2000年,第416页。
⑥ 《方志百科全书》编纂委员会编:《方志百科全书》,北京:方志出版社,2017年,第70页。

指编纂体例和规范，容易引起歧义处会特别言明"凡例"二字涵义，避免混淆误会。

二、旧方志凡例的发展历程

中国古代历史编纂学极为发达，有关史书编纂的体例、规范，早已有之并不断发展成熟。唐刘知几《史通·内篇·序例》曰："昔夫子修经，始发凡例。"谓孔子在编纂《春秋》时，制订了相应的编纂体例和规范（即左丘明在《左传》中所总结的"五十凡"等编例），一个"始"字言其最早创立史籍编例。实际上，孔子修《春秋》参考了众多资料，除鲁国国史外，还有其他诸侯国的文献史籍。《春秋》之编例，很有可能是孔子借鉴了先前史书的做法和成例，并非完全由其首创。① 遗憾的是，古人著书虽有例可循，但长久以来不在书中言例，因此很难追溯史籍编例的源头。吕思勉《史通评·序例第十》中说："惟古人著书，虽有例，而恒不自言其例。欲评其得失，必先通贯全书，发明其例而后可。"② 后人通过分析归纳而"发明"的编例、义例，毕竟掺杂个人主观因素，难免出现理解上的偏差。所幸自两汉始，"不自言其例"的情况有所改观，说明图书体例的文字（虽是寥寥数语），已开始出现在部分史籍的序文之中。荀悦在《汉纪》之后进呈汉献帝的表文中，有对编例的简单介绍："凡《汉纪》，其称

---

① 马刘凤：《浅析图书凡例的起源——论图书凡例不自〈春秋〉始》，《图书情报知识》2011年第4期。
② 吕思勉：《史通评》，上海：商务印书馆，1934年，第22页。

年本纪、表、志、传者，书家本语也。其称论者，臣悦所论。"①之后，东晋干宝的《晋纪》中已出现"叙例"，南朝梁阮孝绪的《高隐传》、北魏崔鸿的《十六国春秋》皆有"序例"，可惜上述文字均已亡佚。隋魏澹编撰《魏史》时，拟订序例5条，后被《北史》《隋书》辑录，为现存最早的序例。序例更多地呈现序的特征，语言繁复，以叙事、议论为主，但与书序中零散的编例相比，序例中的例言更为清晰。随着例言地位的不断提升，独立成文的凡例最终于唐代出现。②

由于独立成篇的凡例是从书序、序例演变而来，故其位置一般在卷首、序后。依据目前史料来看，作为一种应用文体的凡例，其形成历程，是一个形式上逐渐独立、内容上逐渐聚合的过程。早期图书凡例，以唐代中期陆淳的《春秋集传辨疑·凡例》为代表，位于《春秋集传辨疑》卷首，共17条，每条均以"凡"字开头，内容皆关乎编纂体例。形式上保留了序例的部分面貌，起首有一段文字来说明编撰缘起。

宋代是中国历史上雕版印刷的黄金时期，书籍出版便捷容易，文化知识传播成本大大降低，兼以科举制度不断完善发展，普通人通过读书科举进而入仕的机会大增。当时儒生士子为准备科举考试而需要学习的不少韵书中都列有单独设立的凡例，旨在说明编排规则、查询方法、资料来源乃至版本优长等信息，方便读者阅读参考，如《集韵》中的"韵例"，《押韵释疑》中的"条

---

① 荀悦：《汉纪》，北京：中华书局，2002年，第547页。
② 孙云霄、何朝晖：《凡例的形成与兴起述论》，《大学图书馆学报》2019年第5期。

例",《紫云先生增修校正押韵释疑》中的"校正条例"等。这些在宋代知识分子中广泛传播的图书凡例,潜移默化中催生了方志凡例的降世。① 南宋时期,现存最早的方志凡例——《淳祐玉峰志·凡例》出现。

凌万顷、边实所纂《淳祐玉峰志》,其卷首《凡例》共5条,每条均以"凡"字开头,形式上保留了图书凡例早期的痕迹。② 其全文为:

> 凡事旧在昆山,而今在嘉定者,以今不隶本邑,今皆不载。凡碑记现存者,书其名,不载其文,不存者载其

---

① 据孙云霄、何朝晖在《凡例的形成与兴起述论》一文中的说法,宋代之前,书籍流传以手抄为主,且大多是自抄自读,这导致部分抄书人对原始文字有一定的选择甚至加工,难以保证百分百复制。这可能是唐代及之前朝代部分图书凡例亡佚的原因。是故,无法完全排除唐代甚至更早之前便已出现单独成篇的方志凡例的可能性。当然,这种可能性较小,其一是现存唐代图书凡例极罕见,保存下来又有序例的痕迹,这显示图书凡例在唐代尚在初级发展阶段,影响力有限,难以使众多图书起而效仿。其二是现存最早方志凡例——《淳祐玉峰志·凡例》与后世同类志书凡例相比很简略,仅5条,每条均以"凡"字开头,在形式上保留了图书凡例早期的痕迹,更可能是方志凡例萌芽阶段产物,不太可能是方志凡例已发展了一段时间的产物。其三,方志至南宋才定型,之前的地记、图经等形式较为简单,内容并不复杂,远不是网罗宏富的"一方之全史",故而在卷首列出专门说明内容和编例的文字以指导读者阅读的必要性不够充分。

② 前文已述,唐代中期陆淳的《春秋集传辨疑·凡例》,每条均以"凡"字开头。如:"凡三传叙事有先后于经者,今皆移于本经之下。凡三传释经之例,或移于事首发之,或赵氏纂之入总传,其当否各于纂例本条中论之备矣。"(陆淳:《春秋集传辨疑》,《景印文渊阁四库全书》第146册,台北:台湾商务印书馆,1986年,第597页。)北宋仁宗宝元二年(1039年)完稿的《集韵》,其"韵例"仍以"凡"字开头。如:"凡字训悉本许慎《说文》,慎所不载,则引它书为解。凡古文见经史诸书可辨说者,取之,不然,则否。"(丁度:《集韵》,北京:中国书店,1983年,第3页。)览《淳祐玉峰志·凡例》全文,每条亦以"凡"字开头,便知其形式上受到早期图书凡例的影响。

文。凡事有《吴郡志》所载与今所修不同者，以今所闻见无异者修。凡叙人物，有本邑人而今居他所，本非邑人而今寓居者今皆载。凡事有重见者，止载一处，余书见某门，更不重载。①

可见，该志书凡例已对志书记述的空间范围、人物入志的标准、参考资料歧异的处理、编纂内容重复交叉的处理等进行了规定，这些也是后世修志中常会遇见的问题，对于具体修志工作颇有指导意义。当然，修志中遇到的实际问题可能更错综复杂，需要总纂或主编拍板定调立下规矩的绝非仅《淳祐玉峰志·凡例》所述5条而已。是故，此5条《凡例》列于卷首，主要不是为了指导和约束参与编纂人员（毕竟志书此时已经附梓印刻，各种规定于编纂者已失去制约作用），而更多是为了便利读者阅读，使读者在阅览时内心不产生困惑。方志凡例和其他图书凡例一样，其产生都是为了向读者解释说明著书时的一些问题，告诉读者一些阅读时的注意事项，这就是方志凡例的"初心"和"使命"。

两宋独立成文的方志凡例极罕见，目前仅见两篇，除《淳祐玉峰志·凡例》外，还有《咸淳临安志·凡例》，其制订时间虽与《淳祐玉峰志·凡例》相隔不远②，仍然比较简单（共7条），

---

① 凌万顷、边实纂修：《淳祐玉峰志》，《宋元方志丛刊》第1册，北京：中华书局，1990年，第1052页。

② 《淳祐玉峰志》成书于淳祐十一年（1251年）。《咸淳临安志》成书于南宋咸淳年间（1265—1273年），为潜说友任临安知府后开始修纂。潜氏于咸淳六年（1270年）知临安军府事，以此推断，《淳祐玉峰志》与《咸淳临安志》成书年代约相差20年左右。

但已不见"凡"字开头。① 其全文为：

> 御制、御书、诏令，惟关行在所门目，及刻石公宇者，则恭载本处，它不敢辄及。朝事有关典故，及圣德者，附载各门。宫阙郊庙门所录臣下著述，惟奉敕撰及经乙览并恭跋御制、御书，方敢登载，仍附注于下，余门不用此例。旧志叙次行都、官府，有名称一字偶同者，即汇为一处：如牛羊司列于大宗正司，省马院列于检鼓院，今略仿职源次第，参以国朝会要，各从其类，庶免混淆。旧志帅守书"府尹"，按国朝旧制，储君及亲王乃除尹，今事关君上，则称"守臣"，余止书'守'字。宫观、祠庙，惟上关朝廷、典礼者，载于此，余并入《临安志》。诸题咏，以类附于编末，然不敢泛取，惟朝仪、朝事及规制有可考见者录焉。②

其内容既有关于入志内容取舍、志书编目设计的考虑，也有具体的行文用字规范，较之《淳祐玉峰志·凡例》偏重阐述志书

---

① 至南宋，部分图书凡例在形式上已摆脱以"凡"字开头的桎梏，如南宋景定年间刊刻的《增修校正押韵释疑》，其《校正条例》已不见"凡"字。如："韵字同音者，以字画编类，庶易检寻，字下之注，亦有次序：一亦作，二音切，三监注，四释文，五互注，六经史异同，七时文用押，井然有条。然七者岂字字俱有？无则阙之，至于无监注处，必以一释字冠于上，以别异之，庶不误引用。"（郭守正《紫云先生增修校正押韵释疑》，卷首《校正条例》，上海图书馆馆藏宋代刻本，编号795539—48。）前文已述，韵书在两宋对知识分子影响颇深。《咸淳临安志·凡例》制订时间与《淳祐玉峰志·凡例》相隔很近，文字形式在短时间内的变化，未必是志书凡例自我发展的结果，更可能是受到同时代图书凡例（尤其是传播甚广的韵书凡例）发展潮流的影响。

② 潜说友编纂：《咸淳临安志》，《宋元浙江方志集成》第1册，杭州：杭州出版社，2009年，第259页。

内容上的处理原则，《咸淳临安志·凡例》所述范围已略有拓展，但总体上，还属于比较简单的。潜说友所纂《咸淳临安志》被后世推为宋代方志的翘楚。潜氏在改进旧志体例，增益旧志等方面下了很大一番功夫，可惜这些努力和巧思，在《咸淳临安志·凡例》之中丝毫未见阐发。

宋代大多数志书无独立的图书凡例，仅在序、进表、跋和修志本末中简略提及有关编例的内容。如周应合受聘主纂《景定建康志》时曾"条上四事"："一曰定凡例。……今欲先修《留都宫城录》，冠于书首，而建康地图年表次之。十志又次之，……十传又次之，……传之后为拾遗，图之后为地名辨。表之纬为四。……凡图、表、志、传卷首，各为一序。"[①] 详阅上文，可知周应合所谓"凡例"，指的是志书篇目体例，不是专门的图书凡例。后世学者多引用周氏"一曰定凡例"之语，作为论证志书凡例（此处"凡例"指图书凡例）重要地位的例证，其实并不妥当。试想若图书凡例真的在南宋方志中有着重要地位，怎么解释其在宋代方志中罕见的现象？

两宋之后，现存元代志书未见附有专门凡例。元《大一统志凡例》于元贞二年（1296年）制定，但未采用，原文已亡佚。[②]

经历了元代的沉寂，独立的志书凡例在明代迎来了真正的发

---

① 周应合：《景定修志本末》，《宋元方志丛刊》第2册，北京：中华书局，1990年，第1329—1330页。
② 据《方志百科全书》(《方志百科全书》编纂委员会编，北京：方志出版社，2017年，第70页)，元《大一统志凡例》于元贞二年（1296）制定，但未采用。一统志作为一种官方编纂的地理总志，是否归入地方志的范畴，学界存在争议，但不可否认，一统志的编纂体例、凡例会对方志体例和方志凡例产生影响。

展和繁荣。明代永乐十年（1412年）颁布的《修志凡例》，以及在此基础上进行修订的永乐十六年（1418年）《纂修志书凡例》，为目前所见最早的、由中央政府颁布的编修地方志的规定章程。这2则《凡例》，为明代编修地方志提供了指导性的原则规定和编修框架，成为志书设计篇目、取舍材料的重要根据所在。① 有零星志书将2则《凡例》纳入卷首，令其发挥图书凡例的作用，如明嘉靖《寿昌县志》、明正德《莘县志》，但这2则《凡例》实质上属于修志规范性文件。明代前期，志书附有凡例尚属鲜见之事，至明代中期，自明武宗正德年间起，志书中设置独立形态的凡例日渐增多。初时凡例条目不多，内容简单，如明正德《崇明县志·凡例》仅4条，明正德《归化县志·凡例》甚至仅2条。至明代后期万历、崇祯年间，方志中附有凡例已是司空见惯，凡例文字也变得丰富起来，往往有十几条之多，如明万历《新昌县志·凡例》竟增至19条。

　　明代方志凡例较之南宋萌芽时期，其文字滋长，内容增多，但大多数行文简洁明快，文字质朴凝练，表意清晰精当。如，明弘治《温州府志·凡例》："疑以传疑，信以传信，史法也，其缪悠丑诋，不可为训者，删之。……惟名宦、人物，必其人已殁乃录，事定也；宦职、科目，题名无间于存亡，可征也。……物产与他方同者不赘，止存其名，惟特产者详书之。"② 明正德《大

---

① 陈凯：《明代"永乐凡例"的比较研究与特点述评》，《广西地方志》2012年第5期。
② 王瓒、蔡芳纂，胡珠生校注：《弘治温州府志》，上海：上海社会科学院出版社，2006年，第33页。

名府志·凡例》："诗文有系于纪述题咏者，各附本题之下，以便考究，其无所附丽者，则入文章志中。若涉于释老、仙幻，虽工不录。墓铭不附于陵墓之下者，以立言之意在人不在墓也。"①明嘉靖《陕西通志·义例》："乡贤生者，政行、著述不书，犹见任也。孝子、义民，非旌表不书，惧不公也。节妇、烈女，非旌表不书，犹孝义也。惟殉乃书，盖棺事定，其节完也。"②上述明代方志凡例论及编纂原则、规范时，三言两语点到为止，不蔓不枝，其简约晓畅的文风值得后世效仿学习。

清代可谓旧志凡例发展的顶峰，志书附有凡例相当普遍，俯拾皆是，无凡例的志书反而鲜见。较之明代，凡例内容上有所增益：

其一是增添了清点版本、追溯志源的条款。如，清乾隆《同官县志·凡例》：

邑志之作，明以前无传者。嘉靖后，二杨旧本已不可见，今所存者，惟万历四十六年旧志。③

又，清雍正《崇明县志·凡例》：

崇明州志，昉于元至正十四年甲午，知州程世昌始创为之，今不可考。自明洪武改县后，至正统九年甲子，修于知

---

① 石禄修，唐锦纂：《大名府志》，卷首"凡例"，《天一阁藏明代方志选刊》第3册，上海：上海古籍书店，1981年，第1页。
② 赵廷瑞修，马理、吕柟纂，董健桥等校注：《陕西通志》上册，卷首"义例"，西安：三秦出版社，2006年，第1页。
③ 清乾隆《同官县志·凡例》，引自 http://dfz.shaanxi.gov.cn/sqzlk/sxjz/ssjzwz/tcs_16201/tgxzqcwz/（陕西省地方志办公室官网"方志资料库"）。

县张潮，未既厥工。知县陈文续修成书，止两册，所载皆属草创。时事既已荒略，又经城坍，无足为据。嘉靖四十年辛酉，知县范性所修，不可得见。惟万历三十三年甲辰，知县张世臣修者四小本尚存，部略加增而文词佥鄙，事迹脱落，虽备掌故。入国朝，顺治庚寅迄康熙癸丑，知县刘纬、王恭先递修未果。至二十年辛酉，知县朱衣点勉成厥役，褒然八本，而以志中讦直太过，奸蠹群哄，假手提督毁其板。朱公不得已，删从简约。①

其二是重视对旧志、前志的研究，惯于在旧经验、老做法的基础上进行改进和创新。由是，不少清志会在凡例中逐一列举今志对旧志、前志、他志编纂体例的弃取之道，借此阐发编纂者的修志思想、观念。如，清乾隆《奉贤县志·凡例》："志中叙事专主平正通达，使人易晓，若务为艰深诡异之辞，反使事迹郁而不明矣。昔李于鳞修《青州志》，饾饤而不贯串，识者讥之。今不敢不惩其失，至于每类小序稍事涂泽，谅亦无害体裁，不欲概从三易云。一邑志以简核为主，但新县之志与旧志不同，网罗不妨宏博，以存一邑典故。昔薛方山修《浙江省志》，简略太甚，俾后之欲知前事者漫无考稽，朱太史竹垞颇以为恨。今岂可复蹈其失，使一邑之文献无征乎。一志书之作，从来载笔者但取旧志为蓝本，而于名人文集不务遍考，致多缺遗。王新城谓癸丑修《山东通志》于人物一门竟将曹县李襄敏公、单县秦襄毅公、沂州王

---

① 上海市地方志办公室、上海市崇明县档案局编：《上海府县旧志丛书·崇明县卷》，上海：上海古籍出版社，2011年，第359页。

恭简公失去。方望溪谓赵忠毅公有明一代可计数之君子也，同时官于畿辅，风节治行见于公文而确乎有据者凡二十余人，而郡、县旧志无一及焉。此皆搜采不广之故也。奉邑虽小，既任载笔，可不惩其失乎。"①

有清一代，不少大学者也在方志凡例中留下了自己的创见。戴震撰乾隆《汾州府志·例言》，主张首重地理沿革，记山川不可"仅点缀嬉游胜景"，要"务求切于民用"；入志人物应"志与史例有不同者：史善恶并书，志详善而略恶也"；规定艺文志集文要"以古今为先后，不区别文体"等。钱泰吉《海昌备志发凡》中指出，材料不足则"求之布政司册籍"，"交游所及未有文字者，据所闻见者，有善必登"。孙诒让撰《瑞安县志局总例》全面反映他的编纂理论，涉及纂辑、绘图、校雠、采访、检查案牍、缮写等6个方面，都是精辟可贵的见解。②

民国时期方志总体上仍属旧志范畴，凡例大多沿用文言文。其内容变更之处主要有二。（1）由于民国社会环境动荡，内外忧患频仍，修志不易，仓促之下，部分志书采用断代体，故民国方志凡例中说明记述断限的语句渐多。如，民国《川沙县志·例言》："本志断限，上承光绪《志》，始自清光绪五年，下迄民国十五年北京政府统治告终为止。"③（2）民国方志受社会发展剧变影响，修志增加了经济、科学、卫生、教育等领域的内容比重，

---

① 上海市地方志办公室、上海市奉贤区人民政府地方志办公室编：《上海府县旧志丛书·奉贤县卷》，上海：上海古籍出版社，2009年，第18页。
② 刘希汉：《地方志凡例编纂研究》，《中国地方志》1996年第3—4期。
③ 上海市地方志办公室、上海市浦东新区地方志办公室编：《上海府县旧志丛书·川沙县卷》，上海：上海古籍出版社，2011年，第425页。

编目门类上多有创新和突破，凡例自然要对此进行说明。如，民国《乾县新志·凡例》："本书之内容，可大别为'创、补、续、因、变'五项。甲、创：新增之事类，出于前志范围之外者。例如曰'晷候、地质'等最为显著。此外如电政、公路等。各门类中属于创制者，指不胜屈，核其成分，约占全书十分之三。乙、补：前志各门类之未臻完备者，从而补充之。例如前志人民遗漏户口，疆土不言形势，学校不溯源流，物产不贯职业。凡如此类，悉为补苴罅漏，其成分约占全书十分之一。……戊、变：本书之体例，除金石古迹外，其他门类，悉变前志之面目。例如：文庙为学宫；旧志编入学校，极为有识；而前志则列入祠祀，殊觉不伦。又如：关梁、道路，应列入交通。陵墓、寺观，应列入古迹。前志连同风俗、物产，概纳入土地志内，不特条理不贯，义例亦觉疏略，本书悉变其例。疆土、地理，分为二志，以政治区划，不能与天然山川相提并论也。交通业产，各有专志，不相淆溷，此事例之变易也。"①

1917年，北京政府内务府会同教育部通饬各地纂修地方志书。山西省积极响应，省公署颁发由学者郭象升起草的《山西各县志书凡例》，就如何编纂县志作了具体而详细的规定。方志，要备而精，雅而有用，内容要翔实，资料要丰富。规定采用图、略、传、表、考五种体裁，各体之下分纲目。门类包括方里图、山脉图、河道图、城郭图、疆域略、沟洫略、赋税略、丁役略、

---

① 民国《乾县新志·凡例》，引自 http://dfz.shaanxi.gov.cn/sqzlk/sxjz/ssjzwz/xys_16200/mgqxxzwz/（陕西省地方志办公室官网"方志资料库"）。

礼俗略、生业略、物产略、氏族略、方言略、兵防略、名宦传、名贤传、文儒传、孝义传、士女传、杂传、官事表、选举表、学校表、沿革考、营建考、古迹考、金石考、著述考、旧闻考、丛考等。关于门类的编法，规定方里图要用新的测绘方法绘制。生业略应包括士、农、工、商等社会阶层，调查宜精确。名宦、名贤、文儒、孝义、士女、杂传应以记善为主，确系大奸大佞不能隐讳。丛考收录本县各类资料和书目。① 但究其实质，《山西各县志书凡例》属于省级层面的地方志编纂规范性文件，不应归入专门的图书凡例之列。

综上，经过对旧方志凡例起源和发展的梳理，可以认为：作为志书专门的辅文、附件，独立成文的方志凡例始于宋，兴于明，盛于清，蜕变于民国。需要注意的是，历代志书凡例的名称各异，大部分称"凡例"，旧志中也有叫"志议""志引""总引""略例""例言""义例""总例""法例""序例""叙例""约言"等名称的。② 虽然名称不一，但都独立成文，大体均发挥其作为

---

① 黄苇主编：《中国地方志辞典》，合肥：黄山书社，1986年，第683页。
② 据任根珠《新方志"凡例"丛谈》(《中国地方志》1998年第2期)："在历代所编纂的旧志书中，凡例的名称也各异：清雍正版《阳高县志》谓志例；清乾隆版《临晋县志》谓志议；清乾隆《绍兴府志》、清光绪版《顺天府志》谓略例；清光绪版《左云县志》谓总例；清光绪版《长治县志》谓序例；民国版《徐沟县志》谓总引；清嘉庆版《广西通志》、民国版《龙游县志》谓叙例；清乾隆版《武乡县志》、清光绪版《天镇县志》、民国版《岳阳县志》《芮城县志》《永和县志》《乡宁县志》《襄陵县志》谓例言；民国版《解县志》谓约言，以及发例、起例等。"据仓修良《方志学通论（增订本）》（华东师范大学出版社，2014年）第273页："有许多不称凡例，而是称叙例、义例、法例或志引。如《嘉靖临江府志》称叙例，《嘉靖浦江志略》称义例，《嘉靖光山县志》称法例，而《嘉靖宿州志》则又称志引，其义都是一样。"此外，如明嘉靖《雍大记》、明隆庆《重修仪真县志》有序例，明嘉靖《陕西县志》有义例，清光绪新修《潼川府志》有例言，清光绪《涪乘启新》有编纂大意，民国22年（转下页）

志书辅文的作用,用于导引读者阅读、阐发志书主旨和编纂者修志理念、介绍志书编纂规范等。

三、方志凡例的研究概略

当代学者对于方志凡例的研究主要包含以下几个方面。

(一)凡例的地位和作用

早在20世纪30年代,著名学者傅振伦便指出:"修志之道,先严体例,义不先立,例无义起,故志家必以凡例冠之。"[①] 将凡例的订立作为修志的首要任务。20世纪80年代,社会主义新方志编修工作勃兴,参与首轮修志的实践者也纷纷著书立说,阐发自己对于方志凡例的地位和作用的看法。史继忠《方志丛谈·谈体例》云,"修志必须先明凡例","凡例之与体例,有如灵魂之于身躯"。[②] 张划认为,"凡例作为志书编纂的基本法则,具有其指导意义和规范作用,历来为史志家所重视",凡例对于新编

(接上页)《灌县志》有叙例,其内容大体均起到方志凡例的作用。其中,旧志中序例(叙例)较为特别,某些(如明嘉靖《雍大记·序例》)与其他志书凡例无异,某些(如明隆庆《重修仪真县志·序例》及民国22年《灌县志·叙例》)行文繁复,篇幅较长,论述颇多,其形式与内容确与同时代的方志凡例迥然有异。另,韩章训在《凡例综论》(《中国地方志》2006年第3期)提出:"从存在形态上看,在我国历史上也有过两种类型的凡例:一为与序言融为一体的凡例,如民国余绍宋撰《龙游县志·叙例》(本章所论修志凡例不包含此种凡例)。二为具有独立形态的凡例,如上文提及的章学诚所撰《湖北通志·凡例》。由上述可知,所谓修志凡例实际上有广义和狭义之分。"序例(叙例)是否应当归入图书凡例的范畴,目前未有定论,本章对此相关问题不做讨论。

① 傅振伦:《中国方志学通论》,上海:商务印书馆,1935年,第110页。
② 史继忠:《方志丛谈》,贵阳:贵州人民出版社,1985年,第58—59页。

方志的重要意义，今人不可不察。① 辛振强将凡例视为志书的"宪法"，对整部志书有统摄、制约作用。② 刘希汉提出，凡例"是冠于志书之首而不可缺少的纲领性文字，为地方志极其重要的组成部分"③。此后，学者大致都同意凡例文字虽少，然而是方志不可缺少的重要组成部分，制订凡例是修志之要务，不可轻忽。④

关于凡例的主要功能和具体作用，肖怀认为，凡例"使编纂人员取材有依据，编排有准则，行文有规格，以保证志书质量，使读者知晓全书的大要，得阅读之要领"⑤。此后，岳荣传、任根珠、梁滨久、陈泓友、詹跃华、李万辉等学者皆持类似观点。⑥ 任根珠进一步明确凡例的两大作用，"其一，它对志书的编写起指导和制约作用"，"其二，它可指导读者更好地阅读志

---

① 张划：《论新志凡例——兼评新编〈什邡县志〉凡例》，《中国地方志》1990年第1期。

② 辛振强：《试谈凡例对志书的统制作用》，《广东史志》1994年第4期。

③ 刘希汉：《地方志凡例编纂研究》，《中国地方志》1996年第3—4期。

④ 可参看任根珠《新方志"凡例"丛谈》（《中国地方志》1998年第2期），詹跃华《浅谈志书凡例》（《黑龙江史志》2010年第16期），沈永清《新编志书凡例的制定与撰写——兼评上海市10部二轮县区志书凡例》（《宁夏史志》2011年第3期），胡浩泉、宋冰《方志凡例小议》（《新疆地方志》2012年第3期），任根珠《第二轮志书凡例编写应注意的几个问题——以〈秦皇岛市志（1986~2005）〉等10部志书为例》（《中国地方志》2013年第11期）等文。

⑤ 肖怀：《凡例的制订与志书的质量》，《新疆地方志》1992年第2期。

⑥ 可参见岳荣传《浅议志书凡例》（《中国地方志》1993年第1期），任根珠《新方志"凡例"丛谈》（《中国地方志》1998年第2期），梁滨久、陈泓友《续志凡例的制订》（《黑龙江史志》2001年第1期），詹跃华《浅谈志书凡例》（《黑龙江史志》2010年第16期），李万辉《对志书凡例标准化制定的思考》（《广西地方志》2012年第1期）等文。

书"。① 刘希汉在前人提出的两大作用基础上，认为志书凡例"更是具有重要的权威性和学术研究价值"②。由此，韩章训提出凡例的第三个作用，"可为方志和修志研究提供资料"③。沈永清沿袭了韩氏的观点。④

（二）凡例的分类

关于方志凡例的分类，主要有"三分法"和"两分法"。薛奇达在《凡例琐义》（《广西地方志》1989年第3期）中提出惯例、通例、特例"三分法"。张划也赞同此观点："惯例指的是继承传统之例，通例指的是一般通行之例，特例指的是从本志实际出发所作出的变通性、创造性的特殊编纂法则。"⑤ 刘希汉沿袭了张划的主张。⑥ 岳荣传亦主张"三分法"，但名称概念有所不同："一是'通例'，即统率全书的纲领和各个专志、所有编纂人员必须共同遵守的条例，如体裁、结构、断限、纵横关系、图表处理及要求全书必须整齐划一的重要问题。二是'分例'，即分门别类地说明各种体裁（述、记、志、传、图、表、录）和各专志设立的依据、辑录重点、记述方法等编纂体例问题，以统一认识、统一规范，着重阐明设志之由，分类之法，不必逐志、逐条

---

① 任根珠：《新方志"凡例"丛谈》，《中国地方志》1998年第2期。
② 刘希汉：《地方志凡例编纂研究》，《中国地方志》1996年第3—4期。
③ 韩章训：《凡例综论》，《中国地方志》2006年第3期。
④ 沈永清：《新编志书凡例的制定与撰写——兼评上海市10部二轮县区志书凡例》，《宁夏史志》2011年第3期。
⑤ 张划：《论新志凡例——兼评新编〈什邡县志〉凡例》，《中国地方志》1990年第1期。
⑥ 刘希汉：《地方志凡例编纂研究》，《中国地方志》1996年第3—4期。

述说详略原则。三是'特例',即处理一些特殊问题的原则和方法。"① 因"惯例"和"通例"实难区分,故岳荣转的通例、分例、特例"三分法"受到广泛支持②,上海市地方志办公室编著的《方志编修教程》(方志出版社,2004年)及《方志百科全书》(方志出版社,2017年)"凡例"条目均将此"三分法"列入正文。

"两分法"在学界似早有酝酿,但正式提出较晚。诸葛计提出:"一部志书完整的凡例,是应当既包括通例,又包括特例的。一部志书仅有通例而没有特例是难以想象的。它或者表明这部志书从体例到内容都没有自己的特点;或者表明志书的体例和内容上虽有特点,但在凡例中没有反映出来。"③ 由岳峰在查阅研究各说后,采用通例、特例二分法,提出:"在宏观上,志书凡例可以分为通例和特例。通例是指一般通行之例,特例主要是对本志特殊问题的处理及说明。通例主要由规范志书编纂的原则性条款构成,一般包括指导思想、编纂宗旨、编纂原则、修志断限、记述范围、志书体例、人物收录标准、行文规则以及资料来源等内容。……特例是处理志书某些特殊问题的原则和方法,对凡例突出特色,有所创新,纵异于旧志,横异于他志,起决定性作用。同时,特例也是具体反映志书编纂者方志思想的重

---

① 岳荣传:《浅议志书凡例》,《中国地方志》1993年第1期。
② 参见梁滨久、陈泓友《续志凡例的制订》(《黑龙江史志》2001年第1期)、韩章训《凡例综论》(《中国地方志》2006年第3期),谢振杰《浅谈志书主编的职责与素质》(《中共山西省委党校学报》2002年第1期)等文。
③ 诸葛计:《志书凡例琐谈——从〈龙岩市志·凡例〉说起》,《中国地方志》2009年第6期。

要载体。"①

(三)凡例存在的问题

业内对于新志凡例存在的问题多有讨论,认为其存在的问题主要有以下几个方面。

一是轻视凡例的制订工作。少部分志书出版时未附凡例,相当一部分志书在编纂过程中根本未制订凡例,到了送审时才拼凑几条充数,或临时起意草草而已,或不假思索照搬他人,根本未把制订凡例当作修志要务来对待。②

二是同质化较为严重,"模块化"倾向明显,通例居多,特例缺失。许多志书凡例多在指导思想、编修宗旨、篇目结构、编纂体例、记述时限和范围、人物立传原则、统计资料运用等惯常的通则中选定几条拟定,但对于志书中特殊问题的处理几乎没有涉及。这些凡例条款,只要在数字上略加改动,放在此志可以,放在彼志亦可,以至于出现凡例写法千篇一律的现象,甚至前后两轮志书凡例基本一致。③

三是凡例所述与正文内容相互矛盾。比较普遍的问题是凡例中对于记述时限、纪年方法、计量单位、数据采用、全称简称使用等规定,志书正文并未完全遵循,细查之下总能发现违例逾矩

---

① 由岳峰:《论志书凡例撰写存在的四个问题》,《黑龙江史志》2015年第24期。
② 参见刘希汉《地方志凡例编纂研究》(《中国地方志》1996年第3—4期),胡浩泉、宋冰《方志凡例小议》(《新疆地方志》2012年第3期)等文。
③ 参见张凤雨《地方志书附件存在问题浅见》(《广西地方志》2013年第4期)、任根珠《第二轮志书凡例编写应注意的几个问题——以〈秦皇岛市志(1986~2005)〉等10部志书为例》(《中国地方志》2013年第11期)、由岳峰《论志书凡例撰写存在的四个问题》(《黑龙江史志》2015年第24期)等文。

的情况。另外，部分凡例所言的编纂原则（如"贯通古今""详今略古"等）脱离实际，志书编纂难以执行，最后也造成凡例规定与志文所载不相符合。①

（四）制订②凡例的注意事项

对于社会主义新方志凡例的改进，业内提出了一系列真知灼见，归纳起来主要有以下几方面。

一是要重视凡例的拟定。凡例的制订和修改应贯穿修志全过程，应当循序渐进，精益求精，不可一蹴而就，不要一劳永逸。在编纂之前，就应首先制订出凡例，作为编纂者遵循的"法则"；在编纂实践中，发现新矛盾，有了新经验，要适时对凡例进行增删或修改。志书脱稿之后，再对凡例作一次全面审订、修改，并以读者为主要对象，组织加工原有文字语句，使凡例变为读者的阅读指南。③

二是要注重体现自身特色，不要"所见略同"。④ 业内有人在20世纪90年代时便提出："制订凡例，应抓住重点，突出特

---

① 参见辛振强《试谈凡例对志书的统制作用》（《广东史志》1994年第4期）、朱文尧《志书的凡例与门类设置——读〈南宁市志〉有感》（《广西地方志》2000年第3期）、胡浩泉、宋冰《方志凡例小议》（《新疆地方志》2012年第3期）、张凤雨《地方志书附件存在问题浅见》（《广西地方志》2013年第4期）、任根珠《第二轮志书凡例编写应注意的几个问题——以〈秦皇岛市志（1986～2005）〉等10部志书为例》（《中国地方志》2013年第11期）等文。

② 鉴于方志凡例的拟制和最终确立是一个动态完善的过程，故此处用"制订"，后文亦同。

③ 参见薛奇达《凡例琐议》（《广西地方志》1989年第3期）、武铁良《要重视"凡例"在方志中的规矩》（《方志研究》1992年第1期）、肖怀《凡例的制订与志书的质量》（《新疆地方志》1992年第2期）等文。

④ 刘希汉：《地方志凡例编纂研究》（《中国地方志》1996年第3—4期）。

色，有所创新，不必面面俱到，人云亦云。凡历代相因且至今没有疑义的传统体例，不必浪费笔墨进行重述，一般情况下点到即可。凡全国的统一规定，各地约定俗成的基本原则，也要尽量省略，压缩到最低限度。尤其需要突出本志的重点和特色，即纵则异于旧志，横则异于他志，编者认识分歧，读者不易理解的取材原则和编纂方法等。"① 上述观点，至今仍有很强的指导意义。方志凡例之中，可就篇目设置的特别之处（如篇章节目的升格降格、专记设置的原因等）、体裁上的创新亮点（如将传统的大事记变为"大事记略"）、与前志或其他志书的关系（如是续志还是首创，是续修还是重修，与他志在记述内容上有何不同侧重等）等进行说明。方志凡例是展现编纂者思想和理论观点的舞台②，编纂者作凡例时应有这样的觉悟和认识，要勇于借凡例文字直抒胸臆，为后世留下自己的独特创见。

三是要简明扼要，语句表述应准确精当。凡例应有多少问题，就列多少条文，一个条文最好说一项内容，不要兼顾其他。文字必须精练而切合实际，真正突出凡例的条理性和法规性。在简明实用的基础上，尽量讲求一点章法和文采。在旧志中，不少

---

① 参见任根珠《新方志"凡例"丛谈》（《中国地方志》1998 年第 2 期）一文。早于任氏，肖怀在《凡例的制订与志书的质量》（《新疆地方志》1992 年第 2 期）一文中提出："制订凡例，既要有所创新，又不要面面俱到，人云亦云。凡代代相因，至今没有疑义的传统体例，不必重复。凡全国统一规定、各地约定俗成的基本原则，也应省略。需要写入凡例的应是'纵则异于旧志，横则异于他地'。"任氏或是在继承肖氏观点的基础上，进行了修改。其后，韩章训《凡例综述》（《中国地方志》2006 年第 3 期）一文谈及凡例制订要求时沿袭了任氏的观点。

② 《续志凡例应写出个性特色》引河南省地方史志学会副会长于平天观点，刊于《河洛史志》2004 年第 2 期。

志书凡例含蕴精深，文采风流，尤值得我们继承和学习。①

四是要虚实结合，有的放矢。凡例条文应有虚有实，虚实结合，不仅要对辑录内容和编纂形式做出明确的规定，指出应该怎么办，而且要阐明道理，说明为什么要这么办。这种虚实结合，要有的放矢，条条言之有理，切合志书实际。只有这样，才能使参与编纂者知其所以然，并发挥其主观能动性；才能使读者理解编纂者的意图，不至于茫然困惑。有些凡例只写"怎么做"，不说"为什么"，如在篇目设置上为什么要对某些内容进行升格或降格处理，为什么要将某些内容单设为专记，凡例中不阐述理由，徒留后人疑惑，这是欠妥当的。②

除了宏观层面的批评，业内还对凡例中的一些微观问题（即某些条款的文字表述）进行了讨论，值得注意的主要有以下三处。

一是凡例中对于记述时限的规定。1985年4月，中国地方志指导小组颁布的《新编地方志工作暂行规定》第八条规定："新方志的年代断限，上限不作硬性的统一规定，下限一般情况下可暂定断至1985年即第六个五年计划结束之时，也可断至该书脱稿之日。"其后，在各地实践中，记述上限一般上溯事物发端，各省市志书下限则不太统一：有的设定一个年份，有的记至

---

① 任根珠：《新方志"凡例"丛谈》，《中国地方志》1998年第2期。
② 参见肖怀《凡例的制订与志书的质量》（《新疆地方志》1992年第2期）、任根珠《新方志"凡例"丛谈》（《中国地方志》1998年第2期）、韩章训《凡例综述》（《中国地方志》2006年第3期）、由岳峰《论志书凡例撰写存在的四个问题》（《黑龙江史志》2015年第24期）等文。

志书搁笔或脱稿；在同一省级行政区内同层级的志书，其下限也不统一；甚至同一本志书，其记述不同事物，下限也有多个。记述时限如此错综复杂，不免令读者困惑。故《地方志书质量规定》后来规定："时间界限明确，不随意突破志书的上限和下限，严格控制上溯或下延。"① 有学者指出："（志书）20年一修，就是为了保证时间的连续性，随着社会的发展，值得入志的内容实在太多，留待续志再写也很好，实在不必随意延长下限。"② 从编纂实际考虑，志书的记述下限实在不应"一刀切"地强行规定一个时间。最重要的一个考量是：修志机构多为临时设置，近年来政府机构改革、国有企业和事业编制改制、行政区划调整又颇为频繁，参编承编单位等修纂主体难以保持连续性。某事现在本可说清始末，一旦严格执行记述时限规定，"半途而废"，以后下轮志书编纂恐再难接续前文。所以，业内学者又认为："一些志书要求适当延长上、下限，这也是必要的，具体有四种情况：机构改革、领导换届、重大事件和工程时间跨度超出下限的。"③ 其实，需要突破记述时限的情况何止四种，实际编纂中突破记述时限的领域很难一一列举，凡例中最好模糊表述，以免挂一漏万。这里中国地方志指导小组给业内提供了一个很好的范本，在其制订的《中国名村志·凡例》中这样规定记述时限："为全面反映入志事物发展脉络，各志上限尽量追溯至事物发端；下限一

---

① 中国地方志指导小组：《地方志书质量规定》第十六条，2008年9月16日印发。
② 赵岩：《续志凡例制定应避免三个问题——以第二轮〈江西省志〉为例》，《新疆地方志》2014年第3期。
③ 赵岩：《续志凡例制定应避免三个问题——以第二轮〈江西省志〉为例》，《新疆地方志》2014年第3期。

般断至各村志启动编修年份，个别重大事项可延至搁笔。"

二是凡例对于资料来源的说明。志书文字不加注释已成为新方志修纂默认俗成之事，绝大部分凡例中关于"资料来源"的条款会提出："本志资料来源于……，均经考证核实，一般不注明出处。"朱文尧对此提出明确批评。① 任根珠援引 2008 年 9 月中国地方志指导小组印发的《地方志书质量规定》第四十条"注释符合学术规范，便于查找原文。注释形式全书统一。引文和重要资料注明出处"，认为：重要史料不注明出处、不注释考证核实过程，明显与《地方志书质量规定》不符。② 学界不少有识之士认为，这种行为也影响了志书的权威性和可信性，导致其他领域的学者不敢轻易引用志书内容。

三是关于总、分凡例内容相互矛盾。田亮在《省级志书〈编修说明〉浅议》中指出，部分充当分卷凡例的《编修说明》与《凡例》（即省级志书的统一凡例）规范不一致，《编修说明》的内容不能违背《凡例》的基本原则。③ 究其原因，志书总凡例一般制订较早，各分志编纂时间往往不止三年五载，少数志书编纂周期甚至要超过 10 年，其早期规定（如指导思想、记述时限、行文规范等）难免因时移世易而出现与各分志、分卷分凡例不符的情况。一些特殊情况、突发情况往往难以预估，比较稳妥的做法不是预先拟定一个成文的、固定不改的总凡例，而是出台一个

---

① 朱文尧《志书的凡例与门类设置——读〈南宁市志〉有感》，《广西地方志》2000 年第 3 期。

② 任根珠：《第二轮志书凡例编写应注意的几个问题——以〈秦皇岛市志(1986～2005)〉等 10 部志书为例》，《中国地方志》2013 年第 11 期。

③ 参见《中国地方志》2013 年第 1 期。

凡例的模板，让各分志、分卷在此基础上自行修改、完善。

诸家学者洞见之外，新方志凡例中仍有两处需引起修志者的重视。

一是关于古今计量单位换算。古代的两、斤、斗、石、尺、亩等计量单位，在不同朝代，其名称虽同，但其具体的轻重、长短、多少，往往随着各个朝代的变迁和制度的改革颇有出入，即使同一朝代，不同地区也有不同，精确统一度量衡实自中华人民共和国开始。以"亩"为例，古代直至民国的"亩"明显小于当代，何况还存在"大亩""小亩""南方亩""北方亩"之分，是故古代"亩"无法精确换算成当代的公顷，当代"15 亩 = 1 公顷"的换算比例是不能套用到古代的。所以，对于古代的度量衡计数单位，志书中最好按当时称谓，不要强行换算成现代计量单位。① 《中国名村志·凡例》第九条规定："历史上使用的计量单位，如斗、石、里、尺、磅、华氏度等，在引文时照录。考虑到社会使用习惯，全书中亩不统一换算，15 亩 = 1 公顷。"此条凡例到"15 亩 = 1 公顷"之前，尚属精当，之后则欠妥当。

二是关于繁简字的替换。现代简化字在设计时曾追求缩减汉字总量，"一个字可以代替好几个字"，这种做法容易造成词义上的困扰。如，水汽结合体之"雲"，与"子曰诗云"之"云"，一概简化为"云"。于是，"子云笔札君卿舌"中的"子云"易被误

---

① 如《上海市志（1978—2010）》凡例第十条规定："本志所记述的地名、机构名称、职称及币种、计量单位，一般按当时称谓。"

解为"子曰诗云"的意思（其实，"子云"原为"子雲"，为汉代名人谷永之字）。① 《中国名村志·凡例》第十二条规定："对于旧志、古籍中的繁体字、冷僻字一般使用简化字或通用字替换，易引起误解的则保留。"这表明编纂者注意到了繁简字转换可能存在的问题。

四、新方志凡例的特点及应用

20世纪50年代末至60年代初，全国各地所修社会主义新方志大多无凡例，如1959年完稿的《西充县地方志略》《岳池县地方志略》《怀来新志》，1960年完稿的《浦东志略》等。20世纪80年代以来所纂的新志绝大部分都有凡例，多数行文较为简略，少则四五条，多则十数条，一般字数在千字以内，一页即能容纳。当然，也有个别新志凡例字数较多，如《绍兴县志·凡例》（中华书局，1999年）、《鹰潭市志·凡例》（方志出版社，2003年），前者列有40条，后者列有29条，如此详尽，极为罕见。② 较之清代民国方志凡例，社会主义新方志凡例除行文简略外，还有以下鲜明特征。

（1）使用语体文，而不是文言文，基本上从凡例的文体上便可区分新、旧。

（2）凡例中一般都列有编纂指导思想（即中国共产党的指导思想），此为社会主义新方志凡例的首创，是区别于旧志凡例最

---

① 谌旭彬：《短史记丨中国的汉字简化，有两点需要检讨》，引自 https://new.qq.com/cmsn/20190329/20190329001500.html。

② 韩章训：《凡例综述》，《中国地方志》2006年第3期。

鲜明的特征。当然，并非所有新志凡例皆列指导思想，如《渭南县志·凡例》《丰城县志·凡例》《长岛县志·凡例》《晋城市志·凡例》等就不列指导思想。① 关于"指导思想"是否要写，业内也有过一些争论。② 2008 年 9 月 16 日，中国地方志指导小组印发《地方志书质量规定》，其中第九条明确："凡例关于编纂志书的指导思想、原则、时空范围、体裁、人物收录标准、资料来源、行文规范、特殊问题处理等要求，清楚明确。"从此之后，指导思想写入新志凡例成为定规，所有出版志书均要执行。

（3）无论通纪体，还是断代体，新志凡例皆会注明记述时限，即上限自何时起，下限自何时终。

（4）新志凡例普遍重视纪年问题，多列专条说明事涉何时使用历史纪年，自何时起使用公元纪年，"解放前""解放后"是自何时起划分等。

（5）旧志所不关注的行文规范、出版规范、标点符号、计量单位使用规范等，新志凡例也多有述及。

（6）部分地区的新志在省级志书层面设总、分 2 种凡例，总凡例罗列省级志书一些通行的编例，分凡例介绍各分志和各分卷特殊的、专门的编例，新志在市志县志层面则大多只

---

① 参见《渭南县志》（渭南县志编纂委员会编，三秦出版社，1987 年）、《丰城县志》（江西省丰城县县志编纂委员会编，上海人民出版社，1989 年）、《长岛县志》（长岛县志编纂委员会编，山东人民出版社，1990 年）、《晋城市志》（晋城市地方志编纂委员会编，中华书局，1999 年）。

② 可参见刘希汉《地方志凡例编纂研究》（《中国地方志》1996 年第 3—4 期）、梁滨久《"凡例"是否必须写上指导思想》（《广西地方志》2001 年第 6 期）、刘其奎《志书凡例指导思想如何表述之我见》（《广西地方志》2014 年第 4 期）等文。

设一种凡例。①

另外，新志凡例也有命名为"编辑说明""出版说明""编纂说明""编写说明"的。② 新方志凡例存在的问题前文已述，此处不赘。

五、方志凡例未来发展建议

关于方志凡例未来发展，有三条途径可供开拓践行。

（一）充分发掘原有方志凡例的成熟经验

尤其是要充分汲取旧志凡例里的智慧，如旧志凡例中关于清点版本、追溯志源的例言，关于彰主旨、述观念的语句，关于重考证、作注释的规定等，这些行之有效的传统做法都是值得认真学习和研究，并在新方志凡例中继承和发扬光大的。

---

① 安徽省志在二轮修志时皆设《总凡例》，各分志卷首列《总凡例》之外，还继之以各自的《凡例》来说明自身的一些特殊问题。类似做法并不鲜见，其他地区如河北省，其二轮修志时也有统一的《〈河北省志（1979—2005）〉凡例》，各分志另列《编写说明》；上海市在二轮修志时，各分志分卷先刊《凡例》或《〈上海市志（1978—2010）〉凡例》，再载《编纂说明》；广东省在一轮修志时，广东省志有统一的《凡例》，各分志还设《出版说明》；青海省在二轮修志时颁布过由青海省地方志编纂委员会审议通过的《青海省志·总凡例》，省志各分志出版时，将其改称为《凡例》，其后另立各自的《编纂说明》。余不一一列举。另外，部分地区市志层面也有设总、分2种凡例的，但比较少见，如首轮《西安市志》设《凡例》和各卷《本卷编辑说明》；青海省的《海北藏族自治州志（1991—2010）》设《凡例》和《编纂说明》。即使只设一个凡例的，也有将需要另行说明的编例事项置于志书其他附件中兼顾说明的，如《中国名镇志丛书凡例》与《中国名村志丛书凡例》最后一条都有说明，"各镇（村）志需要独自说明的事项，均在各自编纂始末中记述"。

② 如《广西通志·发展计划和改革志（1991—2005）·编辑说明》《广东省志（1979—2000）·政法卷·出版说明》《三江源生态文化志·编纂说明》《河北审判志·编写说明》等，上述均不属于"分凡例"范畴，"分凡例"中尚有不少叫"编辑说明""出版说明""编纂说明""编写说明"的，参见前文注释。

(二)积极关注方志体裁、编纂组织方式和技术手段的开发与创新

古往今来,方志体裁、编纂程序、编纂技术不断丰富完善,记述相关内容的凡例文字也随之更新。当今社会,信息科技日新月异,移动互联网大行其道,人工智能开始勃兴。未来的方志编纂工作,必然要顺应时代发展,出现和产生新的方志体裁(如志书中引入视频、音频,使用融媒体技术、虚拟现实技术呈现志书内容)、新的编纂组织方式(如通过移动互联网、web 3.0 技术组织方志修纂)、新的编纂技术手段(如引入人工智能技术参与修志)等都是可以预见的。方志凡例相关内容理应紧跟时代,随之记录变革内容。

(三)始终心怀读者,回归凡例订立的"初心"

追溯凡例之起源,方便读者阅读正文是其初始目的,也是一直以来不断发展变化的重要原因。遗憾的是,很多当代书的凡例在拟订时并不考虑读者实际需求,罕有导引读者读志用志的内容。未来应站在读者角度,思考怎样通过凡例让他们更好地熟悉和利用志书资料,更好地明晰知晓编纂者的修志思想和观念。

综上,关于三轮志书中凡例的订立,前人谈到的几点值得记取:其文风应简明晓畅,文字表述要要求精准无歧义;其内容应虚实结合,凸显自身特色,部分条目应举出实例,勇于讲述自己的主张和看法,便于读者阅读、理解、利用志书,体察修志者的用心及创意。此外,方志凡例的收录范围,除了《地方志书质量规定》第九条中所规定的编纂志书的指导思想、原则、时空范围、体裁、人物收录标准、资料来源、行文规范、特殊问题处理

8个门类，还应当包括新的编纂组织方式与新的编纂技术手段的说明性文字、导引读者便利阅读的提示性文字（如索引的使用方法、目录的编排方式、附录的收录范围、音频视频的登载途径）等；其字数应依据各志自身实际情况，宜长则长，宜短则短。总之，三轮志书的凡例当以开放创新的精神和服务读者的心态，为后世留存下当代修志人砥砺奋进的精神风貌。

述 体

赵 峰

"述体",是当代方志的创新体裁,源于旧志中的序、序例。方志界一般认为,民国时期黄炎培编纂的《川沙县志》各分志之首的"概述"为新方志述体之一概述的发端。20世纪八九十年代,"述体"逐渐被确立为方志新体裁,是与记、志、传、图、表、录、照等并立的一种体裁。核心内容包括"概全貌""概轨迹"和"概特点"。与其他体裁相比,述体具有概括性、整体性和叙议结合三个特点。

一、述体概述

(一)述体概念、内涵、种类

述体是对一地或一类事物的历史和现状的全面情况综合概括记述,主要是"概全貌""概轨迹"以及"概特点"。它位于志书之首,也可以位于篇章节之首。位于志书首的,一般称为概述,或称总述;位于篇章节首的,一般称为小序,或称无题小序、无题序。省级志书中,各独立成册的分册、分卷之首一般也设立概述,其结构、内容、写法与志书首概述基本一致。

(二)述体特点

述体是有别于志、传、记、录、图的一种独特体裁。根据其功能、文体，可以确定它具有概括性、整体性和叙议结合三方面特点。

第一，概括性。述体概要反映事物的全貌、发展轨迹和典型特点，提要钩玄，高度浓缩事物的总体情况，突出重点，不受细枝末节的束缚。第二，整体性。述体概括全志内容，贯通各门类，揭示事物之间的联系，厘清因果、规律，从而解决各门类之间的"割据状态"。第三，叙议结合。述体可以直接表述编著者观点，通过述而有论，彰明因果，揭示规律，总结经验教训。

（三）述体功能

述体位于全志、篇、章、节不同层次之首，为全志、篇、章、节正文的梗概，统帅若干个门类（篇、章、节、目），使相互之间割裂的门类建立内在联系。述体具有许多其他体裁所不能代替的功能，是志书不可或缺的组成部分。

述体的功能，具体而言有5个。其一，鸟瞰全貌，宏观概括所记述对象的全貌、历史轨迹，浓缩全志精华；其二，沟通各业，形成整体，贯通全志各门类，揭示事物之间的联系，解决各分志处于"割据状态"的弊端；其三，概括精华，引导读者阅读，省时便捷，吸引读者进一步阅读全志；其四，彰明因果，揭示规律，总结经验教训；其五，显示特点和优劣之势。

（四）述体结构体式

20世纪80年代以来，出现了多种多样的述体结构体式。志首概述常见的有分类记述式、史体纵述式、特点勾勒式、策论式、纵横结合式等；篇章节首的小序有沿革式、简介提要式、提示式、义例说明式、对比式、典型统计等。

二、述体的发展历史

(一) 民国之前，述体的萌芽

我国最早的序是《诗经》中的《大序》（即总序），以及《诗经》每一篇下的《小序》，其主要作用是说明义例、阐释文意、指导阅读。《诗经》中的序对后世产生了极为广泛的影响，如《史记》《汉书》每篇（卷）首有小序。《史记》中不时出现"太史公曰"，结合史事之叙述进行点评，可以视作史部典籍中"述"体的起源。《汉书·艺文志》卷首有序，卷下每个门类后面也有序，计总序1篇、大序6篇、小序33篇，它们对后世志书述体的产生有较大影响。

我国现存最早的以"志"为名的地方志——东晋常璩撰《华阳国志》，在每郡的文字之前有小序一篇，叙述概况，为志书述体的萌芽。

在中国地方志进入成熟阶段的宋代，不少志书在各分志之首设立小序。如潜说友编纂的《咸淳临安志》，100卷，总18纲，各纲首设有小序，内容大多统合古今，详今略古。但是，这种在各纲首设置小序的做法，在明清时期的志书中并不常见。

清代章学诚在其参修（可惜未获刊行）的《湖北通志》凡例（《通志凡例》）中说，"各属专志，譬之垣墉自守，详于门内，而不知门外"。他主张设置通志从而"登高指挥，明于形势，而略于间架，理势然也"①。在《和州志》《永清县志》中，他又再进一步，在各分志设立"序例"，如"官师表序例""艺文书序例"

---

① 章学诚：《章学诚遗书》，北京：文物出版社，1985年，第245页。

"政略序列""选举表序例""建置图序列"等等①，其作用除说明本篇内容大要外，重点在于阐明其"义例"，也就是阐明修志宗旨、修志体例。

总体而言，一些旧方志虽然在志首或者分志首设有"序""序例"等，但它们往往侧重说明义例，极少有叙及志书内容概要的，因而并未有效解决各个门类之间相互隔绝和"述而不作"的弊端，与如今位于志书首的概述或位于篇章节首的小序还有极大差距。

（二）民国时期，"概述"的出现

民国初年，日本人在中国调查各地情况，运用中国方志体例，使用日文于1920年编纂出版《中国省别全志》18卷。"注重述体总论、概述和无题小序的运用"，"各篇章节述体的设置没有统一的规定要求，是应内容需要而设"。②这是志书首次采用总论、概述和无题小序的体裁③，但由于这套书使用日文编写，并且主要是为日本政界、军界服务，读者范围有限，因此在中国国内特别是在方志界没有产生什么影响。

1936年，黄炎培编纂民国《川沙县志》时，使用了"导言""概述"的概念，明显借鉴了当时西方学术著作的用语。尤其是创建"概述"一词，有明确的目的，已接近新方志中的分志概述。黄炎培首先提出分志"概述"概念，创立全志"导言"，这是方志述体体裁形成的重要阶段，因此当今方志界一般将黄炎培

---

① 章学诚：《文史通义》，上海：上海古籍出版社，2008年，第196—262页。
② 王熹：《民国日文版〈山西省志〉的几个特点》，《东岳论丛》2010年第12期。
③ 王熹：《日文版民国方志与中国方志"概述"体例——以民国日文版〈山西省志〉为例》，《徐州师范大学学报（哲学社会科学版）》2011年第37期。

的民国《川沙县志》作为"概述"体裁的鼻祖、发端。

1938年，黎锦熙应邀编纂《城固县志》，完成部分内容，终因经费无着，修志中止。① 他拟定的《城固县志续修工作方案》（即《方志今议》）中说，"每篇之首，宜冠小序"，主张"篇成乃作，一人为之，务能提要钩玄，不蔓不枝，文采斐然"。② 篇首冠序能够弥补传统方志方法论意义上的不足，对今天的"概述"的形成有较大的推动作用。

黄炎培、黎锦熙关于概述、小序的实践与尝试，与前辈相比有了极大进步，但是由于种种原因，概述或小序在方志界没有得到普遍认可，在志书中仍显得可有可无。

（三）新方志述体体裁的确立

20世纪80年代，社会主义新方志编修开始，越来越多的方志工作者意识到，志书存在着门类之间缺乏内在联系和"述而不作"的弊端，开始在实践中逐步创造和发展志首概述（或称"总述"）和篇章节首小序。

1981年，中国地方史志协会提出《关于新县志编纂方案的建议》，志首"概述"篇，共5目，包括历史大事记、建置沿革、区域区划、县城与乡镇、人口与民族，实际上是一县的地理概要。

1984年10月，在广西壮族自治区桂林市召开"全国南片县志稿评议会"时，大部分与会者已经同意设置志首"概述"，虽然就此还存在一些争论。从此，志首"概述"作为首轮修志的创

---

① 城固县地方志编纂委员会：《城固县志》，北京：中国大百科全书出版社，1994年，第825页。

② 黎锦熙、甘鹏云：《方志学两种》，长沙：岳麓书社，1984年，第129页。

新被普遍采用，同时在编首（或卷首）设置小序也为多数志书采用。方志界关注的不再是概述、小序是否要写的问题，而是如何撰写的问题。

1985年4月，中国地方志指导小组通过的《新编地方志工作暂行规定》的第九条指出，"新方志的体裁，一般应有记、志、传、图、表、录"6种，没有提及概述、小序或者述体，述体作为体裁，还没有获得官方的认同。直到1998年，中国地方志指导小组颁布的《关于地方志编纂工作的规定》的第十三条指出，"地方志的体裁，一般应包含述、记、志、传、图、表、录等"，确认了"述"这一新体裁。2008年9月，中国地方志指导小组印发《地方志书质量规定》，进一步明确述体应"根据志种和内容层次的不同，合理设置，概述事物发展全貌"，确认述体存在于全志、篇、章、节不同层次。这标志着述体体裁的真正成熟。述体的确立，是新时期对方志体裁的创新和发展。

三、述体的学术研究回顾

20世纪80年代以来，方志界普遍重视对述体（概述、小序）的理论探索，对于述体的种类、功能、结构、内容、写法等存在着不同观点。

（一）关于述体种类的研究

关于述体种类，主要有四种观点。董一博（1986）[①]、张松

[①] 董一博：《再论县志"概述"篇的设置问题》，《福建地方通讯》1986年第1期。

斌（1997）①、邵长兴（1998）②、韩章训（2003）③、段柄仁（2003）④、茆贵鸣（2010）⑤、林衍经（2017）⑥、陈泽泓（2017）⑦等多数学者认为，述体包括志首概述、各层次门类（即篇章节）首小序（或称无题序、无题小序）二类。而张凤雨（2015）⑧等学者认为，述体包括志首概述和篇首的概述二类，不包括章节目之首的小序。⑨霍宪章（2014）⑩、周霞（2014）⑪认为，述体有三类，包括志首概述，篇首的概述，章节首的小序（无题序、无题小序）。而王德恒（1994）⑫、任根珠（2008）等学者注重分析志首概述，不分析讨论篇章节首小序，可能他们认为述体专指志首概述。

（二）关于志首概述的研究

方志界对志首概述的特点、功能、结构体式、内容、撰写要求等讨论比较丰富。

1. 关于概述的特点

广州市方志办在《新方志编写讲评》（1991）一书中认为，

---

① 张松斌：《实用中国方志学》，北京：海潮出版社，1997年，第159页。
② 邵长兴：《志书述体的形式及其运用》，《中国地方志》1998年第5期。
③ 韩章训：《方志编纂学基础教程》，北京：方志出版社，2003年，第257页。
④ 段柄仁：《说说地方志的总述》，《中国地方志》2008年第1期。
⑤ 茆贵鸣：《评续修〈建湖县志·总述〉》，《江苏地方志》2010年第5期。
⑥ 林衍经：《方志学广论》，合肥：安徽大学出版社，2017年，第206页。
⑦ 陈泽泓：《简明方志编纂教程》，广州：广东人民出版社，2017年，第47页。
⑧ 张凤雨：《关于地方志体裁的探究》，《广西地方志》2015年第5期。
⑨ 张凤雨：《关于地方志体裁的探究》，《广西地方志》2015年第5期。
⑩ 霍宪章主编：《新方志编纂论》，郑州：中州古籍出版社，2014年，第205—206页。
⑪ 周霞：《第二轮〈新疆通志〉概述撰写初探》，《新疆地方志》2014第3期。
⑫ 王德恒：《中国方志学》，北京：文化艺术出版社，1994年，第317—330页。

概述有概括性、学术性、策略性（或说理性）、导引性 4 个特点。① 段柄仁（2003）认为概述有综合性、思想性、高度概括性 3 个特点。② 任根珠（2008）认为概述有概括性、整体性、科学性、规律性、可读性、导引性 6 个特点。③ 詹跃华（2022）认为概述有概括性、著述性（有叙有论）、引导性 3 个特点。④

2. 关于概述的功能

首次对概述的功能进行完整阐述的是董一博（1986）。他认为有 6 个功能，包括：立体鸟瞰；打破园囿，使各门内外比比相通；关系明确，因果相生，揭示规律，扬长避短，开发优势；说大势，申大略；节时捷取。⑤ 黄苇等（1993）提出 6 个功能：概括全志，鸟瞰全貌；打通篇章之间的联系；揭示事物发展的因果联系；揭示地情优劣以资政；述兴衰利弊之由，导振兴腾飞之途；帮助读者省力省时地了解和认识当地的历史和现状。⑥ 任根珠（2008）认为有 5 个功能：鸟瞰全志，概况总貌；沟通各业，形成总体；揭示规律，因果相彰；扬长避短，开发优势；节时捷取，方便概览。⑦ 邓先海（2010）的观点与之相近。⑧ 段柄仁

---

① 广州市地方志编纂委员会办公室：《新方志编写讲评》，广州市地方志编纂委员会办公室编印，1991 年，第 72—73 页。
② 段柄仁：《说说地方志的总述》，《中国地方志》2008 年第 1 期。
③ 山西省史志研究院编，任根珠编著：《新方志"概述"点评（上册）》，北京：中华书局，2008 年，第 10—11 页。
④ 詹跃华：《浅论志书无题概述编写》，《新疆地方志》2022 年第 1 期。
⑤ 董一博：《再论县志"概述"篇的设置问题》，《福建地方志通讯》1986 年第 1 期。
⑥ 黄苇等：《方志学》，上海：复旦大学出版社，1993 年，第 771 页。
⑦ 山西省史志研究院编，任根珠编著：《新方志"概述"点评（上册）》，北京：中华书局，2008 年，第 9—10 页。
⑧ 邓先海：《新编城市志总述撰写初探》，《中国地方志》2010 年第 10 期。

(2003)认为有3个功能：提纲挈领、宏观认识、思想引导。① 包柱红、袁静君（2016）认为有4个功能：横剖纵述，彰往昭来；总叙概况，述而精作；高屋建瓴，揭示规律；昭示典型，特色鲜明。② 霍宪章（2014）认为有4个功能：鸟瞰全志，概括全貌，统领全志；贯通全志内容，彰明因果，反映事物发展规律；概括全志精华，集中反映地方特点与优势，反映本地区在全省、全国的地位；导引阅读，省时便用。③ 周霞（2014）的观点与之相近。④

3. 关于概述的结构体式

黄苇（1993）认为，概述的结构体式有2种，即志体钩玄提要式、史体综述式。⑤ 朱敏彦、梅森等（2004）有类似说法。⑥ 邵长兴（1998）认为有8种，鸟瞰式、浓缩式、横展式、纵贯式、策论式、轴心式、简介式、提要式。⑦ 齐迎春（2021）的观点与之相近。⑧ 韩章训（2003）⑨、任根珠（2008）⑩、柳成栋

---

① 段柄仁：《说说地方志的总述》，《中国地方志》2008年第1期。
② 包柱红、袁静君：《志书总述撰写体式探析——以宁波市首轮修志八部志书为例》，《中国地方志》2016年第3期。
③ 霍宪章主编：《新方志编纂论》，郑州：中州古籍出版社，2014年，第207页。
④ 周霞：《第二轮概述撰写初探》，《新疆地方志》2014第3期。
⑤ 黄苇等：《方志学》，上海：复旦大学出版社，1993年，第771页。
⑥ 上海市地方志办公室：《方志编修教程》，北京：方志出版社，2004年，第101页。
⑦ 邵长兴：《志书述体的形式及其运用》，《中国地方志》1998年第5期。
⑧ 齐迎春：《地方志述体的发展：方志文学和非虚构写作》，《上海地方志》2021年第2期。
⑨ 韩章训：《方志编纂学基础教程》，北京：方志出版社，2003年，第256—257页。
⑩ 山西省史志研究院编，任根珠编著：《新方志"概述"点评（上册）》，北京：中华书局，2008年，第14—16页。

(2011)① 的观点相似，认为概述的结构体式有 4 种，浓缩（横陈）型、纵述（史略）型、特色（展示）型、策论（综议）型，还有 4 种体式的结合形式。霍宪章（2014）的观点与之相似，同时认为二轮志书的概述还有多项兼顾式。② 包柱红、袁静君（2016）③，以及陈泽泓（2017）④ 的观点与之相似，认为有 3 种：浓缩提要式，亦称拼盘式；史体综述式，亦称分期式；勾勒特点式，还有 3 种结构的混合式。杨军昌（2022）认为有 10 种，钩玄提要式、史体综述式、显现特色式、先叙后议式、表彰故里式、纵横伸展式等。⑤ 段柄仁（2003）有另一种思考，认为概述有 2 种写法，"史实的概述"，即一部或一套志书内容的全面简要的叙述，常见于省级志书；"书的概述"，即各部（或各卷）内容的综合性浓缩，常见于区县志书。⑥

4. 关于概述的内容要素

董一博（1989）认为概述应写 6 个方面的内容：写本地的大势大略，并述锦绣河山、今昔地位之要；畅谈本地长短优劣之势，兴衰治乱之由，总结经验教训，探讨客观规律，以申昔日喻今者，论现实以开拓未来之意；介绍主要物产资源、水利交通之

---

① 柳成栋：《如何搞好概述的编写》，《黑龙江史志》2011 年第 24 期。
② 霍宪章主编：《新方志编纂论》，郑州：中州古籍出版社，2014 年，第 214—215 页。
③ 包柱红、袁静君：《志书总述撰写体式探析——以宁波市首轮修志八部志书为例》，《中国地方志》2016 年第 3 期。
④ 陈泽泓：《简明方志编纂教程》，广州：广东人民出版社，2017 年，第 49 页。
⑤ 杨军昌：《中国方志学概论（修订本）》，北京：中国社会科学出版社，2022 年，第 164 页。
⑥ 段柄仁：《说说地方志的总述》，《中国地方志》2008 年第 1 期。

便，论工农业的发展及其趋势，兼及金融财贸、名产特产之盛；在省内外有重大影响的重大事件；例列著名的历史人物、现实名人、闻人并及奸宄；重要的古迹名胜、特种工艺、新生事物、优良风尚或陋俗。① 也有人认为，内容要素有 10 项：大势大略；密切相关的重大背景；发展阶段；兴衰起伏的内因和外因；功用；经验教训；优势、劣势、特点；时空地位；预测、规划与展望；拾遗补阙性的重要史实。② 林衍经（2017）认为，概述"包括概貌、特点、优势、规律、远景等五端"③。迟宪平（2005）④、柳成栋（2011）⑤ 认为有 5 项：总叙（概况）、综述史迹、指点关节、昭示典型、评量得失。邓先海（2010）认为，城市志的概述内容有 7 项——基本概貌，历史发展轨迹，城市建设的发展轨迹，经济建设的发展轨迹，教科文卫等社会各项事业之发展的阶段性变化，精神文明创建和人民生活水平提高的发展历程，所存在的问题和远景规划的描述。⑥ 上海市二轮修志实施方案（2010）提出述的内容有 3 项，"概全貌、概轨迹、概特点"⑦。

---

① 董一博：《董一博方志论文集》，郑州：河南大学出版社，1989 年，第 243 页。
② 参见邓撰相：《新编方志在体例上的创新——概述篇写作与研究综述》，《黑龙江史志》1995 年第 3 期。
③ 林衍经：《方志学广论》，合肥：安徽大学出版社，2017 年，第 208 页。
④ 迟宪平：《第二轮修志概述编纂刍议——兼评〈瑞金市志（1986～2000）〉等概述等》，《中国地方志》2005 年第 2 期。
⑤ 柳成栋：《如何搞好概述的编写》，《黑龙江史志》2011 年第 24 期。
⑥ 邓先海：《新编城市志总述撰写初探》，《中国地方志》2010 年第 10 期。
⑦ 上海市地方志编纂委员：《上海市志·总述（1978—2010）》，上海：上海人民出版社，2021 年，第 533 页。

5. 关于概述的撰写要求

董一博（1989）强调了五点要求：要抓志书中能起作用的主要问题，抓大不抓小，抓主不抓次；检取分志中的特殊要素，横剖纵写，提炼再提炼，向战略决策靠拢；在"用"字上狠下功夫；在各编（各卷）编定之后再写；写大势大略。① 邓先海（2010）认为，要写出深度和广度；宏观概括，叙议一体；纵横并用；避免交叉重复，注意变换笔法；不拘泥于直观的史实和数据，尽可能运用概括的语言、数字、事实。② 王晖（2013）提倡"六要两不要"。"六要"包括："概"，鸟瞰全志；"溯"，适当上溯历史文化精髓；"通"，通览各业，但不面面俱到；"特"，体现规律，特色鲜明，但不言过其实；"活"，语言活泼，夹叙夹议；"精"，文字精练，有较高的著述性，短小精悍。"两不要"是指，一不要搞经验总结，二不要搞展望未来。③ 霍宪章（2014）认为，要着眼整体，揭示全貌；抓住主线，反映本质；运用对比，反映变化；点面结合，突出重点；文约事丰，寓议于叙；成于编后，"水到渠成"。④ 杨军昌（2022）指出，在写法上要纵叙沿革，横陈现状；概述整体，展现形势；概括门类，揭示全貌；同中有异，体现特色；前后对比，反映变化；略述源流，承上启下；论从史出，论之有

---

① 董一博：《董一博方志论文集》，郑州：河南大学出版社，1989年，第244—245页。
② 邓先海：《新编城市志总述撰写初探》，《中国地方志》2010年第10期。
③ 王晖：《论方志概述与小序》，《中国地方志》2013年第7期。
④ 霍宪章主编：《新方志编纂论》，郑州：中州古籍出版社，2014年，第212—213页。

据；抓住主线，反映本质。①

(三) 关于小序的研究

董一博（1986）提出，要"吸取在各篇'小序''序例'及'概述'之类的合理做法"，在新方志中加以继承和创新，"在各篇章前设立'弁言'，其内容包括章氏的'序例'、黄氏的'概述'，同时让分纂出面讲话，叙议大势大略及其经验教训"。董一博又指出，"文章不要太长，数百言足矣"。②

1. 关于小序的功能

柳成栋（2012）认为，小序的功能有 5 个：介绍主旨，说明内容；统摄各类，总贯一体；辨章学术，考镜源流；提纲挈领，钩玄提要；指导阅读，引人入胜。③ 俞杰（2014）认为，小序有增强志书整体性、画龙点睛、方便读志用志的作用。④ 詹跃华（2022）认为有 3 个，增强志书的整体性、起画龙点睛的作用、方便读者读志用志。⑤

2. 关于小序的结构模式

韩章训（2003）认为小序的结构有 4 种，横陈简志式、纵贯简史式、纵横结合式、义例说明式。⑥ 王晖（2013）认为小序的表述方法须限制在"提挈、钩点"上，包括提挈重点、钩点历史

---

① 杨军昌：《中国方志学概论（修订本）》，北京：中国社会科学出版社，2022年，第164页。
② 董一博：《再论县志"概述"篇的设置问题》，《福建地方通讯》1986年第1期。
③ 柳成栋：《如何写好志书小序》，《黑龙江史志》2012年第6期。
④ 俞杰：《第二轮志书要写好无题概述》，《中国地方志》2014年12期。
⑤ 詹跃华：《浅论志书无题概述编写》，《新疆地方志》2022年第1期。
⑥ 韩章训：《方志编纂学基础教程》，北京：方志出版社，2003年，第257页。

和典型统计。① 林衍经（2017）认为有 4 种，交代说明（主要是引言），概括导引，简介史迹，借无题小序加以议论。② 俞杰（2014）认为有导语式、铺叙式、剖析式、沿革式、画龙点睛式等结构模式。③ 钱永兴（2021 年）认为方志小序有论赞式，例义式，以及论赞、例义兼用式 3 种。④

3. 关于小序的内容要素

邵长兴（1998）认为，小序应包括概括论述本行业、本部门主要事物的基本情况；概括论述本行业、本部门的历史；写好本行业、本部门的曲折发展和前进历程，反映各时期各阶段的成绩与失误、经验与教训；论述本地区、本行业的特点与优势；展望发展方向。⑤ 钱永兴（2021）认为，小序包括交代对象的相关背景、揭示对象的相关特征这两方面。⑥

4. 关于小序的撰写要求

李明（1988）认为有 5 个方面：纵叙沿革，横陈现状；概述整体，展现形势；面中有点，提示特色；前后对比，反映变化；略述源流，承上启下。⑦ 张松斌（1997）提出"十要"：一要小，短小精干，不可冗长阔论；二要概，高度概括，不做细腻的论述或描写；三要导，要能引导读者把握全志；四要实，要实事求

---

① 王晖：《论方志概述与小序》，《中国地方志》2013 年第 7 期。
② 林衍经：《方志学广论》，合肥：安徽大学出版社，2017 年，第 213 页。
③ 俞杰：《第二轮志书要写好无题概述》，《中国地方志》2014 年 12 期。
④ 钱永兴：《方志小序的名称、体式与应用》，《中国地方志》2021 年第 2 期。
⑤ 邵长兴：《志书述体的形式及其运用》，《中国地方志》1998 年第 5 期。
⑥ 钱永兴：《方志小序的名称、体式与应用》，《中国地方志》2021 年第 2 期。
⑦ 李明：《新方志编纂实践》，上海：上海人民出版社，1988 年，第 169—170 页。

是；五要准，记事要准确无误，语言表述明晰精当，不可记事含糊笼统、立言模棱两可；六要新，立意要新，撰写方法要新；七要活，撰写方法要活，语言运用要活，吸取其他文体的优点，灵活表述，宜叙则叙，当论则论；八要特，撰写方法、语言表述要有特色，不可千篇一律；九要精，立言、立意都要精练明快；十要联，不能割断与它类事业或事物的联系，要反映同它类事业或事物的相互联系和相互作用。① 钱永兴（2021）认为，尤其要写好章序和节序，主张不设篇序。②

综上所述，20世纪80年代以来，方志界对于志首概述，以及篇章节首小序的特点、功能、结构体式、内容、具体写法的理解不一，产生了许多真知灼见，对当前探索和发展述体理论体系，尤其是编撰述体的实践活动有着极大的启发作用。

四、首轮、二轮志书述体的广泛应用

（一）概述应用的普遍性

雷坚（1996）统计了首轮广西壮族自治区省级专业志书100部，其中89部的志首有概述，11部没有。③ 陈泽泓（2013）统计了广东省首轮区县志93部，其中只有1部不设立概述。④

笔者阅览上海各区县首轮、二轮志书，志首全部设有概述，篇或章、节多数有述的设置。至2021年全部出版的《上海市志

---

① 张松斌：《实用中国方志学》，北京：海潮出版社，1997年，第168—169页。
② 钱永兴：《方志小序的名称、体式与应用》，《中国地方志》2021年第2期。
③ 雷坚：《对新编省志专业志概述的探讨》，《中国地方志》1996年第1期。
④ 陈泽泓：《岭表志谭》，广州：广东人民出版社，2013年，第92页

(1978—2010)》系列，有单独成册的50个分志、116个分卷，共140部。全志设单独成册的《总述》；多卷本的分志设单独成册的综述卷，如《中国共产党分志》《农业分志》《工业分志》《商业分志》《城乡建设分志》等，统领下属各分卷；各分志、分卷（包括各分志的综述卷）的开头设概述（单独成册的《总述》则设总论），篇下均设无题导言，章下多数有无题导言，节多数不设无题导言。同期出版的上海市级专志有54部，同样，各志志首设立概述，篇下均设无题导言，章下多数有无题导言，节多数不设无题导言。实践证明，志首设置概述（总述）体裁，已为大部分志书采用。

（二）志首概述名称的多样性

任根珠（2008）分析了全国首轮、二轮志书的志首概述，150部志书中，称"概述"的有111部，称"总述"的有31部；称"综述"或"总叙"的各有2部，称"综说""概说""纵览"或"县情述要"的各有1部。① 陈泽泓（2013）统计了广东省首轮区县志的志首概述，92部志书中，称"概述"的有77部，称"总述"的有15部。又统计了上海地方志网站，上海市首轮区县志22部，其中称"总述"的有17部，称"概述"的有5部；二轮区县志12部，全部称"总述"。②

（三）述体结构体式的实践与创新

20世纪80年代以来，方志界进行了首轮、二轮修志实践，

---

① 山西省史志研究院编，任根珠编著：《新方志"概述"点评（上册）》，北京：中华书局，2008年，第21页。

② 陈泽泓：《岭表志谭》，广州：广东人民出版社，2013年，第92—95页。

对述体（概述、小序）进行了各种创新实践，述体出现了多种结构体式。

1. 分类记述式

也称为拼盘式、缩微式、浓缩提要式、横陈简志式、勾弦提要式、横陈浓缩式。采用按事分类的方法，一般以正文各篇主要内容顺序排列，概述事物发展，突出重点，要事不漏。先横后纵，层次分明，概括全面。大多志书均采用此种结构。如广东省《佛冈县志·概述》设置地理、建置、经济、文化教育卫生、旅游资源5个板块。此种结构也适合篇章节首小序，即先横分门类，后纵述史实，但其内容比志首概述简要。

2. 史体纵述式

亦称分期式、纵贯简史式、纵述史略式。先简述地情，后依各时期分述社会发展演变。按时间顺序，纵述一项事业兴衰起伏的历史发展过程；或者，可以将记述的事物按照历史发展的顺序划分为若干阶段，依时纵向记述。这种模式适用于主要特点单一的专业志，概述内容围绕一条主线展开，与主线关系不大的或者无关的事件不记或简记。如《增城县志·概述》分为地理建置、中华人民共和国成立前历史、中华人民共和国成立后成就、曲折的道路、需要解决的问题5个板块。此种结构也适合篇章节首小序，以时为序，分期综括。

3. 特点勾勒式

亦称特点串联式、展示特色式。先简述地情，之后将地情归纳为若干特点进行分述，围绕当地的一个或几个突出特点，把当地政治、经济、文化的兴衰起伏串联起来，既说明它们的相互联系，又总结经验教训。文内段落开头处一般有粗体文字短句，作为小标题，点明地方特点。这实质上也是一种横排写法，横向记述各个特点。如浙江省《建德县志》以该县"旅游之地""地质之窗""果木之乡"和"水电之城"4个特点为线索概述全文。

4. 策论式

亦称史论式。即以编者对地方总体面貌及其特点的认识统领全篇，加以综论。先简要交代地情，纵述一地发展的大势大要，然后用归纳方法，或述其特点和优劣之处，或总结经验教训。如《井陉县志·概述》，除开头外，内分三个部分，依序剖析该县旧中国经济社会发展落后的五大原因、新中国经济社会的发展变化、新中国社会经济曲折发展概貌，全文夹叙夹议。一般而言，小序不采用策论式。

5. 纵横结合式

先纵述历史，后横陈现状。总体上以时为序，分期综述，但在分期综述中夹杂着横陈格局。有叙有论，成绩与失误同述，易于体现特点，揭示规律，彰明因果，总结规律。细分上，横陈可以是门类，也可以是特点。如《保定志》总述分"自然地理和行政区划""历史上的保定""解放后的保定"3个部分。在"历史上的保定"中，纵横交错，围绕所选择的几个特点，进行纵述；在"解放后的保定"，先横后纵，横向排列所记述的各项事业，后纵述各项事业。此种结构也适合篇章节首小序，即以时为序，分期综括，其中夹杂横排小格局。例如《如东县志·工业》的小序就是如此。

6. 史体纵述式与分类记述式的混合式

先分阶段纵述历史，每个阶段先不进行横陈，到了最后阶段，横向分类记述现状。如《青浦县志（1985—2000）》总述，除了开头（地情）以及结尾（总结经验和存在的问题）以外，先在史略板块中分 5 个阶段纵述青浦历史，然后在改革开放、经济、建设、大文化、社会 5 个板块中分类记述现状。

7. 沿革式

略述源流，记述事物发展脉络，起承上启下的作用。如《如东县志·盐业》《奉贤县志·海塘围垦》篇小序。

8. 简介提要式

是对志书相关内容的最精练的概括和缩写，类似于内容简介、提要。比如《嘉定区志（1993—2010）·教育》的卷小序，浓缩了正文各章的内容。

9. 提示式

又称揭示式。勾勒事物的整体概貌，揭示其内部联系、逻辑关系和横向联系的特点。如《建德县志·旅游》《萧山县志·围垦》。

9. 义例说明式

亦称序例式。主要在于说明编纂体例。如一些志书在人物篇小序中对人物的入选标准、范围、排序方式等加以说明。又如《杭州市志·文献·著作目录》章小序，交代了著作目录的遴选范围、入选标准、记述要素、排列顺序等。

11. 对比式

前后对比，反映变化。适用于记述一个行业、一项事业的发展变化。如《萧山县志·交通》和《奉贤县志·交通》小序。

12. 典型统计式

对章节、记述对象进行统计，包括总量、种类，也包括对典型的统计。如《杭州市志·文献》篇小序，对经济、文学、艺术、医药、卫生、自动化、计算机技术等方面的作品数量进行了统计，又对代表性作家的作品数量进行了统计。

上述12种结构体式中，沿革式、简介提要式、提示式、义例说明式、对比式、典型统计式，或者它们的混合形式，主要适用于篇章节首小序。

五、第三轮志书述体撰写的建议

当前，各地第二轮志书的编纂工作已经完成，大多即将全面启动第三轮志书的编纂工作，因此需要对述体的撰写做出进一步的改进。

（一）内容要素的规范

关于述体的内容要素，学术界有三要素、四要素、五要素之说，也有十要素之说，可谓相当丰富。汇总前述学术界对志首概述、篇章节小序的内容要素的各种观点，涉及长短优劣、特点、全貌（及概貌，基本情况）、大势大略、发展轨迹等40多项，令人眼花缭乱，需要归并简化。

述体的内容要素构成，涉及14项，见表3－1。首先，述的核心内容是对全貌、轨迹和特点的概括，主要通过记叙方式来体现。其中全貌可划分出基本地情、宏观总貌2项，轨迹可以划分出追溯、发展史略、重大背景、补遗4项，特点可划分出特点（狭义）、优劣、地位3项，共计9项与"记叙文体"相关的内容要素。其次，在核心内容要素的基础上，述体还包括因果、规律、经验教训、展望4项与"议论文体"密切相关的内容要素，还包括序例这种与"说明文体"密切相关的内容要素。共计14项内容要素，包括9项记叙性内容要素、4项议论性内容要素、1项说明性内容要素。（另外，一些志书在志首概述中还设置了主要经济社会数据情况表，反映了一地主要经济社会数据、总体情况，但由于属于表体，因此不在本章讨论之列。）

表3-1 述体内容要素构成情况表

	核心内容	文体属性倾向	内容要素
1	概全貌		基本地情
2			宏观总貌
3	概轨迹	述（记叙）	追溯
4			发展史略
5			重大背景
6			补遗
7	概特点		特点（狭义）
8			优劣
9			地位

(续表)

	核心内容	文体属性倾向	内容要素
10	揭示因果、规律、教训、展望未来	论（议论）	因果
11			规律
12			经验教训
13			展望
14	序例	说明	序例

这14个内容要素，并不是相互严格区分、相互截然独立的，往往存在交叉、交织或者融合。列出这些内容要素，是为了撰写述体时便于选择。在不同层次的述体中，存在不同内容要素的组合，有些要素是可选项，但不是必选项。

1. 基本地情

为"概全貌"的内容之一。如区域志大体包括四至，经纬度，面积，耕地面积，主要地质构造，地貌，主要气候特征，辖区乡镇街道，总人口，民族及其构成。以上内容点到为止，不宜深描细述，一般置于述之首，篇章节层次越低，基本地情的比重或者出现的概率就越低。

2. 宏观总貌

写好记述对象的宏观总貌，概述一地、一行业或者一事物的总体情况，包括发展概况及现状，为"概全貌"的内容之一。

志书的概述、小序，都应概括所统率的门类的内容大概，揭示全貌。编纂者要吃透全志内容精华，不能简单地把全书各部分的内容予以"浓缩",或摘取各部分内容简单拼凑成为"拼盘",而是要融汇全书,选取宏观的、能展现本地风貌的资料,加以条理化、概括化,叙论结合,落笔成文,以反映一地之概貌。相比"浓缩""拼盘"法,宜采用"概括类系"的方法,对一个地方、一个行业、一个专业的各类主要事物进行系统性的概括,以阐明事物的内在联系。要避免"述而不概,面面俱到而无重点""概而不全,叙事范围有限""概而不准,缺乏深度"等问题。

记述宏观总貌,通常采用集中撰写(在述前面部分先概述一地、一行业或者事物的总体情况),或者分散在各个板块中撰写(如分类记述式、特点勾勒式、纵横结合式、史体纵述式与分类记述式混合式)。

3. 追溯

追溯前志内容,为"概轨迹"的内容之一。一地、一行业或者事物的历史沿革要可追溯。第二轮、第三轮志书一般为续志、断代志,有鉴于此,概述和小序根据具体情况,应该反映前志已经记述过的历史。续志的志首概述可以概要介绍上限以前的历史,简要记述前志已记述的建置、区划、自然环境等相对不变或变化不大的内容。

当然,追溯应严谨。首先,忌无限上溯,不要从过分久远的年代开始。追溯是为了保持事物的完整性,反之,不追溯不足以或难以反映完整性。如人大编、政协篇中,本届人大、政协开始于上限之前,小序中需要简单交代上限之前的首次会议情况,否则本届次的源头情况不清楚。其次,忌滥用追溯。凡不追溯即可明了之事,一般不宜上溯。如果是在本志上限内产生的新事物,自然更不必追溯。第三，追溯文字要简洁、精当。

4. 发展史略

记述地情的发展史略，不是简单地记述沿革史略，而应该在研究地情的基础上，科学地记述其历史发展大阶段及其每个发展阶段的特征和成因。小序要反映篇章节所记述的行业、事业、事物的重要发展阶段和基本脉络。因此发展史略在全志、篇章节各个层次的述体中都可能出现。

篇章节的小序，经常要记述某一行业、事业，特别是机构的发展沿革。在一些相对次要的、处于章或节层次的门类中，把本应该在章（或者节）中设立的沿革节（或者沿革目）内容，移到章（或者节）的小序中，从而取消沿革节（或者沿革目），减少了节（或者目）的设置，避免了全志目录中机构沿革标题在不同篇章节的重复出现。

记述发展，要坚持实事求是，重点写好发展、成就，但是不能回避失误、曲折。

5. 重大背景

述体要写出深度，必须要运用好背景资料。事物的发展受到诸多因素的影响，概述、小序要概括与一地、一行业、一事业之发展密切相关的自然地理、政治和社会环境，以及其他背景材料。也可以简要提及对地区、行业、事业有重大影响的事件，把事物放到特定历史条件、背景条件下，才能揭示事物之间的联系，真正理清因果关系。

6. 补遗

对于有些史实，涉及记述对象的全局，由于受学科类别、地域、时限、凡例的制约，不便在篇章中记述，如党中央、国务院领导同志的视察和指示，国家对本地区或某事业实施的特殊决策和政策，超时限的历史记述，志书下限至搁笔期间史实的补记等，这些可以在概述中记述。把这类重要史实写入概述，不应视作违例。在各篇章节中，同样由于篇章节框架设置的关系，一些内容不便在正文中进行记述，也可以在小序中进行记述。

7. 特点

由于各地情况不同，历史背景不同，发展条件及规律不同，决定了各自的不同特点。在选择编写内容时，要对本地的发展历史和现状，进行认真分析，反复比较，从纷繁的事件中找出特点。写特点，要写出自己的个性。各地、各部门的发展，都存在共性和个性的问题，志书若要避免出现千人一面的尴尬，就应写出自己的个性。

要善于运用对比法、类比法，以突出一地的地位和作用。纵向对比，是把某一类事物的发展作新旧对比、前后对比，显示出阶段性的变化，如关键年份资料的对比。横向比较，是把同一类事物放在全省乃至全国同类事物的范围中去比较，可以显示出事物的特点和地位。

写特点，应运用精练的语言，采取集中或分散方式，加以描述。

8. 优劣利弊

一些志书对本地、本行业、事业的优势和成就反映得比较充分，然而对存在的问题、劣势、弱点和不足之处却极少涉及，或者提到了但是没有点明。志书是求实之书、信史之作，遵循实事求是原则，对于问题、弱点、劣势和不足，不能回避，不能不揭示。应该把成就和优势说清楚，把问题和劣势说明白，才能形成正确认识，有助于读者较好地认识地情，扬长避短，从而确保述体质量。

与记述特点一样，记述优劣利弊，可采取集中或分散的方式，灵活掌握。集中在一个段落记述不利条件（不少志书是在概述结尾部分），清晰明了，层次分明；也可用分散的方法记述劣势，在各个部分（或者板块）中分别记述不利条件。当然，优势劣势并书，必须要以写优势为主，写劣势为辅，并且要十分注意分寸的把握。

9. 地位

要记述一个地区或某一项事业、事物在全省、全国甚至是全世界居于领先地位，如最新、最好、最早、最多或者最大的地位。同时，在全省、全国处于显著劣势地位的事业、事物也要记述，以期唤起当地民众的忧患意识。记述对象居于中间地位的，也可记述，让读者了解该地区或事业、事业的时空位置。

9. 因果

写好记述对象的兴衰起伏的内因和外因。通过写好各部分的联系，揭示其互为因果的关系。志书记述对象的外因，大多是超地域、超时限、跨行业的。如经济政策、基础设施建设是推动经济发展的外因，不便在相关篇章中记述，放在述中写则顺理成章。

11. 规律

把全志中最能体现规律的关键点和重要环节写出来，以启示读者去进一步研究这些规律。这里所谓的关键点和重要环节，主要是指事物发展各阶段的特点，事物从一阶段向另一阶段转变的条件和根据，重大事件背后所隐藏的某种必然性，事物向相反方向发展的原因等等。这些需要撰写者去发现，通过论断性议论来点明，当然，对此不能进行详细分析议论。

12. 经验教训

写好记述对象的经验教训。在概述中评议某地、某行业发展中的得失与是非，总结经验教训。撰写时，在叙述中可夹些论断性议论，但不能写成议论文，点到为止即可。

13. 展望

写好记述对象的预测、规划与展望。根据志书的记述原则，关于一地的预测与规划未成事实，不能入志。但是志书编纂过程中，志书下限后的五年规划往往是已经发生和存在的事实，在概述中简要记述是可以的。因此写前景展望可以把已经实现了的中长期规划中的一些内容放进去，粗略描述一下未来。当然展望要慎用，尤其是中长期展望要慎用；写展望要文字简短、精练、实在、含蓄，不要冗长、繁琐、浮躁、空洞。如果达不到这些要求，不写则更好。展望文字通常出现在志首概述的结尾。

14. 序例

序例是篇章小序特有的内容要素，说明篇章内资料的选择范围、入选标准，以及编写体裁、体例等方面的内容。比如人物志小序通常会阐明义例、立传标准、入志范围、体裁运用等。为全国性人物和古代人物立传时，对其处理方法加以说明，就属于序例的内容。

(二) 四对关系的处理

志书述体撰写过程中,要处理好四对关系。

1. 在总与分关系上,要先总后分

概述中,需要先作总体简要交代,记述一地、一行业基本情况以及发展沿革(史体纵述式不一定需要记述发展沿革),让读者了解其大概。然后横陈现状(如分类记述式、特点勾勒式、纵横结合式、史体纵述式与分类记述式的混合式),或者纵述各个历史时期(如史体纵述式),让读者进一步粗略了解各方面或各个阶段内容。在小序中,可以采用总分结合的撰写方法,但是不用强求。

2. 在横排与纵述关系上,要横纵结合

概述一般采用横排门类为主,结合纵述历史的方式,或者采用纵述历史为主,结合横排门类的方式。小序则要从实际情况出发,以横为主,还是以纵为主,视情况而定。一般为避免重复,若概述以横为主,则篇以纵为主;若概述以纵为主,则篇以横为主;而章节多数为导引或者简要概述方式。

纵向角度,纵叙沿革、史略。要求概要交代记述对象发展脉络,主线要清楚。同时要略述源流,承上启下,简要交代前志情况或者事物缘起。各个结构类型中,要略述源流,概要纵叙沿革的内容。例如在分类记述式、特点勾勒式、纵横结合式等结构中横陈门类或者横陈特点时,要有纵向记述门类、特点的内容,或者在概述开头增加史略部分的内容。

历史分期问题。首轮志书一般是通志,记述千百年历史,往往需要分为古代、近代、中华人民共和国成立后、改革开放后等历史阶段进行记述。然而，二轮、三轮志书一般是续志，为断代志，时限 10 至 20 年，很少有分阶段的记述，也有根据五年计划分阶段记述的。上海第二轮市志多数采用分阶段记述，原因一是大多从 1978 年改革开放开始记述，到 2010 年下限截止，这个阶段是中国改革开放，经济体制由计划经济向社会主义市场经济转轨的时期，可以区分出若干阶段。

横向角度，横陈现状。要求概要记述各行业、各方面全貌。各个结构类型中，横陈现状全貌。在各个结构类型中，可以横向分若干板块撰写，板块可以是自然、政治、经济、文化、社会板块或者是经济建设（即物质文明建设）、精神文明建设板块，也可以是若干个地方特色板块，或者自然、政治、经济、文化、社会与特色板块的组合。

3. 在概全貌与展示特点的关系上，要略概貌，详特点

概全貌与展示特点关系实质是面与点的关系、宏观记述与微观记述关系。概全貌与展示特点，不能缺失其中一方面。既不能在地方特点上用墨太多，从而忽略对宏观面上东西的揭示，造成宏观数据和主要方面情况的缺失；也不能在宏观面上的东西用墨太多，从而忽略对地方特点的揭示。当然在概述中，二者有所侧重。述概貌宜举要叙事，不宜事无巨细，面面俱到；主要篇幅还是在于对特点的记述，相对详细记述一地在全省、全国有特殊影响的事业、事物。

4. 在概全志总貌与概一地总貌的关系上，要写好补遗、优劣、规律、因果、经验教训

述不能只是全志或者篇章节内容的概括，它还必须是一地或

者一行业、事业、事物的总貌的概括。一些重要事物或者事物的某些重要方面没有被及时或者不方便在正文中记述；有的由于受学科类别、地域、时限、凡例的制约，不便在篇章中记述，如党中央、国务院领导同志的视察和指示，国家对本地区或事业实施的特殊决策和政策，超时限的历史记述；志书完稿时史实的补记等，这些资料可以在概述中记述，它们实质是一种补遗，重要史实的拾遗补阙，也是述体内容要素之一。篇章节小序中，也经常收录正文各节与目中不便收录或者难以归类的内容（包括因正文没有设置历史沿革章节目，从而在小序增加了沿革内容的情况）。其次，述体中，揭示正文各个门类之间内在整体联系，反映全局性的因果关系、规律、经验教训的内容，又是揭示全貌的不可缺少内容，但它们属于"论"范畴，不可能在篇章节正文中揭示出来，只能在概述或者小序中反映出来。全志之浓缩、精华中一般不会有因果、规律、经验教训。

（三）框架结构的合理与简明

概述位于目录与大事记之间。基本作用在于概括全书内容（包括大事记的内容），纵述断限内发展轨迹（大事记是发展轨迹的来源），以弥补志书主体部分横分门类、互不统属、整体性弱的缺憾。因此概述相当于志书之首、总纲，应该在目录后面，大事记前面。各篇章节的述位于篇章节之首。

不同层次的述的设置需要合理考虑。区县志书，各志志首必须设立概述；省级志书中，各独立成册的分册、分卷之首设立概述。各志（包括独立成册的分册、分卷）篇下必须设小序，章、节根据不同情况设置，一般章下多数有小序，节下多数不设立小序，如《嘉定区志（1993—2010）》。也有志书为了规范统一，要求全志篇、章统一设置小序，而节统一不设置小序，如《黄浦区志（2000—2011）》。

记述一个行业、专业或者一个系统的章或者节，应该设置小序；章或者节需要记述沿革的，但不合适在正文中记述沿革内容的，可以在章或者节下设置小序，记述沿革。一般来说，两个或者两个以上的并列主题，每个主题又是两章以上的篇，如卫生·体育篇、文化·科技篇，篇小序可更综合、简略，概要记述下面多个主题章的内容，在每个主题章小序中，进行适当补充。两个或者两个以上的并列主题各设一章的篇，如财政·税务·金融篇，新闻·广播·电视篇，篇下小序内容简略，各章设立小序，每个主题的小序分散在相关章中；或者篇下小序概述各主题章的内容，章下小序不写或者略写。

框架结构简明。述体文字自然分段，一般不分章节，不设立层次及序号；标题尽量不用，概述可在重要要点上加粗字体，以强调重点；概述设立多个板块的，尽量一段落一板块，必须多个段落的，各个板块之间可以用空行或者居中的（一）、（二）、（三）等的中文序号分开。

在全志的结构中，志首概述与记、志、传、录、索引层级等同。在排版处理上，志首概述标题与大事记、各篇、附录、索引的标题字体字号一致；志首概述正文文字与大事记、各篇的正文文字的字体字号一致。各篇章节首小序文字字体字号与正文文字一致。

（四）内容精练与重点突出

述是所记述内容的精华，不要过于庞杂。概全貌、轨迹、特点,并不是要把志书所有内容浓缩地包括进去,而要抓住志书内容的主要之点,揭示一地、一行业的主要特点,主要篇幅还是在于对特点的记述,应该点明在全国、全省有影响的亮点、特色(包括人、事、物等)。要抓大放小,不要纠缠于细枝末节,写得过多,造成臃肿,又不能突出重点。

(五) 述与正文交叉重复的处理

分清主次和详略。述是概而述之,要略写;而正文是记述的主体,要详写。这样一详一略,深浅有别,表达各异。不同层次的述之间关系上,要注意处理好内容重复的问题。首先,不同层次的小序中,横排或者纵述不应该重复出现。如果概述采用横排门类为主,篇无题小序就不宜横排为主,应该以纵述历史为主;同样的,如果概述采用纵述历史为主,篇小序就不宜纵述为主,应该以横排为主。其次,概要式小序在篇概述中可以出现,章节中尽量不要出现。章节小序一般采用沿革、导引、追溯、简要概述情况等不重复引用正文资料的方式,努力避免同一数据、事实在各个层次述体和正文中多次出现。每个层次述体来个概括、重复引用正文资料的做法不合理,也是没有必要。第三,选择不同记述角度,也是一种避免重复的重要方式。此外,尽量做到节下不写小序,章下小序篇幅精简或者不写,集中力量写好篇下小序,这样也可以减少重复。

(六) 有叙有议与叙议的结合

述而不论是志书基本原则,但在述体中有所突破。述体文体主要是记叙体,而不是论述体,提倡有叙有议,叙议结合。述体如果单纯概述史实,就会显得深度不够,与分志无别,应当有叙有议，做到观点和史料的辩证统一。述体核心内容是概全貌、概轨迹、概特点，包括基本地情、宏观总貌、追溯、发展史略、重大背景、补遗、特点、优劣和地位，采用的是记叙体。但在必要而恰当的地方，用精练之笔作简要的议论（论断性语言），反映事物之间的联系，彰明因果，揭示规律，总结经验教训，或者展望未来，从而增强志书的整体性、导引性。述体中议论、评论一般是论断性句子，提出论点，不作论证（用数据分析作论证是例外），用以彰明因果、揭示规律，总结经验教训、展望未来，主要出现在述体的因果、规律、经验、展望4个内容要素中。

（七）文采适度与篇幅适中

概述和小序允许一定的述而有论和述而有作，是志书中唯一可以体现一些文采的地方，但不能过度，不能写成散文和游记，还是应符合志体。文字要简洁，表达清楚。

根据各地修志实践，笔者认为志首概述文字篇幅以6 000到10 000字为宜，少于6 000字，难以表述完整，而多于10 000字，则太臃肿。而篇之小序文字不能超过所在篇章节正文文字，如果超过正文文字，要对该篇章节结构内容进行调整，将小序内容调整到正文中。一般篇500到900字，章两三百字，节则更少。

（八）资料与数据的核对

由于"众手修志"，资料来源不一，同一数据口径不一，又可能未经认真核实，因此可能会出现总述、小序与正文所引用的资料和数据相互矛盾、不一致的现象，影响了志书的权威性。因此总述、小序采用的资料与各项数据，应反复进行核实，确保与各正文的记载相一致。建议三轮志书编纂后期，要聘请专人审阅全志，核实资料、数据的一致性。

（九）志稿正文完成后的一人执笔撰写

一篇高质量的概述、小序，不是作者凭空想象出来的，而是作者在掌握丰富资料的基础上，进行认真分析、概括提炼的结果。因此，述必须在各篇、章志稿正文部分完成之后，方可筹划落笔。

概述由总纂一人执笔完成，小序由篇章节负责编辑一人执笔完成。概述由于有昭示因果、揭示规律、经验教训、展望未来的内容，因此必须与其他编辑、有关专家、领导交流意见。

大事记

肖春燕　洪姝佳

大事记是新编地方志中述、记、志、传、图、表、录、索引八种体裁之一，属于"记"体，具有不可替代的独特作用。同时与上述体裁相互联系，融为一体，使地方志的体裁更完善、功能更强大。要编写出符合志书体例、篇幅恰当、史实准确、行文简洁的大事记，势必要了解方志大事记的概念、类型、作用，及其源流与发展。本章通过对新方志大事记的分析，阐明其体例类型、选录标准、时间断限，并且提出新时代方志大事记编纂建议。

一、方志大事记概述

（一）概念

从内容上来看，大事记是"专记一地在一定时限内自然、社会、人文诸方面发生过的影响较大的重要事件"①。"大事记，用于记载某一地区某一历史时期内对当时或后世有较大影响的政治、经济、军事、文化等各个方面的大事、要事。"② 从编纂

---

① 《中国方志大辞典》编纂委员会：《中国方志大辞典》，杭州：浙江人民出版社，1988年，第22页。
② 黄苇：《中国地方志词典》，合肥：黄山书社，1986年，第347页。

方法来看,"大事记,按年月日时序逐条简要记载一地的大事、要事"①。

大事记,大是标准,事是内容,记是形式。时间是大事记不可缺少的部分。顺时记事、地域性、时代性、全面性、连续性是其重要特征。大事记的基本要素有:背景、时间、地点、人物、活动、结果等。大事记要素应交代清楚,文字力求简朴、准确、通俗、易懂。

(二)类型

大事记的类型,按内容分,有综合性(省、市、县志区域综合大事记)和专门性(如自然灾害大事记、工业大事记等)两种。

按形式分,有事条式和表格式两种。事条式,主要是一事一条;表格式,以表格形式撰写,主要是大事年表。

按简繁分,则有大事年表、大事记、大事记述、大事纪略等几种。大事年表,是以表格的形式来记述大事,限于在时间之下列出简明事题;大事记,为事条式,所载大事较大事年表略详;大事记述,除具有大事记的特点外,不同之处在于"为了不使某一具有连续性的事件被机械地按年代岁月分成数条,便概括较长时间作综合性记述"②(即纪事本末体)。大事纪略,是比大事记述更为详细和完整记述大事的表现形式,"它是志书记述体(大事记、专志)的补充,但处于记和志的从属地位"③,在新方志

---

① 《方志百科全书》编纂委员会:《方志百科全书》,北京:方志出版社,2017年,第193页。
② 梅森:《梅森方志学文论选》,北京:方志出版社,2019年,第556页。
③ 梅森:《方志编纂学》,合肥:黄山书社,1997年,第132页。

中单独使用大事纪略的不多。比如《汶川特大地震上海市对口支援都江堰市灾后重建志》就采用了大事纪略这一形式，并在凡例中指出："本志遵循地方志书基本体例的同时，根据应急事件志的特点在文体文风上作适当变通，采用大事纪略体裁，以便纵贯上海参与抗震救灾的整个过程，大事纪略事条内容一般详于大事记，以记述人物和事件的梗概。"[1]

（三）作用

大事记是全志之经，起到总纲的作用。旧志中存在"偏于横剖而缺于纵贯"[2]的通病。大事记则是用一根时间的纵线，将分散在志书中的大事、要事贯穿起来，"以明时间之演变"，并成为"一书之经"。[3] 黎锦熙把大事记视为"全志之总纲"，并解释道："所谓总纲者，总摄任何部门，为全书之纲纪也。"它以时间为经，以事件为纬，按照历史发展顺序，把一个地区内经济、政治、文化、社会、生态等各方面的情况，从古到今加以贯通，把横向排列的各个分志串联起来，互为详略、互为补充，从而使志书纲举目张、井然有序。"大事记可以纵的叙述来补志书横向记述的不足，达到纵横结合、纪志相济的效果。"[4] 由此，起到了

---

[1] 上海市对口援建都江堰市灾后重建指挥部，上海市地方志办公室，都江堰市人民政府：《汶川特大地震上海市对口支援都江堰市灾后重建志》，北京：方志出版社，2012年，第1页。

[2] 方鸿铠修，黄炎培纂：《川沙县志》，"导言"，上海：上海国光书局印本，1937年，第20页。

[3] 姚金祥在《关于大事记的编写》(《上海修志向导》1993年第5期) 中提出，大事记的作用，按黎锦熙的说法，"以明时间之演变"，按章学诚的说法，则"为一书之经"。

[4] 林衍经：《方志学综论》，上海：华东师范大学出版社，1988年，第176页。

全志之经、全志之纲的作用。

大事记起到昭示规律的作用。大事记使全志所涉各门类经纬统合，因果明彰，可以说是对前人成果的集成和创新。黄炎培认为："一般方志偏于横剖而缺乏纵贯，则因果之效不彰。必须将历年事实串列一起，把同一时间的事实并列起来……那么彼此先后之间的消息，就能透露出来。"① 大事记同年诸事均有记载，各大事之间的联系不言自明，再结合各分志阅读，进行纵向和横向思索，能更容易理解历史发展的主脉络和总趋势，从而起到揭示规律的作用。

大事记起到总揽全书的作用。大事记可以使人们对一个地方的历史及其发展，有一个纵贯古今的了解，从宏观上获得全局性的认识。大事记高度浓缩了志书内容，既是对一地历史的缩写，又是整部志书的提要，读者可以用较短的时间，对当地的历史和地情有一个宏观性的了解，"使人一开卷而古今之事如指诸掌"。

大事记起到拾遗补阙的作用。方志是一地之百科全书，但有些事类，难以在适当的志中表述，其内容又不能不在志书中有所反映，比如政治运动。有些新方志不列专章，则重要的情况只能在大事记中予以记载，比如"大跃进""农业学大寨"等。地方志记事一般有下限，对于从下限到搁笔间的时间差，有些志书采用将大事记适当下延的办法，可以起到一定的补缺作用。比如，在时间断限内尚未完工，但又即将完成的工程，可以在大事记中

---

① 方鸿铠修，黄炎培纂：《川沙县志》，"导言"，上海：上海国光书局印本，1937年，第20页。

适当点到。这样，大事记与志书正文互为详略和补充，内容更加完整。

大事记还具有索引功能。大事记可以成为读者在较短时间内查阅本地历史大事和某方面资料的便利工具。大事记还可以为志书的材料搜集提供线索和概要目录，让编者有所依循，防止遗漏重要事项。

二、方志大事记的源流

大事记作为方志的一种体裁，有一个逐步发展并渐趋定型的过程。大事记在我国源远流长，它是史书的重要体裁。古称本纪、皇帝纪年、帝制纪、总纪、通纪、纪事、编年纪、纪事沿革表、时事表、大政纪、前事略。用编年体记事，是我国古代最早的史书编写形式，《鲁春秋》《竹书纪年》都是编年体，其记事简略，实际上是编年大事记。西汉时，司马迁在《史记》"汉兴以来将相名臣年表第十"中第一次设大事记，编年记述将、相、御史大夫的事迹。[①] 与此同时，司马迁还创设了以帝王为纲，按时间顺序记载全国大事的纪传体"本纪"，为以后史书所沿用，比如东汉荀悦的《汉纪》、北宋司马光的《资治通鉴》。

随着史书类目日益增多，横排篇目，分别记事，势必造成阅读和检索的困难。大事记正可以缓解这一矛盾，故而迅速成长。以大事记作为书名出现的，是南宋吕祖谦撰《大事记》一书，此书共12卷，编成于宋孝宗淳熙七年（公元1180年），所列大事

---

① 刘希汉：《方志大事记考略》，《黑龙江史志》1997年第10期。

起自周敬王三十九年（公元前 481 年），迄汉武帝征和三年（公元前 90 年），所采史事简略，注有出处。① 明代王祎著《续编》77 卷，体例与吕氏相同，记载征和四年（公元前 89 年）至后周显德六年（公元 959 年）间的大事。此后，采用这种体例的史书逐渐增多，有附于史书之后的，也有单独成书的。尤其是北宋神宗元丰七年（公元 1084 年）司马光编成《资治通鉴》294 卷，孝宗乾道八年（公元 1172 年）朱熹著《资治通鉴纲目》59 卷，次年袁枢编《通鉴纪事本末》42 卷，"其纲目体和纪事本末体的创立拓宽和丰富了史、志书籍的体例和编纂方法"②，逐步把大事记从史书体裁引向志书体裁。

地方志大体成熟于宋代，大事记作为地方志的一个组成篇目出现，最早可以追溯到南宋绍熙三年（公元 1192 年）曹叔远编纂的《永嘉谱》。③ 此书共二十四卷，分年谱、地谱、名谱、人谱四编，在古地志中乃属创例，其年谱记载建置沿革诸大事，并以编年记之，是为方志有大事记之发端。④ 也有学者认为，方志设大事记应始于南宋嘉定八年（公元 1215 年）成书的高似孙的《剡录》（即《嵊县志》），"为书十卷，首列县纪年，举地方史事大端，为全书之经，开方志记载大事之先河"⑤。

---

① 傅能华：《论大事记的由来、作用和标准》，《浙江学刊》1986 年第 3 期。
② 刘希汉：《方志大事记考略》，《黑龙江史志》1997 年第 10 期。
③ 傅振伦、林衍经等都认为，地方志有大事记之始，应追溯到南宋绍熙三年（1192 年）曹叔远的《永嘉谱》。分别见傅振伦：《傅振伦方志论著选》，杭州：浙江人民出版社，1992 年，第 406 页；林衍经：《方志编纂系论》，合肥：安徽大学出版社，2001 年，第 175 页。
④ 黄苇等：《方志学》，上海：复旦大学出版社，1993 年，第 772 页。
⑤ 禹舜、洪期钧：《方志编纂学》，北京：中国文史出版社，1991 年，第 175 页。

元明以来，大事记以各种名目出现于一些志书中。例如"通纪""总纪""世编"等，皆为大事记。元代张铉撰《金陵新志》，"创'通纪'一门，以具历代沿革，古今大要，于郡邑旧事，若网在纲，其体称善"①。明万历年间马文炜纂《安丘县志》，以"总纪"为首，采取编年体，辅之以历代地理沿革、封建帝王世系表等。明万历年间，方志学家郭棐、王学曾、袁昌祚等修《广东通志》，设"事纪"门；郭子章纂《黔记》，首载全省大事记。崇祯《松江府志》设"年表"记大事。与此同时，大事记记述内容由沿革扩展到方方面面。志书立"大事记"，最初只"详其沿革"，后来扩大到政事、皇言、征战、灾祥之类。如明嘉靖十九年（公元1540年）刻本《钦州志》，除记述沿革外，大量增加了人事更迭、兵事政要等内容。明万历陈士元撰《滦州志》首编"世编"，并载官师、人物、科目、选举。

清代，方志大事记逐渐臻于成熟和完善。章学诚在其参修的《石首县志》中专设"编年志"，分"皇朝"和"前代"两部分；后又在《麻城县志》序、图之后，列纪二，即"皇朝大事记"和"古大事记"②，力主在方志中首列编年之"通纪"。他指出方志应列八门，"首曰编年，存史法也。志者，史所取裁。史为纪事，非编年弗为纲也"③。将大事记放在首编，逐渐成为范例而为人们所接受。如甘鹏云在《方志商》中强调，大事记"撮录一方之

---

① 谢启昆修，胡虔纂，广西师范大学历史系中国历史文献研究室点校：嘉庆《广西通志》，卷首《序例》，南宁：广西人民出版社，1988年，第10页。
② 姚金祥：《关于大事记的编写》，《上海修志向导》1993年第5期。
③ 章学诚：《文史通义》，北京：中华书局，1985年，第1页。

事实,冠诸首简,则全书之纲领备矣"①。

　　清嘉庆五年(公元 1800 年),谢启昆主修《广西通志》,为改变一些地方志"古今大事反缺略不载"的状况,决定在通志里设专篇记载历代大事,独创了"前事略"这一类目,记载秦至明代广西大事。这些都进一步丰富了大事记的内容与形式。

　　民国年间,大事记在方志中逐渐普及。1918 年,史学家邓之诚发表《省志今例发凡》,提出国体既变、省志体例也必须改变的主张,认为新编省志应由图、表、纪、志、传组成。"纪"为"通纪",即大事记,撰述本地古今大事。1929 年,蒋梦麟拟定浙江省志类目,共分九门,其中第二门为大事记。1935 年,山东《高密县志》《寿光县志》,卷尾设大事记。1936 年,黄炎培主纂的《川沙县志》,列《川沙大事年表》,按年标明川沙县诸大事,并附"国内外大事考"一栏②,以当地大事发生的社会背景作为参考,可谓大事记创举。但也有人认为,附"国内外大事考",不合地方志"只记载一个地方综合情况"的志体要求。1945 年,顾颉刚、傅振伦编纂的《北碚志》,卷首列大事记年谱。1948 年,湖南《醴陵县志》设置了大事记专篇。

　　大事记作为方志的一种体裁已见诸官方的正式文件。1929 年 12 月,国民政府内政部颁布的《修志事例概要》第 13 条规定:"各省志书,除将建置沿革另列入沿革志外,必须特列大事记一门。"从此,大事记在方志中取得法定地位。1946 年,国民

---

① 黎锦熙、甘云鹏:《方志学两种》,长沙:岳麓书社,1984 年,第 160 页。
② 《中国方志大辞典》编纂委员会编:《中国方志大辞典》,杭州:浙江人民出版社,1988 年,第 347 页。

政府内政部颁发的《地方志书纂修办法》重申:"各省市志书应特列大事记一门。"①

中华人民共和国成立以后,1960年前后编纂完成的志书也大多设大事记。1983年8月,《中国地方史志协会关于〈新编地方志工作条例〉的建议(征求意见稿)》,将大事记列为志书各种体裁之首。② 1985年,中国地方志指导小组制定的《新编地方志工作暂行规定》第十一条:"新方志的大事记要详今略古,适当选择历史上的重大事件记述,使读者了解该地历史发展的大致脉络。"③ 1997年,中国地方志指导小组二届三次会议通过的《关于地方志编纂工作的规定》第十三条:"地方志的体裁一般应包括述、记、志、传、图、表、录等。"1998年颁发的《关于地方志编纂工作的规定》,明确规定有"大事记"一体。因此首轮出版的志书设有大事记篇(编、卷)。2008年9月,中国地方志指导小组印发《地方志书质量规定》,对于"记"的要求是,大事记选录大事得当,重要事项不漏,时间、地点、人物(单位)、结果等要素齐备。④ 大事记成为新方志的重要组成部分。

三、方志大事记的文献综述

关于大事记的研究专著目前尚未看到,但无论是方志编纂教材还是方志理论著作,有相当多的内容都涉及大事记。在清代之

---

① 侯世民:《地方志大事记说略》,《青海民族学院学报》1989年第1期。
② 杨祖恺:《新方志中关于大事记的编写》,《黔西南史志通讯》1985年第2期。
③ 姚金祥:《关于大事记的编写》,《上海修志向导》1993年第5期。
④ 中国地方志指导小组:《地方志书质量规定》,中指组字〔2008〕3号。

前,关于大事记的讨论散见于志书序言、凡例,乃至书信和文稿。清代以后,随着志书编纂日益增多,尤其是民国时期出现了一批方志理论著作,对大事记提出不少编纂思想和方法。随着社会主义新编志书热潮的兴起,越来越多的学者和方志工作者开始总结方志经验,撰写相关论文,关于大事记的论文也有数百篇之多。总的来说,大事记的研究主要围绕来源、地位作用、选录标准、体例、编写要求以及应用比较等展开。

关于大事记的编纂体例和编纂方法的讨论明显突出。在编纂体例上,黄苇在《方志学》中提出:大事记的体例,一般来说有三种,分别是编年体、纪事本末体、编年体和纪事本末体相结合。"三种体裁各有利弊,但就合理性和实际可行性而论,还是用编年体来得稳妥、得体。它既无疏阔遗漏之误,又无重复纷乱之弊,所以,一般新修方志都采用。"[1] 鄢钢城提出:"新方志大事记体裁可分为编年体、记事本末体、大事年表、编年纪事体、编年本末兼有体五种形式。"[2] 莫艳梅认为:"新市县志大事记的体例,一般以编年体为主,辅以纪事本末体记述的方法。纪事本末体、分类编年体单独用于市县志大事记中,有其局限性,并直接影响到大事记作为全志之经的功能定位。"[3] 沈松平在《新方志编纂学》中提出:"大事记以编年纪事为主,辅以纪事本末体,即基本上采用按年月日记事的方法,但为了防止隔断历史事件的联系,必要时可以提前交代事件发生的结果。"也有人提出其他

---

[1] 黄苇等:《方志学》,上海:复旦大学出版社,1993年,第775页。
[2] 鄢钢城:《新方志编纂管见》,沈阳:辽宁大学出版社,2018年,第197页。
[3] 莫艳梅:《莫艳梅方志文集》,上海:上海远东出版社,2013年,第105页。

体例的各种说法，比如分类编年体①，记评体、纲目体、社会、自然分记体等。

关于大事记来源的论文，主要有侯世民的《地方志大事记说略》②、傅华能的《论大事记的由来、作用和标准》③、刘希汉的《方志大事记考略》④等。

关于大事记的地位和作用。1985年，王文昂撰文《地方志不宜设大事志——与章采烈同志商榷》⑤。1994年，卢振川撰文《大事记在方志中的地位与作用不容忽视》⑥。2004年，洪雅英撰文《大事记设置有否必要》⑦，提出大事记应该取消的四点理由，建议将大事内容合理归并正文，分类编写和单独出书。同年，张景孔撰文《大事记的设置与编写——兼与洪雅英同志商榷》⑧，提出大事记在志书中的作用和地位不容忽视，绝不能取消。2011年，李跃玲撰文《大事记在方志中的地位和作用》⑨，进一步强调设置大事记的必要性。

---

① 分类编年体是按照事物的属性，分为政治、经济、社会、文化、军事和自然等类。以时为序，以时叙事，分类记述，便于按类索引。
② 侯世民：《地方志大事记说略》，《青海民族学院学报》1989年第1期。
③ 傅华能：《论大事记的由来、作用和标准》，《浙江学刊》1986年第6期。
④ 刘希汉：《方志大事记考略》，《黑龙江史志》1997年第10期。
⑤ 王文昂：《地方志不宜设大事志——与章采烈同志商榷》，《中国地方志》1985年第2期。
⑥ 卢振川：《大事记在方志中的地位与作用不容忽视》，《黑龙江史志》1994年第6期。
⑦ 洪雅英：《大事记设置有否必要》，《中国地方志》2004年第1期。
⑧ 景孔：《大事记的设置与编写——兼与洪雅英同志商榷》，《中国地方志》2004年第10期。
⑨ 李跃玲：《大事记在方志中的地位和作用》，《沧桑》2011年第2期。

关于大事记的标准和原则。东汉的荀悦在《汉纪·自序》中提出"达道义""彰法式""通古今""著功勋""表贤能"的入选标准。①北宋司马光在编纂《资治通鉴》时,"专取关国家兴衰,系生民休戚,善可为法,恶可为戒者",提出大事的两条标准:一是与国计民生密切相关,二是能起到惩恶扬善的作用。宋代徐无党在注欧阳修《新五代史》时提出过五条标准:"大事则书,变古则书,非常则书,意有所示则书,后有所因则书。非此五者则否。"②相关论文方面,何裕坤的《大事记大事的标准和特点》③、杨敬宝的《再议志书大事记撰写的基本原则》④、张丽的《二轮县级志书大事记的选录与记述优化》⑤等,分别就大事记的标准和原则展开论述。值得注意的是,朱文根在《关于地方志中大事和大事记理念上的一些思考》中提出,大事是有层次差异的,大事与主观取舍有关系,大事记有发布和存史之分,大事需要历史沉淀,不是一次就能深刻认识;同时提出记好大事需要交换、比较、反复,需要学习、研究、借鉴、实践。⑥

关于大事记体例、体裁,有章采烈《关于编写地方志大事记的刍议》⑦、傅常欣《关于志书凡例中大事记体裁的一种提

---

① 刘隆友:《〈汉纪〉"彰法式"释义之商榷》,《贵州文史丛刊》1986年第2期。
② 章采烈:《关于编写地方志大事记的刍议》,《中国地方志》1984年第3期。
③ 何裕坤:《大事记大事的标准和特点》,《档案学通讯》1995年第4期。
④ 杨敬宝:《再议志书大事记撰写的基本原则》,《中国地方志》2010年第1期。
⑤ 张丽:《二轮县级志书大事记的选录与记述优化》,《江苏地方志》2023年第3期。
⑥ 朱文根:《关于地方志中大事和大事记理念上的一些思考》,《中国地方志》2011年第2期。
⑦ 章采烈:《关于编写地方志大事记的刍议》,《中国地方志》1984年第3期。

法之商榷》①、梁滨久《纪事本末是方志编年体大事记的应有因素》② 等文章，重点阐述了大事记的体例特点。关于大事记续修，有徐城生《续志大事记的编写规范及质量要求》③、武铁良《续志大事记质量问题二十五例》④ 等文章。任根珠撰写的《浅议二轮市县续志"大事记"》⑤《续志大事记编纂杂议——以〈厦门市志（1996—2005）〉等三部志稿为例》⑥，着重研究续志大事记的编纂。

关于大事记综论则有几种情况。梁耀武的《浅谈地方志中大事记的编写》⑦，从大事记的发展、大事记选录、编写注意事项等方面展开论述。张育文、西铭的《大事记编纂纵横谈》⑧，从渊源、地位、体例、标准、文风、断限几个部分展开阐述。翁本忠的《方志大事记该如何定位》⑨，提出要明确大事记与门类志的关系，并就内容范围、写作方法等展开论述。吕金祥、李海艳、谢奎江的《如何编写大事记》⑩，分析大事记的地位作用、

---

① 傅常欣：《关于志书凡例中大事记体裁的一种提法之商榷》，《中国地方志》1999 年第 4 期。
② 梁滨久：《纪事本末是方志编年体大事记的应有因素》，《新疆地方志》2011 年第 4 期。
③ 徐城生：《续志大事记的编写规范及质量要求》，《江苏地方志》2009 年第 6 期。
④ 武铁良：《续志大事记质量问题二十五例》，《广西地方志》2011 年第 3 期。
⑤ 任根珠：《浅议二轮市县续志"大事记"》（一）（二），分别刊于《沧桑》2012 年第 1 期、第 2 期。
⑥ 任根珠：《续志大事记编纂杂议——以〈厦门市志（1996—2005）〉等三部志稿为例》，《福建史志》2015 年第 6 期。
⑦ 梁耀武：《浅谈地方志中大事记的编写》，《玉溪方志通讯》1983 年第 1 期。
⑧ 张育文、西铭：《大事记编纂纵横谈》，《沧桑》1993 年第 4 期。
⑨ 翁本忠：《方志大事记该如何定位》，《中国地方志》2014 年第 1 期。
⑩ 吕金祥、李海艳、谢奎江：《如何编写大事记》，《中国地方志》2011 年第 11 期。

选录标准、编纂体例和注意事项等。李云章的《编纂地方志大事记之管见》①,则重点提出了大事记的指导思想问题。王廷举的《全国关于地方志大事记的讨论综述》②、林景梧的《浅谈新编地方志〈大事记〉的编写》③,均提出关于政治运动中大事记如何记述的问题。谢昌炜、朱雪松的《大事记编写综述》,罗列了大事记的种类、标准、范围和特点,讨论了大事记的资料收集和内容取舍的问题。④

关于大事记与其他体裁比较研究,有张兆忠的《浅析方志与年鉴在大事记编写上的不同点》⑤、孙关龙的《地方志的〈概述〉和〈大事记〉》⑥、王占元等的《党史大事记与方志大事记编写之比较》⑦ 等。

案例分析类。罗解三的《编写〈广西通志·大事记〉的几点体会》⑧,提出慎重记述敏感问题,避免政治上的错误。李玉平的《专志大事记编纂存在的问题及对策——以广州市三部

---

① 李云章:《编纂地方志大事记之管见》,《福建史志》2018 年第 3 期。
② 王廷举《全国关于地方志大事记的讨论综述》,《黔南史志通讯》1985 年第 2 期。
③ 林景梧:《浅谈新编地方志〈大事记〉的编写》,《江西地方志通讯》1985 年第 1 期。
④ 谢昌炜、朱雪松:《大事记编写综述》,《宜宾师专学报(社科版)》1998 年第 1 期。
⑤ 张兆忠:《浅析方志与年鉴在大事记编写上的不同点》,《档案学通讯》1998 年第 2 期。
⑥ 孙关龙:《地方志的〈概述〉和〈大事记〉》,《广西地方志》1995 年第 5 期。
⑦ 王占元等:《党史大事记与方志大事记编写之比较》,《世纪桥》2002 年第 3 期。
⑧ 罗解三:《编写〈广西通志·大事记〉的几点体会》,《广西地方志》1999 年第 2 期。

专志为例》①，从大事记存在的主要问题出发，提出选材标准、编纂体例、编写篇幅、行文规范等方面的具体对策。张帜、张琴的《第二轮志书大事记编修略论——以西安域内3部志书为例》②，提出在体量把控、内容取舍、后期打磨方面的做法。马远东等的《对上海水务志大事记编纂工作的几点思考》③，全面地阐述了水务志大事记的编纂位置、编纂体例、资料来源、选录标准、编纂原则和要求等。赵海良的《人工智能在方志编纂中的运用初探》④，以百度人工智能在《浙江通志·大事记》编纂中的应用为例进行探讨，以期为相关技术在方志编纂中的应用提供启发和思路等。

关于大事记编纂方法和要求，有林景梧的《对于编纂大事记一些问题的认识》⑤，梁玉林的《试谈县志大事记的编写》⑥，张桂江的《大事记表述建国后政治运动之浅见》⑦，张曙东的《谈〈云南省志·大事记〉编写设想》⑧，李德辉的《大事记

---

① 李玉平：《专志大事记编纂存在的问题及对策——以广州市三部专志为例》，《广西地方志》2018年第4期。

② 张帜、张琴：《第二轮志书大事记编修略论——以西安域内3部志书为例》，《中国地方志》2022年第10期。

③ 马远东、欧阳田军、朱青、倪周晶：《对上海水务志大事记编纂工作的几点思考》，《中国水文化》2018年第3期。

④ 赵海良：《人工智能在方志编纂中的运用初探——以百度人工智能在〈浙江通志·大事记〉编纂中的应用为例》，《中国地方志》2020年第4期。

⑤ 林景梧：《对于编纂大事记一些问题的认识》，《中国地方志通讯》1984年第3期。

⑥ 梁玉林：《试谈县志大事记的编写》，《中国地方志》1984年第3期。

⑦ 张桂江：《大事记表述建国后政治运动之浅见》，《中国地方志》1986年第4期。

⑧ 张曙东：《谈〈云南省志·大事记〉编写设想》，《中国地方志》1990年第2期。

编写中存在的一些问题》①，肖怀的《浅谈大事记"共性与个性"的联系记述》②，李云章的《论市志大事记的编纂方法》③等。刘树靖的《大事记"水分"种种》④，指出大事记存在"虚、庸、浮、冗、赘、议"问题。鲜圣的《编纂地方志大事记的几点思考》⑤，提出大事记要求精、求细、求活。黄家接的《大事记编写常见问题》⑥和张华玲的《志书大事记编写浅议》⑦，都探讨了大事记中存在的问题和编纂方法。

综上所述，无论是就大事记来源、地位、作用、选录标准以及续志如何编写大事记而撰写的专文，还是对体例、编写要求的整理和个案分析，以及不同类型大事记的比较分析和人工智能运用举例，乃至对是否取消大事记的争论等，可见大事记研究的角度之广和探究之深。

四、新方志大事记分析

（一）大事记的体例

"方志的体例是一种全面记载一方自然和社会的历史与现状的广泛内容的、资料性的特殊著作形式"⑧，选定合适的编纂体

---

① 李德辉：《大事记编写中存在的一些问题》，《广西地方志》1994年第6期。
② 肖怀：《浅谈大事记"共性与个性"的联系记述》，《中国地方志》1994年第10期。
③ 李云章：《论市志大事记的编纂方法》，《潮州职业大学学报》2002年第2期。
④ 刘树靖：《大事记"水分"种种》，《新疆地方志》1990年第4期。
⑤ 鲜圣：《编纂地方志大事记的几点思考》，《中国地方志》2009年第8期。
⑥ 黄家接：《大事记编写常见问题》，《广西地方志》2011年第5期。
⑦ 张华玲：《志书大事记编写浅议》，《安徽地方志》2012年第1期。
⑧ 林衍经：《方志编纂系论》，合肥：安徽大学出版社，2001年，第2页。

例，是编纂大事记的重要问题。大事记作为专篇被普遍采用，是"志乃史体"这一方志基本属性的产物。关于方志大事记的体例有多种说法。新方志大事记主要可分为四大类：编年体、纪事本末体、编年辅以纪事本末体、编年本末兼有体。

编年体。以时间为经，以事实为纬，按事件发生的年月日顺序逐条记载，即在前面系以月、日，然后把事件、人物、地点简明扼要地予以记述。编年体的优点在于叙述事件发生的次序分明，在时间上给人以清晰、完整的地方史历史概念，可以弥补地方志各篇横排门类的不足。编年体的缺点在于记事内容简而分散，无法集中反映同类事物发展变化的过程、全貌和前因后果。使用编年体记述的，大事年表居多，尤其是人物年表。

纪事本末体。以事件为中心，标立题目，按照时间顺序作有系统的叙述。该体创始于南宋袁枢的《通鉴纪事本末》[①]，将重要史事分别列目，独立成篇，各篇又按年月顺序编写。优点是：对时间跨度大的事物集中详细记述，以保证事物演变过程的完整性，便于反映事物的来龙去脉，首尾相顾、因果清楚。缺点是：事物发展整体上时间脉络不够清晰，无法顾及同一时期不同事物间的相关性，不能像编年体那样弥补方志"横排"的不足。例如《剑河县志·大事记》中的"重大政事纪略"，有这么一条：

厂长（经理）负责制

1985年，本县开始实行政企分开，并逐步推行厂长（经理）负责制和厂部、车间（分厂）、班组（工段）三级承

[①] 黄苇：《中国地方志词典》，合肥：黄山书社，1986年，第413页。

包责任制。逐步改生产型为生产经营型。县委、县政府亦逐步放宽了企业经营权、内部人事安排权和内部工资分配权，使县内工业企业恢复了生机。是年，县铅笔厂因经营管理不善，亏损21.7万元，停产3个月，职工每月仅发生活费15元。在濒临倒闭之际该厂打破了过去由主管业务部门和县人事部门任命厂长的人事制度，通过招标、竞争方式，从工人中民主选举产生了正副厂长，正副厂长通过优化组合产生了车间主任。同时改变了经营方式，改生产型为生产经营型。最主要的一条措施是打破等级工资分配制，实行计件工资制，从而激发了工人的劳动积极性，该厂很快扭亏为盈。1987年实现利润2.3万元，上缴税金8万元。以后两年连年盈利，至1990年年末实现利润124.1万元，上缴税金38.3万元。至1990年，全县厂矿企业均实行了厂长（经理）负责制。

编年辅以纪事本末体。又称编年纪事体、编年本末体。以编年体为主，按照时间顺序，又以事件为中心，适当集中记事的方法。① 也有人认为，纪事本末这种体裁只是编年体大事记的应有因素②，仍属于编年体范畴。优点在于对一些持续时间较长的重大事件，采用纪事本末体集中记述，交代始末，以避免时间跨度过大，事件支离破碎、含糊不清。缺点在于难免破坏大事记时间

---

① 黄苇等：《方志学》，上海：复旦大学出版社，1993年，第772页。
② 梁滨久先生在《纪事本末是方志编年体大事记的应有因素》中提到："编年体大事记只是志书的一部分，是分志记事的提要，不可能较多地采用纪事本末体写法，但关照记事的始末因果，增添一些纪事本末体因素，还是很有必要的。"

顺序的连续性和历史发展的完整性，在实践上有损大事记的规范，使大事记出现同一时期时间顺序上的颠倒和不必要的重复，造成志体芜杂。总的来说，它集中了编年体和纪事本末体的优点，避免了他们的缺点，有利于记述清楚一地大事。如《上海师范大学60年志》大事记，1966年中的一条集中介绍了"文化革命办公室"的成立和撤销情况："7月1日，市委教卫部同意院成立文化革命办公室。14日，学院成立文化革命领导小组。8月26日，学院撤销文化革命领导小组。"[1] 跨年度的也有，如《上海市志·邮政电信分志·邮政业卷（1978—2010）》大事记，1979年中的一条集中阐述了中国邮票总公司上海市分公司的隶属关系变化："9月20日，中国邮票总公司上海市分公司在南京西路244号开业，恢复经营集邮业务，隶属市邮政局。1982年6月，改称上海市邮票公司。1984年2月，改属市邮电管理局领导。1994年4月，更名为上海市集邮总公司。1999年1月，邮电分营后归属市邮政局领导。"[2] 在编纂实践中，大多志书采用编年体辅以纪事本末体，但纪事本末的使用属于少数，编年记事居多。比如《上海市志·邮政电信分志·邮政业卷（1978—2010）》大事记有332条，辅以纪事本末体的有27条，占比8.1%。

编年本末兼有体。编年体一事多时，因时断事，首尾难稽；本末体一时多事，因事隔时，无从共观。为了克服这个矛盾，有

---

[1] 上海师范大学60年志编纂委员会编：《上海师范大学60年志（1954—2014）》，上海辞书出版社，2014年，第20页。

[2] 上海市地方志编纂委员会编：《上海市志·邮政电信分志·邮政业卷（1978—2010）》，上海：上海辞书出版社，2021年，第17页。

人提出编年本末兼有体。一种是按年编排条目，并且每一个条目都用纪事本末体记述，比如：《湖南省志》的《湖南近百年大事记述》把该省近百年间的大事归成353个事题，按时间顺序排列，每事都使用纪事本末体书写。此类写法会让大事记体量非常庞大，因而极少使用。另一种则是《中国方志大词典》提到的"采用编年体与纪事本末体分置并行的形式，前为编年体大事年表，后为纪事本末体大事纪要"。对此，鄢钢城进一步阐述道："以两部分表现大事记：一部分为大事年表，用编年体简述大事；一部分为要事本末，用纪事本末体详述大事要事。"① 即采用两种不同的形式，分别记述大事要事。可以说，这是将大事记分成两个层次记，以人事年表的形式记载一般的大事要事，对筛选出来的特别重大、具有典型性和代表性的事件进行较为详细的记述。并列大事年表和大事述略，或编年与纪事本末分列撰写，或在政治类中单写政治活动大事，以"史纲"代替大事，或以综述的形式编写大事记。②

这种记述体式前已有之。例如：清道光《兴义府志》将大事分为纪年和本末两类。民国《寿光县志》把大事分为编年和记事两部分。首轮编修的部分新志书中也有，例如：山东《寿光县志》的大事记分为大事年表和要事纪略；山西《阳城县志》分为要记和大事年表；四川《彭县志》分为大事记年和专题记述等。同时，也有实践中的不断创新，江苏《淮阴市志》首设"史略"

---

① 鄢钢城：《新方志编纂管见》，沈阳：辽宁大学出版社，2018年，第198页。
② 张育文、西铭：《大事记编纂纵横谈》，《沧桑》1993年第4期。

取代概述和大事记。《高淳县续志》在卷首设置"高淳史略","将古今高淳数千年中发生的重大事件,经编者爬罗剔抉、精心提炼,用生动的文笔展现出来,这在地方志编纂史上是一种全新的尝试"①。梁滨久对"大事记"之外再设"要事纪略"的"双轨制"做法予以肯定,认为"续志仍然可以采用大事记的'双轨制'写法"②。从二轮修志实践来看,浙江省18部新市县大事记,有4部采用这种双轨制记述体式,比如:《衢州县志(1985—2001)》设有丛录"历史大事纪略";《浦江县志(1986—2000)》设有附录"历史大事记要(195—1985)";《岱山县志(1989—2000)》设"限外辑要(2001—2005)";《天台县志(1989—2000)》设"大事类编"(下限至2005年)。③ 这种体式使两部分详略互见,相辅相成,发扬了二体各自的长处,克服了二体单用存在的缺陷,是新编志书大事记撰写的新探索。

"大事记的特点,不同于专志的以事系时,也不同于人物传记'以人系事',而是'以时系事',时间是大事记的第一要素。"④《新编地方志工作暂行规定》明确指出:大事记的体例应以编年体为主,辅之以纪事本末体。"十多年来的修志实践证明,用此种体例,是完善大事记体例的一种较好的形式,并为大部分志书所采用。"⑤上海市第二轮新编志书采用的就是这一体例。

总之,大事记采用何种体例,必须服从于志书的实际内容,

---

① 姚金祥:《志海续泳集》,北京:中国文艺出版社,2019年,第116页。
② 姚金祥:《志海续泳集》,北京:中国文艺出版社,2019年,第114页。
③ 莫艳梅:《莫艳梅方志文集》,上海:上海远东出版社,2013年,第110—111页。
④ 姚金祥:《关于大事记的编写》,《上海修志向导》1993年第5期。
⑤ 张育文、西铭:《大事记编纂纵横谈》,《沧桑》1993年第4期。

完善志书的功能，让内容和形式得到更为完善的结合。

(二) 新方志大事记的选录标准

大事记时贯古今、事涉百科。那么，什么才算大事，如何取舍资料？这就需要明确大事记收录的标准和范围。可以说，大事是指本地发生的、对当地（乃至对外地区，甚至全国）的国计民生和社会历史的发展有重大意义、有较大影响和具有历史价值的事件，而不是一般的琐事、庸事和小事。

首轮修志，有学者提出的"三条原则"较为通行，即大事突出，要事不漏，新事不丢。还有"五条标准"，即对历史发展产生较大影响的事件，有关国计民生的事件，重大的自然变动，重要的新事物出现或旧事物衰亡，重大的发明创造。也有"三性"之说，即具有全局性、连续性、开创性者为大事。有人为大事记归纳了三条标准：一是就事物的影响范围来说，基本涉及到全政区；二是就事物的影响时间而言，在全政区比较久远，具有一定的持续性；三是在本政区范围内第一次出现的新事物（开创性的事物），即使后来迅速发展，全面普及而成为极其普遍的事物，也应该记载下来。①

第二轮修志，李少先在《方志编纂知识》中提出六个"要记"，较受推崇。② 即：特别重大的事件要记，重要变革的事件要记，不平常的事件要记，有重要意义的事件（不一定很大）要

---

① 上海市地方志办公室：《方志编修教程》，北京：方志出版社，2004年，第114页。

② 见张雪梅：《浅谈大事记编写的注意事项及重要性》，《新西部（中旬刊）》2017年第9期。

记，为后人所效法、有教育意义的事件要记，为后人引以为戒的事件要记。曾石提出："大事"的衡量与确定的标准，首先是生产力与生产关系的发展与变革；其次是对生产力和生产关系的发展与变革发生了影响的人和事。无论它是积极的，还是消极的，只要是对生产力和生产关系产生了影响，都可以视为大事。①

1984年7月26日，董一博在全国北方十三省市县志稿评议会上提出了八条标准：1.有关国计民生的大事（包括两个文明建设）；2.党和国家的重大措施及在本县的反映；3.国内外、省内外大事在本县的反映；4.社会斗争的各种反映；5.自然灾害及自然地理环境的变化；6.重大发明、发现、创造及新事物的出现，旧事物的衰亡；7.主要正反面人物的重要活动；8.各部门的重要发展变化，有教育、有影响的。②

1986年3月，全国十省（区）省志大事记研讨会召开，与会人员讨论并提出了省志大事记记述范围：行政区划的变革及主要机构的增设与撤并；重大决策会议的召开；重要法令、文告的颁行；重大政治事件；著名战役与战略军事行动；主要人物的活动情况及变动；重大经济、文化、教育建设成就及其变化；重大的发明创造和重大的科研成果；特大的自然灾害和重大事故；主要物产的盛衰变化；文物珍品的发掘与重要名胜古迹的兴废；重大的兴衰变化；重大的涉外事件等。

傅振伦提出22类大事为记述内容。其后，不少方志工作者

---

① 曾石：《新方志大事记应体现现代性与科学性》，《中国地方志》1986年第4期。
② 见张育文、西铭：《大事记编纂纵横谈》，《沧桑》1993年第4期。

提出大事记的标准和范围。上海普陀区方志办对大事拟定了23条选录标准。上海市地方志办公室袁楚梁提出了16条大事选录标准，张云年提出了7条标准，张其卓提出了20条标准等。

《中国方志通鉴》认为：大事主要包括一地的行政区划变动、重要机构的设置、重大自然灾异和生态变化、重大政治和社会事件、各种重要法令的颁布和实施、各种重要会议的召开、重大外事活动和著名人物的活动、经济建设和文化建设的重大成就、重大发明创造和科研成果、重要文物古迹的发现和重大事故的发生等等，也就是在当地有较大影响的大事、要事、首事、特事、奇事、新事等。

上海二轮市志编修期间制定的大事记标准，范围覆盖11项。[①] 具体包括：1. 主要的管理机构设立、撤并；2. 重要的企事业单位成立、合并重组及破产关闭；3. 重要的领导人任免；4. 领导人重要的考察、调研、指导工作；5. 重要会议（工作性会议、学术性会议）；6. 重要活动（不同时期开展的有影响的各方面活动）；7. 重大工程、项目建设；8. 重要的法规、政策和文件（包括中央出台的针对性政策和文件）；9. 重大科研成果；10. 集体或个人获得的重大表彰及荣誉；11. 重大事故或事件。该标准还指出，全国性"通典"（法规、政策和文件）不单记。

实践和经验表明，因时代、地域等的变化，将大事的收录标准设定为一个统一的绝对化的公式是无法实现的。但可以将

---

① 上海市地方志办公室：沪志办〔2017〕61号《关于印发〈关于上海市二轮规划内市级志书编纂工作的若干指导意见〉的通知》。

"大、要、先、准"作为一个标杆:"大事"即涉及范围极广、影响较大,不仅在当时属重大事件,而且在事后影响较久、较深的事情或事件;"要事"即在一定的范围、一定的时间有较大影响,事后仍有一定的参考意义;"先"即要有首创性、变革性、借鉴性;"准"即要保证材料的真实性和准确性,如实反映和记载事件。

有了相对明确的标准,选取资料时才能尽可能做到大项不缺、大事不漏,使志书内容丰富、资料齐全。同时,编写过程中有章可循、心中有数,不致无从着手,甚至走弯路,并保持全书的统一性,做到前后一致,避免出现杂乱无章、厚此薄彼的情况。

(三)新方志大事记的时间断限

方志界对新方志的上限有四种做法。第一种是事物的发端,比如《上海通志》,"上限不定,大多起记于事物、事件有考或历史文献能确定的发端期"[1]。因为通志包含内容很多,各事物发展起始不同,上限很难统一。很多志书参考了《上海通志》的提法,从事物的发端记起。比如《上海邮电志》,大事记从"三国吴(公元222~280年),吴在今金山亭林以南至秦山西南端沿海口岸边筑烽火台,以瞭望海寇入侵,举烽火报警"[2]记起。如此的规定,是一种既能涵盖面上,又能照顾各个事物发展

---

[1] 《上海通志》编纂委员会:《上海通志》,上海:上海人民出版社,2005年,第1页。

[2] 《上海邮电志》编纂委员会:《上海邮电志》,上海市专志系列丛刊,上海:上海社会科学院出版社,1999年,第18页。

之特殊性的方式，使大事记和志书的总体规定相吻合。第二种是建置的发端，比如《文汇新民联合报业集团志》，"本志梳理和记述文汇新民联合报业集团成立及其存续期间的历史脉络，上起1998年5月，下讫2013年10月"①。第三种是"鸦片战争前后"，《新编地方志工作暂行规定》指出，本届修志的上限时间为1840年。第四种是上届志书的下限，比如《卢湾区志（1994—2003）》，"本志的时限，上接《卢湾区志》（简称前志）的下限1993年，下至2003年"。

但也存在志书凡例时间断限与大事记时间断限不一致的情况。比如《瑞金医院志》，凡例断限是"本志反映医院自1907年建院至2010年，共计103年发展过程"，即1907—2010年②，但大事记是从"清光绪三十年（1904年），天主教中国江南代牧区主教、法籍神父姚宗李（Prosper Paris）与法租界公董局合作，在上海法租界南部金神父路东侧购地10.6公顷，开始建造圣玛利亚医院（Hôpital Sainte-Marie）"③记起。这样的记法可以理解为事件有可考的发端期，为了保证事物记述的完整性，适当上溯记载。又如《上海普通教育志》，凡例断限为"本志记述内容时限，上起事物发端，下讫2000年"④，大事记从"清道光二十

---

① 上海市地方志编纂委员会：《文汇新民联合报业集团志》，上海：上海人民出版社，2021年，第1页。

② 上海市地方志编纂委员会：《瑞金医院志》，上海：上海科学技术文献出版社，2017年，第1页。

③ 上海市地方志编纂委员会：《瑞金医院志》，上海：上海科学技术文献出版社，2017年，第17页。

④ 《上海普通教育志》编纂委员会：《上海普通教育志》，上海市专志系列丛刊，上海：上海社会科学院出版社，2015年，第1页。

三年（1843年）11月17日，上海正式开放为通商口岸"①记起，第二条才是"清道光二十七年（1847年）美国基督教怀恩堂在上海四川北路创设怀恩中小学"②。此类大事记是从事物产生的背景开始记述，而不完全是从事物的发端记起。

关于大事记的下限时间，也有多种做法。第一种是根据志书编纂规划，统一划定下限时间。第二种是根据《地方志工作条例》满20年可续修的要求，下限断于满20年的时间。第三种是下限断至志书脱稿之日。由于全国修志工作的不平衡，不宜强求下限统一。目前看，为及时反映经济社会现状，下限断至志书脱稿之日的居多。

从上海地方志编纂实践来看，第二轮上海市志为一套丛书，将下限统一为2010年，以体现志书的整体性。区县志大多由各区县地方志办公室组织编纂，则大多时间下限划为志书启动之时。也有部分志书下限断至志书脱稿之时，比如上海市级专志《中国浦东干部学院志》，将下限定于2022年。2023年，上海市地方志办公室提出，专志下限时间满10年可续修。③意味着最早启动的一批市级专志，下限已经满10年者可以续修。特别是企事业单位志，很多单位以各自节庆时间为下限。比如，《上海外国语大学志》下限为建校65周年的2014年，《上海第九人民医

---

① 《上海普通教育志》编纂委员会：《上海普通教育志》，上海市专志系列丛刊，上海：上海社会科学院出版社，2015年，第13页。

② 《上海普通教育志》编纂委员会：《上海普通教育志》，上海市专志系列丛刊，上海：上海社会科学院出版社，2015年，第13页。

③ 沪志委〔2023〕3号文件《关于印发〈关于进一步推动新时代上海地方志事业高质量发展的意见〉的通知》提出：推动下限满10年的市级专志续修。

院志》下限为建院 90 周年的 2010 年。同时，志书发布也安排在节庆日，在一定程度上督促了志稿的及时出版。

志书的下限时间，也有因为下限时间与编纂完成时间相隔较远而出现大事记的超限外记事的情况。比如：浙江省 18 部新市县志大事记，其中 10 部为首轮志书，9 部有大事记，下限延伸的有 4 部；8 部为二轮志书，有 2 部有前志大事记要，5 部续志存在下限外记事。限外记事，一般应在凡例中提示。

综上所述，在实践中应根据志书种类的不同和志书编纂的时代背景，因地、因时制宜，采取适合志书本身情况的时间断限。

五、新方志大事记的编纂建议

方志大事记在实践中不断发展，但也不同程度地存在各类问题。首先是对大事记编写的总体规划的问题，比如编纂体例的选择、编排次序的确定、篇幅比例的多少、时空范围的界定、入志标准的划分，需要在大事记编写之前对志书本身内容的特殊性做具体分析，科学谋篇布局。第二是大事记的编写规范，包括编写要素、记述顺序、详略安排、语言风格等方面也不同程度地存在问题。第三，大事记本身因志书种类不同而自带的特殊性，需要因时、因地制宜地编纂大事记，因此灵活地处理好各方关系尤为关键。

（一）科学谋篇布局

谋篇布局是编纂大事记的关键。大事记体例、入志标准、时间断限，前文已经提过，以下主要就大事记的编排次序、篇幅比例，以及它与述、专志的关系等展开说明。

1. 编排次序

大事记在志书中具有重要的地位和作用，应置于突出的位置。在编纂实践中，有的单独列编，排在全志之首，有的放在概述之后，有的置于全书之末，似为附录，仅起备查作用，有失大事记作为全志之经的作用。1984年10月，"全国南片县志稿评议会"在广西壮族自治区桂林市召开，会议认为：新县志应设大事记，一般放在概述之后为宜。2008年9月，中国地方志指导小组印发《地方志书质量规定》第11条要求：体裁运用得当，以志为主。运用的体裁依次为：述、记、志、传、图照、表、录、索引。概述篇以"面"，大事记以"线"，面线结合，双管齐下，经纬交织，提纲挈领，统领全志，两者合力共同承担全志之纲的重任。因此，要体现大事记"一志之经"的作用，新方志应将大事记列于卷前，一般位于总述（概述）后。

2. 篇幅比例

大事记是统辖全志的重点篇章，粗线条反映一地的历史概貌，篇幅要少而精。大事记占志书的比例不宜过大。任根珠认为，"大事记的篇幅控制：一是篇幅的控制，二是条数的控制，三是每条的字数控制"[1]。大事记的字数，据广西首轮22部县志统计，大事记篇幅占全志总篇幅的1.8%—5.8%，以占3%—4%为最多。也有专家提出大事记占总篇幅的4%为宜[2]，也有认为

---

[1] 任根珠：《浅议二轮市县续志"大事记"的编写（一）——以〈秦皇岛市志〉等10部续志为例》，《沧桑》2012年第1期。

[2] 陈泽泓：《关于大事记的思考——广东省首轮93部区县志评析之六》，《广东史志》2009年第3期。

各志大事记篇幅结构不一样,内容体式不一样,在标准统一、记事简洁、行文规范情况下,文字篇幅应顺其自然。① 大事记以时为序、包罗万象、可读性强,但毕竟不是志书的主体,其体量控制应在编纂前加以考虑。"点到为止、详见分志"是控制住体量的根本出路。② 在笔者看来,大事记的比例应控制在全书的1‰—5‰为宜。

3. 选录标准

选取大事,同类的事,要按照统一标准来收入,切忌为照顾篇幅而随意更改大事选录标准。选取大事前必须拟定标准,并反复审查。常见的问题是:古代部分因资料不足,小事也被当作大事加以填充。现代与当代资料丰富,一些大事又被漏掉了,有些并不要紧的小事却充数入选。所记事条多,却看不出历史发展脉络的主线。标准不一,等等。比如:记机构变动和领导人员更迭记到哪一层?记人民代表大会记到届还是记到次?记灾情记到多大受灾面积?各种会议记到哪个层级?这些如果没有统一要求,前后记法差异很大,会使大事记杂乱而无章法。因此,编写大事记时既要明确入选标准,又要注意同类标准的灵活运用。关于例行事件的记载。比如国庆节、五一节、建军节、征兵、高考等,几乎每年都有,可参考三条原则:记最早的,记有新内容的,记特别重要的。关于奇异自然现象和自然灾害的记载。只记影响重大或有重要科研价值的奇异自然现象和重大灾害,或在抗灾中具

---

① 莫艳梅:《莫艳梅方志文集》,上海:上海远东出版社,2013年,第109页。
② 张帜、张琴:《第二轮志书大事记编修略论——以西安域内3部志书为例》,《中国地方志》2022年第5期。

有重要意义的；其他自然灾害及不明飞行物、特异功能、星雨、陨石、地震、奇热、奇冷等，记入有关专业分志中。

4. 处理好记、述、志的关系

大事记和总述（概述），大事记和专志，因为志书本身的特点，必然存在交叉重复。大事记一般略记，特别重要的，可在总述（概述）中从更高的站位点到或者展开叙述，专志正文一般详细记载。同时也存在记志脱节，互不照应的情况。大事记中有些事条，在总述（概述）、各分志内找不到踪影，正文没有呼应；反过来有些大事在总述（概述）、专志中已经记载，在大事记中却又缺而不记；或大事记与有关分志记了同一件事，而事实与数据却各不相同，前后不一，致使大事记同总述（概述）、各分志无法形成互补、对照关系。一般来说，总述（概述）的站位更高、更宏观，记述事件本身影响较大，大事记记述主要是点到事件的各个要素，专志属于正文，记述更为详细、具体。

(二) 记述规范，完整准确

大事记在撰写过程中要做到以下几点：

1. 一事一条，要素完备

对于同一天发生的事件，可以分条记述，排列在同一时间条目下。不要数事混作一条。大事记背景、时间、地点、人物、活动、后果等要素一般要齐全，以彰明事物演变的因果规律。

2. 顺时记事，准确无误

采用纪事本末体的大事记，每个事条应当按时间顺序记述。采用编年体的大事记，应严格按年月日排序。日期不明的记于月末，称"是月"；月份不明的记于年末，称"是年"。对于有出入的时间、地点、人物等要素要考证，做到准确无误。

3. 详今明古，详略得当

大事记记述范围广泛，内容繁多，古今比例要适当，当代大事要重点记述，但明今不能无古。关系全局、影响特别深远的大事要详细记述，次要大事可简略些。既要避免有些事条记述过详，与有关分志重复；又要避免有些事条失之过简，交代不清。属于本地独有的、特殊的事物要详细，以突出地方特色，对于一般性事物可简略。同类事物，最先发生要详细记述，后发生可以简略些。

4. 述而不论，客观记述

地方志是流传后代的信史，实事求是、秉笔直书是史德，采取不溢美、不回避、不护短、不诋毁的公正立场，将观点寓于事实和材料之中，不人为地拔高事件的影响、人物的成就，不说空话、套话，防止片面性，反映事物发展的客观规律。

5. 文风严谨，简洁流畅

大事记要用词准确，行文规范，力争用最精练的文字。切忌空话、套话、长话，用简洁、明了、扼要的提纲式写法，严守"记其纲要"的编写原则，既要做到要言不烦，也要理清事物头尾，逻辑严密，使脉络清晰，使用语体文，不文白夹杂，表达要顺畅。

(三) 处理好几个关系

1. 本地与外地的关系

方志大事记，只记本地大事，不记外县、外市、外省大事；全国同有而无本地特色的，一般不记。本地某件大事影响全县、邻县、全省或全国者，则须突出大书。全国大事影响到本地，且与本地密不可分者，应举其大者，作为本地之背景材料编入本地大事记。重点写本地的大事，与本地没有直接联系的全国大事可不载入本地大事记。

2. 决议和实践的关系

大事记一般记录已经发生的事情，计划的事情不代表一定发生。决议不代表已经执行，要从实际出发，已经产生实际效果的决议、指示可以记录，反之不必列入。

3. 记人和记事的关系

大事记以记事为主，记录应以事系人（包括领导人和群众），有重大意义的活动、重要人物要通过事件本身来适当记录。大事记正文重在记事，一般以事系人，人物篇重在记人，围绕人物展开叙事，充分展现人物在志书中的重要地位。

4. 通例与特殊的关系

要从实际出发记录。每年都举办的大会议、发生的大事件，不一定要记，而有特殊价值和影响的小会议、小事件也是要记录的。对一些特殊历史事件，要具体问题具体分析，对那些难以确定性质的事件，要采取适当的方法灵活处理。比如：许多地方在政治、敏感事件的撰写中贯彻"宜粗不宜细""宜分不宜集"的方针，在志书中不设"文化大革命"专章，分散记述于大事记中。

5. 分记与合记的关系

大事记以一事一目的形式为主，但也可以辅之以必要的综合记载。如年末，使用合记的形式记载一些综合性数据，文字少，内涵大，给人以确切的印象与概念。然而，这样的记述不是记事而是记类，通过表格记录到正文中更加适宜。

志 体

孟 渊

1985年,中国地方志指导小组讨论通过的《新编地方志工作暂行规定》第九条指出:"新方志的体裁,一般应有记、志、传、图、表、录等。以专志为志书的主体,图表可分别附在各类目之中。图表尽量采用现代技术编制。"这一《规定》明确了"志"为新方志的主要体裁之一。

一、"志"的概念、源流、内容和要素

(一)"志"的概念和源流

"志"和方志体裁、方志体例,都是方志学常用概念,且三者都可称为"志体"。其实这三者概念内涵,有所不同,不加以区分很容易造成概念的混淆。

古今史志学家有很多关于"志体"的论述。方志大家章学诚明确指出,"史体纵看,志体横看"[1]。又言:"志为史裁,全书自有体例。志中文字,俱关史法,则全书中之命辞措字,亦必有规

---

[1] 章学诚:《答甄秀才论修志第二书》,《文史通义》卷八,外篇三,北京:中华书局,2012年,第1292页。

矩准绳，不可忽也。"① 古人称"志体"时，多指方志体例，如从引文两则看，章氏明显把属于方志体裁的文字表述（"命辞措字"）也归入方志体例。

在现代方志学领域，学者们开始严格区分方志体例和方志体裁的概念。如王晓岩《方志体例古今谈》称："方志体例，是贯彻修志宗旨，适应内容需要，并区别于其他著作的独特的表现形式，它具体体现在志书的种类、体裁、结构、编纂等各方面。"② 该书第三章《方志的体裁》认为："对于志书的体裁，人们通常有两种理解。其一，是就志书整体而言，着眼于志体与史体、文学作品体的区别。例如，乾隆《临晋县志·志议篇》说：'书志体裁大矣，非敢僭也。'《史记》有八书，《汉书》有十志，前人也把纪传体称为书志体。这里是说方志不敢僭冒史书而采用书志体，显然是指一部志书的整体。其二，是指志书内部所用的文章体裁。例如，章学诚在《答甄秀才论修志第二书》中说：'体裁宜得史法也。州县志乘，混杂无次，既非正体，编分纪、表，亦涉僭妄。故前书折衷立法，以外纪、年谱、考、传四体为主，所以避僭史之嫌，而求纪载之实也。'他所说的体裁，是指组成志书的各种文章的体裁。本章所要探讨的是后者，而不是前者。"③

当代绝大多数学者，也认为方志体裁是方志体例的一部分。如欧阳发、丁剑称："所谓志书的体例是由三个要素构成的：一是

---

① 章学诚：《与石首王明府论志例》，《文史通义》卷八，外篇三，北京：中华书局，2012年，第1359页。
② 王晓岩：《方志体例古今谈》，成都：巴蜀书社，1989年，第6页。
③ 王晓岩：《方志体例古今谈》，成都：巴蜀书社，1989年，第35页。

体裁;二是结构;三是章法(即对撰写的一般要求)。"① 史继忠称:"体例是指志书的表达形式,包括体裁、结构和门类设置三大部分……"② 王复兴称:"方志体例,是志书表现自身内容特有的、不同于其他著述的体制形式,主要包括体裁、格局结构和文字表现形式等。"③ 沈松平认为:方志的体例包括三个方面,一是体裁(方志一般采用述、记、志、传、图、表、录、索引等体裁),二是篇目结构,三是文字表现形式。

中国地方志指导小组2008年颁发的《地方志书质量规定》中,在第三章"体例"下有具体规定:"第八条 坚持志体。横排门类,纵述史实,述而不论。体例科学、规范、严谨,适合内容记述的要求。""第十一条 体裁运用得当,以志为主。"第八条中"志体"指的是地方志的体例,第十一条中"体裁"则是"体例"的一部分。

"志",则是方志体裁之一种。《关于地方志编纂工作的规定》(1997)第十三条指出:"地方志的体裁,一般应包含述、记、志、传、图、表、录等,以志为主体。"沈松平认为:"新编方志的体裁包括概述、大事记、志、传、图、表、附录、专记、索引,以志为主,各有专用。"④ 张凤雨认为,体裁为文章或作品的种类和样式,也有人认为还包括文章的结构及文风辞藻。地方志的体裁,经过两千多年的不断发展与创新,综合了纪传、编

---

① 欧阳发、丁剑:《新编地方志十二讲》,合肥:黄山书社,1986年,第33页。
② 史继忠:《方志丛谈》,贵阳:贵州人民出版社,1985年,第58页。
③ 王复兴:《方志学基础》,济南:山东大学出版社,1987年,第175页。
④ 沈松平:《新方志编纂学》,杭州:浙江大学出版社,2014年,第24页。

志 体

年、纪事本末、政书、文选等多种体裁之长，同时兼得地志、图经之要，形成以述、记、志、传、图、表、录7种文章样式为基本体裁，并且作为地方志法规规定内容，为广大地方志工作者所接受和普遍运用到修志实践之中，成为地方志理论和编修实践的重要成果。①

相对"方志体例""方志体裁"，目前方志学界探讨"志"的文章并不多，也没有有意识地将这三者进行系统比较研究。其实，"志""方志体裁""方志体例"，分别属于依次被包含的小、中、大三个层面的概念。

方志体裁由述、记、志、传、图、表、录、索引等组成，"志"是其中一种体裁，和述、记、传、图、表、录、索引等其他体裁处于并列的地位；故"志"属于方志体裁的一部分，是毋庸置疑的。方志体裁之"志"，就本义而言，是一种以"记述""积记其事"为特点的史学体裁。

"志"在方志中占有极其重要的地位，从方志的起源和志的本义可见。《周礼·地官司徒》载："诵训掌道方志，以诏观事。"《周礼·春官宗伯》又载，"小史掌邦国之志"，"外史掌书外令，掌四方之志"。汉代郑玄解释说："志，记也，谓若鲁之《春秋》、晋之《乘》、楚之《梼杌》。"唐代颜师古在注解《汉书·律历志》时说："志，记也，积记其事也。"清代方志学家章学诚从"志属信史"的观点出发，也认为《周官》外史、小史之执掌即今之方志。方志，在其起源时期，就采用"志"这种记述体裁。方志得

---

① 张凤雨：《关于地方志体裁的探究》，《广西地方志》2015年第5期。

名,也是由这种体裁所决定的。

方志在长期发展过程中,经历了地记、图经、定型志书等几个阶段,到宋代才基本定型,其发展是融会《史记》的"八书"、《汉书》的"十志"等正史,以及汉代的地记、隋唐的图经的文体文风。地记中,除了记人为主的风俗传、郡国记、山川记、异物志等均采用"志"体。图经中的文字,也采用记述体。而定型方志中,除大事、人物、职官、选举等门类用记、传、表等体裁,大多数门类用"志"。

《方志百科全书》记载"志"的条目称:志,为方志体裁之一。分门别类记载一地各个事物的历史和现状,是志书的主体。……新编地方志沿用"事以类从,类为一志"的编纂方法,但分类更规范、具体,一般按自然环境、经济、政治、军事、文化、社会、人物等部类的顺序排列。[①]

韩章训《方志学基础教程》则认为:志即著述部分。它用于各分志,是志书的主体部分。各分志从横向上按事分类,类为一志,分别记载各项事业和各个方面从历史到现状的面貌及发展过程。在旧方志中,以志为主者比较多见。章学诚创立志、掌故、文征三书体,其主体也是志。新志书体裁多样,其主体也是志。[②]

(二)"志"的内容和要素

一部志书除述、记、传、图、表、录、索引等之外,其余部

[①] 摘自《方志百科全书》,中国方志网 www.difangzhi.cn/sygk/fzbk/201805/t20180509_4946001.shtm。

[②] 韩章训:《方志学基础教程》,香港:香港天马图书有限公司,2001年,第313页。

分的内容都可称为"志",由分门别类专门记载某一方面或某一范围内事物的各个分志组成。

不论新、旧方志,"志"都是方志的主要体裁和志书的主要内容,从总体上来说,"志"记载的内容是十分广泛和丰富的,包括天文地理、山川水利、物产资源、官职典制、科举学校、贡赋徭役、风俗习惯、各类人物、宗教寺院、艺文著作、军事斗争、天灾人祸、奇闻轶事,以及自然、政治、经济、社会、文化发展等方方面面,无所不"志"。

但新、旧方志,在分志记载的广度和深度上存在差异。旧方志内容相对较为简略,总体篇幅较小,文字量也较少,且往往重政教而轻经济、社会。明清旧志中人物传(含大量的列女传)往往占全志篇幅较高,但一般情况下,也不会和无法动摇"志"的主体地位。新方志和旧志相比较,其中"志"的内容占全志篇幅有所提高,随着现代科学技术的发展,记载的广度和深度也有很大提升,要素也更为全面。

总体而言,志的内容和要素,一般应包括:地方事业发展的客观条件(包括自然因素、人口因素和物质因素等);地方事业发展的历史(分志记事虽以现状为主,但是不能不记述事业的发展史,交代事业发展变化脉络);《凡例》确定下限时间的地方事业状况;地方事业的发展规律(分志不仅要记述地方事业发展变化的历史和"现状",而且还要尽可能地记述地方各项事业兴衰的原因和历史的正反两方面的经验教训);人物事迹("志"不以人物为中心,而是以事件为重点,因事叙人,区别于人物传)等要素。

"志"的内容的丰富性和要素的完整性,取决于地方修志资料(档案和采访资料)的完整性和编纂人员(采访、分纂、总纂)的素质高低。秦锡田在其总纂的民国《南汇县续志·序二》中说:"修志之难,不在于纂辑,而在于采访。采访不得人,则舍精华而拾糟粕,冗杂猥琐,无所取裁。间有一事可录,而原委混淆,先后倒置,问之访员,访员置之不答,或答非所问,或答而不详,终至删其成稿,不能记载。譬之饮食,采访者选置物品也,纂辑者调和鼎鼐也。山珍海错,精美鲜洁,膳夫和以五味,自堪适口。若其肉腐鱼败,虽有易牙,无所措手。故体例之不完密,文辞之不雅驯,纂者之咎也。至于事实之乖舛、典章之疏漏、毁誉之颠倒,咎不尽在纂者焉。南邑采访伊始,必求其谙悉志例、兼擅史才、勤于咨询、熟于掌故,如乡先辈于充甫、顾秋岩两明经者,庶几去取悉当,垂信将来。"[①] 修志应重在采访,作实地调查,以档案资料为本。采访(分纂)之人,应"谙悉志例、兼擅史才、勤于咨询、熟于掌故",否则"终至删其成稿,不能记载"。

二、"志"的核心原则

"志"是方志体裁中,唯一的主体体裁,占据绝对主要的地位,这也是由方志是"一方之全史"的性质所决定的。如果编纂方志不以"志"为主体,编出的书本也就不能称之为方志了。具体而言,"志"的核心原则,可归纳为:

---

① 秦锡田:"序二",《南汇县续志》,上海市地方志办公室、上海市南汇区地方志办公室编:《上海市府县旧志丛书南汇县卷》,上海:上海古籍出版社,2009年。

（一）横排竖写

"横排竖写"又称"横排纵写""横排门类，纵贯时间"等。横排，就是志书横分门类层次，制订篇目，要求以事分类，类为一志（篇、章、节、目），横排是对志书篇目设计的基本要求。竖写，就是按照时间先后顺序记述史事，先发生的事情先写，后发生的事情后写。方志学称这种横排竖写方法为"横分类别、纵述史事"，具体要求做到横不缺项，纵不断线（至少是横不缺要项，纵不断主线）。①通过横排竖写，"一横一竖把一个地方的历史与现状'编织'起来。横能反映各类事物间的联系和制约；竖能看出各类事物的发生、发展变化，相得益彰"②。

（二）述而不作

"述而不作"语出孔子，原话是"述而不作，信而好古"，意思是对历史事实只作记述，不加评论。孔子以之编纂《春秋》，形成"春秋笔法"，多为后世史家所仿效。明嘉靖《太原县志·凡例》，就要求该志"据事直书，即意自见，不著论断"。清代著名方志学家章学诚，在论述方志"原属天下公物，非一家墓志寿文"以后，接着提出"据事直书，善否自见"的修志方针，以革除"贿赂公行，请托作传，全无征实"的弊端。发展至当代，则称之为"寓褒贬于叙述之中"。③

（三）越境不书

越境不书，指志书所记限定地域范围，与本境无关的人、

---

① 王远森：《志书初稿编写的几个环节》，《巴蜀史志》2009年第5期。
② 李启厚：《略谈方志的横排竖写》，《福建史志》2013年第1期。
③ 王建成：《"述而不作"析》，《中国地方志》1991年第3期。

事、物不载入。这是由方志的地域属性决定的。这一特征，在早期的地记、图记中就很明显。宋《玉峰志》的凡例规定："凡事旧在昆山，而今在嘉定者，以今不逮本邑，今皆不载。"这一原则在元明清时期得以承袭。清乾隆《汾州府志》例言中提出，志书编纂必先定沿革、辨疆域。章学诚在乾隆《永清县志·政略》序例中提到："志笔不越境而书。"嘉庆《上海县志》修例规定，修志"皆以地断，以一地为限"。遵守疆界应以下限年份的行政区划为依据。也可引用外地资料，记述本地与外地的经济联系等，如南宋罗愿的《新安志》，为说明新安各县的赋税情况，把新安婺源与接壤的邻县都阳、乐平做比较。《地方志书质量规定》第十五条明确指出："区域界限明确。以本行政区域为记述范围，越境不书。交代背景，反映与本行政区域外的横向对比、联系等，不视为越境而书。"[①]

随着我国社会主义市场经济体制确立后，国际国内政治、经济、文化各方面的相互合作与交流成为潮流。一些学者根据这种新情况提出"志"的内容应该"越境而书"，"修志工作者只要放眼世界经济一体化的大势，站在改革开放战略和全局的高度来看待二轮志书编纂，就一定要摒弃'不越境而书'的旧志书编纂原则，把对本境与境外、国外相连的内容做'越境而书'写进二轮志书的《凡例》中，堂堂正正地成为二轮志书编纂的一项通则"[②]。

---

① 摘自《方志百科全书》，中国方志网 www.difangzhi.cn/sygk/fzbk/201803/t20180326_4945979.shtml.

② 王登普：《"越境而书"应是二轮志书编纂的一项通则》，《黑龙江史志》2005年第9期。

沈松平认为,"这种观点似是而非,实际上是对越境不书原则机械理解的产物。其实,越境不书中的'境'不仅仅指行政区划之'境',即在本行政区划之内出现和发生的事情,不管是否归本地政府管辖,志书都要记述;同时也应该包括行政管辖之'境',即凡归本地政府管辖的事情,不管发生在行政区划之内还是行政区划之外,志书也要记载"①。

(四)详今明古

"志"作为一种以"记述""积记其事"为特点的方志体裁,最显著的特点之一是需要容纳长时间跨度的地情。"志"如何更好地统合古今关系,学者们有从"详今略古",到"详今明古"的探讨过程。"详今略古"是我国史志编写的一个传统方法,章学诚与戴震论争修志相关问题时,明言"史部之书,详近略远,诸家类然,不独在方志也"②。1929年,方志学家傅振伦为新修《北平志类目》作志例八则,其中第一则即是"宜略古详今,侧重现代"③。1985年7月颁布的《新编地方志工作暂行规定》则要求:"新方志要详今略古,古为今用,着重记述现代历史和当前现状。"④ 针对在修志实践中很难把握"详今略古"中"略"的"度",易产生"厚古薄今""详今无(虚)古"两种倾向的问题,1989年,在全面分析、深入总结正反两方面经验教训的基

---

① 沈松平:《新方志编纂学》,杭州:浙江大学出版社,2014年,第8—9页。
② 章学诚:《记与戴东原论修志》,《文史通义》卷八,外篇三,北京:中华书局,2012年,第1374页。
③ 傅振伦:《中国方志学通论》,北京:北京燕山出版社,1988年,第105页。
④ 《新编地方志工作暂行规定》,田嘉主编、中国地方志指导小组办公室编:《地方志工作文献选编》,北京:方志出版社,2009年,第69页。

础上,浙江省志办主任魏桥在浙江省地方志第四次工作会议上的讲话《八年修志的回顾及今后设想》中,首次提出"详今明古"的主张。① "所谓'明古'就是不能采取简单化的办法对待历史,而是要求用严肃的态度,审慎地对待历史资料,把历史上发生的事情尽可能弄个明白,弄清事物的发端、发展和变化,而不是一问三不知。"② 后来,他又专门撰写了《关于"详今略古"和"详今明古"》一文,对这一观点作了阐述③。诸葛计在《中国方志五十年史事录》中说:"'详今略古'与'详今明古',这两个提法虽只一字之差,但内涵上却有很大的不同。'详今略古'包含的是量的要求,而'详今明古'则只是度的把握。对人类社会事象的记述,很难用多大的量来区分详与略,但却可以在一定的度上加以把握。志书中对古代部分的内容,只要达到说清当时的情况,就可以说是适得其度了。这个口号的提出,在修志界有较大的影响,以后有些志书就把这写进了自己的规划或凡例之中。""这是本轮修志理论方面的重要收获之一。"④ 应当说,诸葛计的评价是很高的,这在一定程度上代表了方志界对魏桥"详今明古"观点的认同与肯定。⑤

(五) 文风朴实

方志志文的体裁,都有其特定表现形式——文体文风。总体

---

① 诸葛计:《中国方志五十年史事录》,北京:方志出版社,2002年,第315页。
② 魏桥:《八年修志的回顾及今后设想——在浙江省第四次地方志工作会议上的讲话》,《志苑十二年》,杭州:浙江人民出版社,1995年,第189页。
③ 魏桥:《关于"详今略古"和"详今明古"》,《中国地方志》2004年第3期。
④ 诸葛计:《中国方志五十年史事录》,北京:方志出版社,2002年,第315页。
⑤ 颜越虎:《魏桥方志学说的特色与价值》,《中国地方志》2021年第4期。

而言,"志"体文风应不同于文艺语体、政论语体、科技语体、公文语体等。"据事实书,质朴无华"是志的文体文风的基本要求,叶芳《分建南汇县志·叶序》说:"县必有志,所以正疆域、核田赋、详典礼、稽人物,而废兴因革,则又随时升降,皆不可不着其实,以昭法戒,非徒矜浩博、炫文采已也。……余尝受而读之,大要此书之卓越过人者有数端,曰条目依类而统于纲领,事迹考实而严于影附,人品则宗圣教而黜诡诞,著述则重经济而削浮华,而且厪怀民隐,蒿目时艰,尤足令长民者循览而感发焉。"[1] 针对有些志书刻意追求文采,铺陈辞藻,民国《江西通志(稿本)》的《叙例》中说:"方志撰述,非专门雕摘文藻之所为也。若修志而专注于文学,则近于匏瓜矣。康海《武功志》二万许言,成书三卷,世目为高简之文。韩邦靖《朝邑志》则总约不过六七千言,较之康作,其高简更甚。是皆刻意摹古文而忘其所以为志,宁免文章虽佳,题目却差之讥乎!"批评韩邦靖《朝邑志》、康海《武功县志》行文虽优美,但和"文风朴实"的"志"体要求有差距,史学价值不高。章学诚在《修志十议》中提出,修志有"八忌"即忌条理混杂,忌详略失体,忌偏尚文辞,忌妆点名胜,忌擅翻旧案,忌浮记功绩,忌泥古不化,忌贪载传奇。除"忌偏尚文辞"直击要害外,其余七"忌"也或多或少与"文风朴实"原则相关。

上列几则引文从正反两个方面说明"志"不能以"矜浩博、

---

[1] 叶芳:《分建南汇县志·叶序》,上海市地方志办公室、上海市南汇区地方志办公室编:《上海市府县旧志丛书南汇县卷》,上海:上海古籍出版社,2009年。

炫文采"为能事，而须以据事实书、文直事核为基石。《关于地方志编纂工作的规定》第十五条规定："地方志的文体，采用规范的语体文。行文力求朴实、简练、流畅。"这是对新方志"述、记、志、传、图、表、录"等各类体裁文体文风所做的具体规定和基本要求。而组成方志的主体体裁"志"，就必须"采用规范的语体文""行文力求朴实、简练、流畅"，以记述、说明为主；当然，"志"中可以有极少量的议论文字，起提纲挈领、画龙点睛的作用。

(六) 体现特色

"志"的"体现特色"，主要是体现"志"的"时空特色"。"时"指的是时代性，"空"指的是地方（行业）性，要将时代性和地方（行业）性有机结合起来。"在志的内容上，编纂者要站在时代发展的角度，以当代的最新认识，重新认识以往的历史和当前的现状，详今明古，重在当代"，"对于本地特有的或比较突出的，应着重加以反映"，[①] 体现出每部志书的"时空特色"。

三、"志"的编纂实践

地方志是中国特有的文化瑰宝，其编纂具有地域性、连续性等特征。本章选取上海地区明代弘治《上海志》、正德《松江府志》、清代《分建南汇县志》、民国《川沙县志》、20世纪90年代《川沙县志》等方志，尝试对上海地区传统方志、新方志对"志"的运用作一些比较分析，归纳各"志"的基本做法和特色之处。

---

① 沈松平：《新方志编纂学》，杭州：浙江大学出版社，2014年，第2—3页。

（一）弘治《上海志》

该志为现存最早的上海县志，唐锦应时任上海县知县郭经之聘编纂，弘治十七年（1504）刊行。全志有卷首王鏊撰上海县志序，上海县地理图、儒学图、县署图三幅，凡例九则。正文列目为：卷一疆域志，卷二山川志，卷三田赋志，卷四祠祀志，卷五建设志，卷六古迹志，卷七官守志，卷八人品志。卷末钱福撰后序。

该志图、序和凡例篇幅很小，以"志"为主（全志8卷均命名为志），但其中卷七、卷八职官表、人物传及各分志卷首导言和志文下附的碑记、诗文等数量也不小。试举《疆域志》首段内容分析说明。

> 昔者先王画野分州，以建万国而封诸侯，所以一土宇、齐众志也。然而地殊势异，政有攸宜，故善为治者，必先究异同于疆域焉。上海，古华亭东维也，元季始割以为县。而我朝因之，列圣深仁厚泽，培植百余年来，人物之盛，财赋之伙，盖可当江北数郡，蔚然为东南名区矣。故举四境之概而类列之，作《疆域志》。
>
> **沿革**
>
> 上海县，称上洋、海上。旧名华亭海。当宋时，蕃商辐辏，乃以镇名，市舶提举司及榷货场在焉。至元二十九年，以民物繁庶，始割华亭东北五乡，立县于镇，隶松江府。泰定三年，罢府，隶嘉兴路。天历元年，复府，仍以隶之。其名上海者，地居海之上洋故也。元末，张士诚据有其地。至正二十七年丁未春正月，知府王立中归附。国朝编户凡六百二十里。

《续志》

割县之请，从知府仆散侯翰文也。始府犹隶嘉兴路，有倅，簿责来时，府监受知权近，倅不知礼之。府监怒曰："我四品秩，彼六品耳，彼以庶僚遇我耶！"因与竞诟辱之。由是侯慨然以地大户多，建割县，直隶于省府焉。①

这段内容，第一部分是"小序"，论说作《疆域志》的重要性；《沿革》条目是记述性文字，是"志"的主要内容；《续志》是附录的补充说明性文字。总体看，这段内容有论说、有记述、有说明，较好地将上海县的得名由来、历史沿革、地理方位、政治经济概况、"割县"（上海立县）主要原因等高度浓缩"志"了下来，时代性和地方性特色明显，是一段可读可信可传的"志"。

（二）正德《松江府志》

正德《松江府志》为现存最早的松江府志，由顾清于明正德七年（1512）应松江知府陈威之聘，独纂成书。有府境图，府城图。正文三十二卷，全书不分纲目，共有三十二目，又附目十七。卷一沿革、分野、疆域、山；卷二至三水；卷四风俗；卷五土产；卷六户口、徭役、田赋；卷七至八田赋；卷九城池、坊巷、乡保、镇市；卷十桥梁；卷十一官署；卷十二至十三学校；卷十四兵防、仓廪、驿传；卷十五坛庙；卷十六第宅；卷十七冢墓；卷十八至二十寺观；卷二十一古迹；卷二十二守令题名；卷二十三至二十四宦迹；卷二十五至二十六科贡；卷二十七至三十

---

① 上海市地方志办公室、上海市闵行区地方志办公室编：《上海市府县旧志丛书·上海县卷》，上海：上海古籍出版社，第15页。

一人物；卷三十二遗事、祥异；卷末陆深后序。

该志记事上起春秋战国，下迄明正德初年，统合古今，内容详尽。试举两段关于上海县的记载为例。

其一："上海县，本华亭县地，旧曰'华亭海'。后以人烟浩穰，海舶辐辏，遂成大市，宋于其地立市舶提举司及榷货场，曰'上海镇'；其立以为县，则知府仆散翰文之请也。"①

其二："上海县治，旧市舶司也。元初立县治于镇，守衙即故宋榷场地，大德戊戌并舶司于四明，因以为县。明年达鲁花赤雅哈稚建鼓楼，增葺堂宇。国朝洪武二十五年，知县林庭瑾重建鼓楼……规制轩敞，他县莫及也。《县治记》：上海县襟海带江，舟车辏集，故昔有市舶，有榷场，有酒库，有军隘。官署、儒塾、佛宫、仙馆，甿廛、贾肆，鳞次而栉比，实华亭东北一巨镇也。"②

这两段记述，把上海县城的历史和概貌，勾勒得准确到位。至明朝正德时期，上海已立县200多年，上海县城是松江府东北一"巨镇"，也是江南一座颇具规模"他县莫及"的县城。阅读这段志文，好象看到一幅上海风情画一样；但其文字却质朴无华，没有什么夸张、形容之词，完全靠着依事记载和白描勾勒取胜。正德《松江府志》还将上海县城和上海县另一"巨镇"新场做了比较："新场镇，距下砂九里，元初迁盐场于此，故名，场

---

① 上海市地方志办公室、上海市松江区地方志办公室编：《上海市府县旧志丛书松江府卷》，上海：上海古籍出版社，2011年，第15页。
② 上海市地方志办公室、上海市松江区地方志办公室编：《上海市府县旧志丛书松江府卷》，上海：上海古籍出版社，2011年，第155页。

赋为两浙最。当是时,北桥税司、杜浦巡司皆徙居焉。四时海味不绝,歌楼酒肆,贾衒繁华,县未过也。"① 明代浦东的新场镇竟然要比上海县城"繁华","县未过也",是"志"中评论性的画龙点睛之笔,寥寥数字胜千言。

(三)清《分建南汇县志》

清代名宦钦琏主修、雍正十二年(1734)刊行的《分建南汇县志》(简称《钦志》)共 16 卷。卷一至卷三为疆土志,配地图十张,记南汇之界域、形势、区划、区田、场团、乡保、海浦、川港等;卷四至卷六为建设志,包括城池、坛庙、衙署、学校、官司、武卫、海塘、桥梁、旌坊;卷七、卷八为赋役志,包括地丁、漕粮、盐粮、积谷;卷九至卷十一为人物志,包括名宦、流寓、乡贤、科第、隐逸、义行、艺术、列女;卷十二至卷十四为经略志,包括赋法、均徭、水利、兵略、恤灶、救荒;卷十五、卷十六为杂志,包括风俗、物产、古迹、灾异。此志乃浦东地区首部独立的县志,南汇知县钦琏不仅是该志主修,而且是亲历亲为的总纂及撰稿员。

《钦志》志文高屋建瓴,简练扼要。如记载南汇嘴"形势":"南汇地势如犁状,突出洋中,三面皆海,故谓之南汇嘴。倭寇每察风色,分踪于洋山、马磕。如东南风,则此嘴大勒口当洋山之冲;如东北风,则此嘴四、五、六团洪当马磕之冲。"②

---

① 上海市地方志办公室、上海市松江区地方志办公室编:《上海市府县旧志丛书松江府卷》,上海:上海古籍出版社,2011 年,第 134 页。

② 上海市地方志办公室 上海市南汇区地方志办公室编:《上海市府县旧志丛书南汇县卷》,上海古籍出版社,2009 年,第 31 页。

又如"新场镇"条目：

新场镇，在县西二十四里，一名南下砂，又名石笋里。宋元佑初，里士瞿时彦尝营置义学。元迁盐场于此，北桥税司、杜浦巡司亦皆徙此。歌楼酒肆，贾衔繁华，盐赋为两浙最。明嘉靖间，倭寇初平，里人诸初等呈请建城立县，巡抚赵忻奏允。后监生乔镗请改筑于川沙堡，从之。向有分司公署，今废。以市心洪桥分南北街，桥南北沿港左右转，分东西街。洪桥港东接六灶港。镇南包家桥港，东接五灶港。镇北衙前港，东接七灶港，西出飞云桥，至下砂浦。居民约五六百家。

附：唐家衖，镇南，街在官街东，明朱国盛建坊处，今称朱家衖，以朱绍凤、朱廷献进士第在此。故而北首小衖改名唐家，不忘旧也。

郑家衖与朱家衖，在官街之西。衖西至新港转北过西为新港桥，港水过桥即入洪桥港。

王家衖，在唐家衖南，东通青龙桥。

俞家衖，邱家衖，俱在官街西。

嫁家衖，纪家衖，俱在官街东。

杨社衖，东西各有巷，西通石头湾，东通玉皇阁桥，为三、四灶通衢。

庵街，在方家湾南，南至扬辉桥，下即扬辉港，东接二、三、四灶港，再南至盛家桥，桥下港即水仙塘，东接一灶港。

方家湾，在受恩桥南，官道转东处，方氏世居此，有旌奖孝义之门。今闵氏居此，名闵家湾。

　　宋家街，在官街东，朱家湾南。

　　朱家湾，在洪桥北，官道转西北，通衢前，朱氏世居此。

　　卜家街，在义顺桥北。元末，有康将军子冒卜姓避难隐此，后以音讹，呼北街。今康、卜二姓，皆其族。

　　夹路，北通倪家仓。

　　石头湾，即古石笋滩。在受恩桥西港之曲处，又名鹤坡。①

这段记述，把雍正时期南汇设县之初，新场古镇的历史和概貌、街巷分布、居民生活等，叙述得详详细细。当时的新场镇，虽受明清易代战乱和盐业衰落的影响，不再如明代那么繁华，但"小苏州"规模犹在。

《钦志》志文，间有少量精辟的"论说"及附文，论说其"重经济而削浮华""厪怀民隐，蒿目时艰"的政治目标和施政理念，试举两例：

《钦志》《官司志》"知县"条目前有《按》云："知县者，于一县之事，无不当知之谓。上至化民成俗，下至一物不得其所，皆其责也。丞则辅弼之义，令之责，莫非丞之责，特不得自主焉耳。训导，专训士经义，治事之教，皆以分令之责，相与劝戒而黜陟之，以视儆乎民下，此各有所司。譬之耳目手足，要皆以成功一身，奚容隔膜视之哉。前人著官司，但著历官表而已，于国

---

① 上海市地方志办公室、上海市南汇区地方志办公室编：《上海市府县旧志丛书南汇县卷》，上海：上海古籍出版社，2009年，第55页。

家所以建设是官之义,与官所以循是建设之责,毫不提阐。则所谓官司者,食俸之外更何所事哉?故即凡为县者,一切职掌皆标而识之,使知官是土、司是事者之不可旷瘝云!"①

《钦志》《桥梁》分目下也有一段精辟的"小序"论说桥梁建设的重要性:"昔贤乘舆济人,君子讥其不知为政,谓杠梁成而民不病涉耳。顾北地水涸时,河多成陆,惟沍寒则冰澌不可履,水发则渺弥不可涉,故杠梁岁一为之,特以备一时而已。南方泽国,远者动辄须舟,若非桥梁,寸步不通矣。一邑之中,大者石营,小者木架,何可枚数。积数百千年之创建,而后处处无缺陷之憾,行者坐享其逸,安知溯厥由来。况民力尝艰,好义者寡,或久而废,废即难兴。以知前人之首功不可没,后人之踵事不可委也。兹故列其通道最显著者,而必详考建修之姓氏表之,以兴起邑人焉。"②

《钦志》以"志"为主,其 16 卷均命名为志,除去卷九至卷十一 3 卷人物传及其他一些图、表及序和凡例,志的篇幅约占全志三分之二以上。志文对于重要军政内容,时有"述而有作"、画龙点睛之笔,重视发挥县志的资政功能,是《钦志》"志"的特色。

(四)民国《川沙县志》

民国《川沙县志》(简称《黄志》)由县知事方鸿铠等修,黄

---

① 上海市地方志办公室、上海市南汇区地方志办公室编:《上海市府县旧志丛书南汇县卷》,上海:上海古籍出版社,2009 年,第 97 页。
② 上海市地方志办公室、上海市南汇区地方志办公室编:《上海市府县旧志丛书南汇县卷》,上海:上海古籍出版社,2009 年,第 97 页。

炎培主纂，张志鹤协纂，民国二十六年（1937）由上海国光书局铅印出版。卷首为列图、目次、序文、职名、例言、导言，卷次为大事年表、舆地、户口、物产、实业、工程、交通、财赋、教育、卫生、慈善、祠祀、宗教、方俗、艺文、人物、职官、选举（上、下）、议会、司法、警务、兵防、故实、叙录，共二十四卷。该志是民国时期著名县志之一，在方志界享有较高的评价。主纂人黄炎培，阅历识见兼于一身，修志别具眼光。《黄志》在"志"上有不少创新：

其一，增加门类、提炼志文。《黄志》增加了如《实业志》《工程志》《交通志》《议会志》《司法志》《警务志》等分志。在分志内容记载上，不少"志"的内容提炼转换成"表"，"凡是能够以表来表达者一律都用了表"①。举《实业志》分志为例，有《农会联名表》《川沙农场历年收支盈亏表》等共计16种。"这些内容不仅对研究历史有重要价值，而且也可以为社会学的研究提供非常丰富的资料和数据。"②《黄志》通过新增门类，并依靠大量档案资料和实地调查，使"志"记载内容的深度和广度，都极大地得到提高。

其二，每个分志前设有小序，简略说明本志内容之大要。黄炎培在《导言》中说："本书各志，皆先以概述。有类实斋所为序例，而实则不同。重在简略说明本志内容之大要，而不尽阐明

---

① 仓修良：《方志学通论（增订本）》，上海：华东师范大学出版社，2013年，第266页。

② 仓修良：《方志学通论（增订本）》，上海：华东师范大学出版社，2013年，第267页。

义例也。将使手此书者,读概述后,进而浏览全文,其繁者可以用志不纷,其简者亦将推阐焉而有得,或竟不及读全文而大致了了,此亦余所期期以为不可无者。"①

顾炳权在《略谈黄炎培与川沙县志》中,认为"议论未必不能施之于志,只要运用确当,是完全可行的""议论与写实是不相矛盾的,因为义理本身也是客观存在,若对此规避,反而失去真实"。②

(五) 1990 年版《川沙县志》

1990 年版《川沙县志》,为川沙县志编修委员会编,朱鸿伯主编,上海人民出版社出版,共 1001 页 144 万字。志卷首有题签 2 幅,照片插页 46 页,图 8 幅,序文 3 篇,凡例 7 则。该志首列总述、大事记。正文为卷章节体,计 33 卷 141 章 527 节。以附录殿后。卷末有编后记、编纂人员名录。上限 1810 年,下限至 1985 年。《川沙县志》编纂水准颇高,得到了专家的认可和赞同,获全国新编地方志优秀成果一等奖、上海市新编地方志优秀成果特等奖等多项奖项。

《川沙县志》分志体裁方面最大的特色,是其分志选题紧扣川沙县情的特色和优势,取材面广而文字简练。川沙作为特大城市上海近郊的县,经济实力较强,素有"毛巾之乡""花卉之乡""奶牛之乡""小侨乡"之美称,具有明显的外向型经济特征,体

---

① 上海市地方志办公室、上海市浦东新区地方志办公室编:《上海市府县旧志丛书川沙县卷》,上海:上海古籍出版社,2011 年,第 428 页。
② 顾炳权:《上海史志人物风俗丛稿》,上海:上海书店出版社,2018 年,第 68 页。

现在单独设立的《建筑志》《侨务外事志》《对外经济贸易志》《宗教志》4个分志。

其一，川沙人一把泥刀走天下，建筑业素享盛名，近代建筑大亨杨斯盛开设了上海第一个营造厂，故从"城乡建设"中划出另立《建筑志》。其二，川沙在外的华侨、外籍华人和港澳同胞众多，称为"小侨乡"，故单立《侨务外事志》。其三，川沙的产品出口，已近百年，时有出口产品生产企业184家，1988年出口产品拨交额63 835万元，其中直接创汇名列上海郊县前茅。江镇丝绸时装联营厂的创汇额，列全国乡镇企业第一位。故设《对外经济贸易志》，既反映十年改革开放成果，又反映川沙外向型经济全貌。其四，宗教在川沙的影响比较大，特别是天主教，1985年有教徒3万人，故专立《宗教志》。另外如毛巾、花卉、奶牛、刺绣、服装、海塘、水闸、民办小火车等在上海有一定影响的内容，都在分志中作专章或专节记述，还有一些较为突出的如财政收入、城乡储蓄、文教卫生等方面，都注意如实反映。①

四、三轮志书"志"编纂的建议

方志的真实价值，在于是否能实事求是地反映"一方"之状况。只要坚持"志属信史""横排竖写""述而不作""详今明古"等方志基本理论与编纂方法，很多"志"编纂现实问题便会迎刃

---

① 朱鸿伯：《突出〈川沙县志〉特色》，https://www.shtong.gov.cn/n87578/20210701/134280.html。

而解。

(一) 牢牢把握"志"的历史学科属性

1. 贯彻"详今明古"和"越境不书"原则

处理好时空界限和时空定位的统一性。时空概念表述混乱，是志行文中遇到的一个常见问题。从志的内涵特征看，往往具有行业经营或行业管理的职能，因而一般比较适用于产业领域或行业管理职能较强的领域。空间范围虽限一隅，但由于时间跨度长，行政区域调整、机构撤并频繁，资料保管不善、散失等，再加之有些编纂人员业务水准不高、责任心不强，敷衍塞责等因素，在撰稿过程中不是依据第一手的档案资料和实地考证，导致时空事不一致等在志中屡见不鲜。如有些现属上海市管辖而在1958年前属江苏省管辖的区县，在志文中往往忽略这些问题，想当然地从上海市已经出版的市级志书中直接引用那一时期的资料，结果导致"张冠李戴"，是为明显和低级的"硬伤"。"高龄档案应当受到尊重"（1901年，德国档案学家迈斯奈尔），要把握好志文撰写"详今明古"的度，力求入志资料精粹和典型，经得起历史的检验。

2. 分志设置要体现"时空特色"（时代性和地方性、行业性）

"志"在新方志中，就是各分志。一般有自然地理、建置、人口、城市建设、综合经济管理、工业、建筑业、通信、交通运输、农业、商业、金融、政党、人民代表大会、政府、政协、社会团体、公安、司法、军事、教育、文化艺术、科学技术、新闻出版、卫生、体育、宗教、风俗、人民生活、艺文等内容。分志具体设置时，都应明确其编纂目标，并以事物性质为主线,科学分类,理顺各个门类间的逻辑关系和整体的完整性,体现其"时空特色",如《上海市志·浦东开发开放分志》下设《决策推进管理》《基础设施》《陆家嘴金融贸易区》《外高桥保税区》《金桥出口加工区》《张江高科技园区》《产业集聚发展》《城乡建设管理》《社会事业》九篇分志,较好地落实了全志"以浦东开发开放进程为主线,以客观事实为依据,以改革创新为主题,以开发建设与发展为重点,力求尊重史实,全面展示中共中央、国务院决策,中共上海市委、市政府具体指挥实施,浦东人民艰苦创业、奋斗奉献所取得的伟大成果"[①]的编纂目标。

3. 区分各类分志"志"的特色和差异

行业在社会生活中往往占有重要位置,绵延不绝,而特定的部门和机构却容易因为政权的交替、时代的变迁、行政区域调整而置废无常。分志大多由市、区县职能部门和企事业单位编纂,所以要明确行业志和部门志的区别,否则全志时空界限难以明确。从部门志的角度看,凡属本部门、本单位管辖的事物或参与的活动都要收录,而不必过问它们究竟是否属于本部门、本单位"主业"的范围;凡不属本部门、本单位管辖的事物或本单位、本部门没有参与的活动都不收录,也不过问它们究竟是否与本部门、本单位的"主业"有关。而从专业志(行业志)的角度看,却是只要是与该专业(行业)事业密切相关的事物,不论属哪个

[①] 上海市地方志编纂委员会编:《上海市志·浦东开发开放分志》,"编辑说明",上海:上海古籍出版社,2021年。

部门管辖，都要收录；反之，即使是专业（行业）志承修单位内部管辖的事物，也不收录。

所以，分志编纂者首先必须对自己编的是专业（行业）志还是部门志、企业志等要搞清楚。这样才能从修志初始即有意识地统一对入志资料进行鉴别，然后才能做到根据上下文实际行文准确界定时间空间概念，提高表述的客观准确性和完整性，才能全章、全书统一。

行文立意要站在全局的角度，站在第三方修志的角度，避免以机关、企事业单位和下属机构的口气写。分志所记述的对象既然是某一特定的行业或事物，其所收录的范围也就应当以这个特定的行业或事物为中心。围绕"中心"确定专志的收录范围。对于虽然不隶属于专业分志承编单位，但因其属于本专业的重要内容，应尽可能地加以收录，避免出现重大遗漏。如辖区内市属农场，在行政关系上不属于区县农业主管部门管辖，但其所从事的生产活动属于农业范畴。而作为区县农业志的承编单位，区县主管农业的部门，就不仅要在志书中记述自己所管辖的有关事物，而且还要将市属农场纳入志书的记述范畴。其他不隶属于区县政府的事物，如市属企业、中央企业，涉及到属于本行业的内容，也要尽可能地加以收录，否则也会出现重大遗漏。

（二）处理好体例文风的统一性

专业分志，其"麻雀虽小五脏俱全"，内容包括方方面面。且具有权威性、经典性要求，故体例必须严谨，文风必须朴实。最重要的是，这种严谨和朴实，全志必须统一，不统一则会大大降低志的学术科学价值。

1. 须有统一的体例文风要求

分志编纂，整体须符合全志的结构方式和编写格式，包括基本体裁、编排体式、框架结构、编写章法等等，以时间线索为形式主线、事物发展为内容主线，横不缺要项，纵不断主线。用事实说话，以数据作支撑，隐观点于史实记述之中。

2. 分志行文应以记述体为主、诸体兼用，提高语言表述的流畅度和生动性

言之无文，行而不远。志涉及百科，深入社会生活各个领域、各个阶层，对不同的记述对象应该有不同的相宜的记述方法，犹如春天花园里每种花都应绽放自己的色彩一样。政治部类、经济部类、文化部类记述应该有别，旅游、艺文、山水，经济园区（开发区）、企业、学校等等，与其他专志应该不同。中国文章体裁分为记述文、说明文、议论文、应用文，方志是诸体并用的，只不过是以记述体为主罢了。

清代方志学大师章学诚在《修志十议·呈天门胡明府》中，提出修志"要简、要严、要核、要雅"的"四要"美学标准。传统方志在文体语言文风方面也是多元的，大量使用引用、比喻、描写等手法，间有志者的议论。所以，许多古代志书具有旺盛的生命力而流传至今。而今，有些方志编纂者机械、片面地理解"述而不作""文风朴实"两大原则，不敢越雷池一步。加之对统计数据和年鉴的依赖，把"记述体"曲解为流水账和数据化，把"朴实"搞成枯燥，把"寓观点于事实的记述之中"实践为无观点的罗列。即使《关于地方志书编纂

的若干意见》中有"加强记述深度,避免流水账、平面式、观点加例证式的记述方式",但流水账式记述(门类大事记式)的志书有增无减。以致有些志文变成简单的资料罗列,一堆逻辑关系混乱的文字、表格、数据的生硬堆砌,连理应起到提纲挈领、画龙点睛作用的章节下的小序和导言也不能幸免,篇幅庞大而外强中干,读来乏味。

3. 志的主体须注意"述而不作",寓观点于事实的记述之中,提升语言平实、简洁、准确度

文风一般指使用语言文字的作风,表现为著作、文章的行文风格,包括语言体式(现代白话记述性语体文。志作为志书的主体体裁,宜用记述体、白话文,不用文言文、半文半白。不能用教科书式、总结报告式、宣传广告式语言等等),撰写笔法原则是述而不作。但也必须注意,方志的本质属性是历史,不能机械地理解和实施"述而不作"。适当地"述而有作",在上海的传统方志和现代方志的编纂实践中都发挥了极其重要的作用。未来高质量的分志编纂中,依然需要史论结合体边叙边议,作恰到好处的画龙点睛式点评,使"志"锦上添花。这方面,《钦志》《黄志》都可视为成功的典范,新方志仍有较大的提升和突破空间。

针对一些修志部门对分志撰写难度认识不足,专业人员、资料等准备不足,缺乏修志的基本业务知识,将志作为宣传资料、总结报告编写,导致一些志中宣传式语言、总结式语言和评议性文字泛滥。分志写稿、审稿时尤需注意惜墨如金,删去无存史价值的文字,杜绝空话、套话、浮词。可有可无的段、句、词,尽

可删除。尽量减少篇幅，力争达到"减一字太少，增一字太多"的理想境界。

（三）处理好整体性和准确性

1. 处理好交叉重复

志书记述内容浩繁，必然出现大量的交叉现象，重复记述在一定程度上是需要的。但较多的重复记述往往不仅浪费大量的社会劳动，而且严重损及志书质量。因而，志书中整章、整节、整段的重复必须剔除。在一部志书内部，有篇目、内容、文表的交叉重复，有大事记、人物、专业记述的交叉重复，有总述、概述与分项记述的交叉重复等。但"志书内容的交叉主要体现在专业分志与专业分志之间"[1]，对这类志间交叉，编纂实践中要秉持"专志贵专"原则，从现代社会分工和科学分类实际出发，适当考虑事物的特殊性，合理归口资料收集。对于必须在志中多处出现的条目，在立目时就需考虑在最适合的章节集中一处写全，另几处只保留标题或极简略的记载，采用标识"参见""互见"的办法处理。针对同一分志的志内交叉，比如某些源头性素材，如果必须在多处出现时，内容要有所侧重。可采用"前详后略""主详次略"的办法，排在前面的、主要的详写，后面的、次要的一笔带过。无论是处理分志间交叉，还是分志内交叉，特别需要避免出现自相矛盾、大的遗漏或重复。

2. 处理好详略关系

"三详三略"（详今略古、详近略远、详独略同）是编纂新方

---

[1] 沈松平：《新方志编纂学》，杭州：浙江大学出版社，2014年，第33页。

志处理详略关系的一般原则。具体到分志记述的粗细详略，并不易掌握。该详不详，该略不略，则会削弱志书的存史价值，严重影响志书质量。在这方面常见的问题有：解释多、议论多、开头详、细枝末节详、共性内容详、常规工作详、一般性过程详，记事少、数据少、下限年现状略、重大转折略、主干内容略、重要事件略、本区域独有或独具特色的事物略等等。一般性资料、政策性资料、工作性资料容易搜集，就大肆罗列，而综合性资料、全局性资料收集难度较大，或者需要动手编写，就付诸阙如。这就要求编纂者要站在全局高度，而不是只局限于志书承修单位的狭小天地，在做好"三详三略"同时，牢牢把住"详'主'略'次'"这根准绳，对资料的收集、挖掘、提炼、概括、升华，肯下苦功夫、笨功夫。

3. 处理好文字规范（数字、称谓、标点、符号、计量等）等常见标准不统一问题

志中，记述内容需做到准确、客观、可读、可用，这离不开严谨统一的编辑技术规范。尤须注意避免常见的时间、人物、地点、称谓、数据、标点等前后表述格式不一致等问题。有些标点符号误用、漏用情况较为常见，如书名号和引号混用。书名号是表示文化精神产品的专名号，书（包括篇章名）、报纸（包括板块、栏目名）、期刊（包括栏目名），以及其他文化精神产品（电影、戏剧、乐曲、舞蹈、摄影、绘画、雕塑、工艺品、邮票、相声、小品等）的题目可使用书名号外，物质产品名、商品名、商标名、课程名、科研课题名、证件名、单位名、组织名、奖项名、活动名、展览名、集会名、称号名等，均不能使用书名号。

标点符号等貌似平常小事，但往往会影响史实的准确性，故史志工作者于此项工作尤需着力，相关工具书案头常置，各类编辑技术规范烂熟于心，撰稿、编校态度一丝不苟，做到这些，志的质量才能合于规范。

传 体

张燕伶

传，即人物传，作为中国纪传体史学，即廿四史中大量运用的一种体裁，传是古代人物志的主体，在古代志书中占有很大比重。章学诚在《修志十议》中有"邑志尤重人物"之说①，方志界也存在"古来方志半人物"的共识。

在当代新修方志中，人物传同样占据重要位置，是新编志书的一个基本体裁和重要组成部分，是编写人物志的核心所在。重在"为在本行政区域有重大影响者，以及本籍人物在外地有重大影响者"②立传。在第一、二轮新编志书中，传主除仍保留一部分历史上的名人外，大多为近代、现代的革命英烈、劳模先进、能工巧匠及专家学者等。人物传有大传、小传，有单传、合传、类传、附传等形式。

本章通过探索与研究地方志"传"体裁的概念、特性和运用等，批判地继承旧志人物传的编写方法，借鉴当代两轮新方志编写经验，以期在第三轮修志中避免悼词式、流水账式、判决书式等不成功写法，更好地发挥人物传记一方人物、激千秋之爱憎和

---

① 章学诚著，叶瑛校注：《文史通义校注》，北京：中华书局，2014年，第772页。
② 中国地方志指导小组：《地方志质量规定》，2008年9月16日。

弘扬正气、激浊扬清的作用。

一、志"传"体裁概述

（一）志"传"体裁的渊源

就"传"而言，《释名·释书契》说："传，转也。"又《释典艺》云："传者，传也，以传示后人也。"①《史通·六家》进一步解释说："传者，转也，转受经旨，以授后人。或曰传者，传也。所以传示来世。"②《文体明辨序说》认为："传者，传也，纪载事迹以传于后世也。"③

传体创始于何时，历来观点不一。但一般认为志传体的起源和发展与史学关系密切。《史通·列传》认为："夫纪传之兴，肇于《史》《汉》。"④《陔余丛考》说："惟列传叙事，则古人所无。古人著书，凡发明义理，记载故事，皆谓之传……是汉时所谓传，凡古书及说经皆名之，非专以叙一人之事也。其专以之叙事而人各有一传，则自史迁始，而班史以后皆因之。"⑤《廿二史劄记》指出："古书凡记事立论及解经者皆谓之传，非专记一人事迹也；其专记一人为一传者，则自迁始。"⑥梁启超也说，《史记》"最异于前史者一事，曰以人物为本位"⑦。上述观点均认为

---

① 刘熙：《释名》，北京：中华书局，2021年，第440、454页。
② 刘知己：《史通》，上海：上海古籍出版社，2015年，第12页。
③ 徐师曾：《文体明辨序说》，北京：人民文学出版社，1962年，第153页。
④ 刘知己：《史通》，上海：上海古籍出版社，2015年，第43页。
⑤ 赵翼：《陔余丛考》，北京：中华书局，2019年，第113—114页。
⑥ 赵翼：《廿二史劄记》，南京：江苏古籍出版社，2008年，第4页。
⑦ 梁启超：《中国历史研究法》，上海：华东师范大学出版社，1995年，第20页。

司马迁为"传"体裁的创始人，并认可传记始于司马迁的纪传体人物传记。但从《史记》引用《世本》资料看，《文史通义·传记》关于"传与六艺先后杂出"①的说法也是有道理的。传体的确立当不晚于战国时代，也许战国以前便已出现。因此，传体创设虽不始于司马迁，但承袭前人史籍体例，创纪传体的正史始于司马迁。

我国早期雏形的方志如地志、郡书等多有人物传，如东汉时期编修的《陈留耆旧传》《巴蜀先贤传》《南阳风俗传》等。而初具方志规模的晋代常璩的《华阳国志》全书12卷，其中7卷记人物。宋代方志定型以后，人物传更成为志书中不可或缺的部分。到清代，志书中人物类篇幅少则占五分之一，多则达二分之一②，如光绪《湖南通志》记人物的内容恰为全书篇幅的一半。封建时代曾经强调以德治国，社会秩序的维护需要典范的引领。地方志中的人物传，如名宦、乡贤、忠悌、孝义、列女等，无不从这一目的出发。清雍正六年（1728年）的修志诏令说："朕惟志书与史传相表里，其登载一代名宦人物，较之山川风土尤为紧要，必详细确查，慎重采录，至公至当，使伟绩懿行，逾久弥光，乃称不朽盛事。"③旧志的人物传门类很多，而且占全书较多篇幅。民国以后的志书，尤其是当代新编方志，由于大量增加经济和社会发展方面的内容，人物传所占的比重不如旧方志大，

---

① 章学诚著，叶瑛校注：《文史通义校注》，北京：中华书局，2014年，第231页。
② 张革非主编：《中国方志学纲要》，重庆：西南师范大学出版社，1992年，第188页。
③ 《世宗宪皇帝实录》卷七五，《清实录》第7册，北京：中华书局，1985年，第1122页。

但仍是志书中的基本体裁和重要组成部分。

（二）志"传"体裁的作用

方志离不开记人，除了通过历史事件和社会状况汇总记载人们改造自然和社会的活动（以事系人）外，还要设专篇记载重要人物的生平事迹。地方志重人物记述，最能体现其教化功能。晋代常璩认为："夫书契有五善：达道义，章法戒，通古今，表功勋，而后旌贤能。"① 在传统政治文化语境中，教化是一种重要的社会治理手段。人物传通过对历史人物生平事迹的记述，"记功司过，彰善瘅恶"②，"使百世而下，怯者勇生，贪者廉立"③。

在当代新编方志中，以人物为中心的传体，通过记述人物在历史进程中所起的作用，突出人物在物质文明、政治文明、精神文明、社会文明、生态文明建设中的功绩，特别是突出每个入志人物对人类社会、对民族与国家作出的突出贡献，让读者认识他们的功或过，从中总结成败得失的经验和教训，实现教育、资治以及存史作用。

（三）志"传"体裁的性质

据《辞海》，传记或单称传，是一种记载人物生平事迹的作品。传记可分为两类：一是史传，属史学范围，崇尚严谨、征信；二是文学传记，属文学范围，在以史实为基础的同时允许有合理的虚构与想象。文学传记一般有较强的历史文献价值，史学传记一般有较强的文学色彩，两类传记往往有交叉。地方志长期

---

① 常璩：《华阳国志》，北京：中华书局，2023年，第1176页。
② 刘知己：《史通》，上海：上海古籍出版社，2015年，第185页。
③ 章学诚著，叶瑛校注：《文史通义校注》，北京：中华书局，2014年，第751页。

与史书并行发展,志"传"亦属史学传记的范畴,但志"传"体并不等同于史体传。[①] 志"传"应据实而书,所记内容和细节需真实可靠,寓褒贬于客观记述之中。

志"传"体裁与人物志其他记述方式的异同。人物志的体裁,主要采用传记、传略、简介、人名录、人物表五种形式。(1)传记与简介。划分人物传、简介的唯一标准是人物在世与否。人物简介的设置,是为适应生不立传原则的一种互补。在内容上,传要全面系统地记述人物并注意突出人物特点,简介重在反映人物最突出的事迹。(2)传与传略。两者不同之处在于详略程度。传记记述传主一生。传略即简略的传记,一般只记人物的主要事迹,不详细记述人物生平。从古今志书所载传略看,记述对象多是那些地位较高而又资料单薄或社会影响不广者。

(四)志"传"体裁的形式

根据立传对象,志"传"体裁主要有单传、合传、类传、附传。

单传,或称为独传,以单一人物为记述对象,是人物传的主体部分。这是社会主义新方志中人物传的主体部分。

合传,两人或数人合为一传。传主间的生平事迹有密切联系。如:《上海通志》人物卷中通过对荣宗敬、荣德生的合传,记述作为近代中国民族资本家杰出代表的荣氏兄弟的辛勤创业历程。相同的血缘、相同的事业,合而立传,生动诠释兄弟同心、

[①] 夏侯炳等:《新志编纂通论》,南昌:江西科学技术出版社,2015年,第208—209页。

其利断金。《浙江省人物志》中关于章八元、章孝标、章碣的合传，记述唐朝章氏"一门三进士、祖孙是诗人"的事迹。三人皆以风雅著称，在浙中一时传为佳话，《全唐诗》收有他们的作品。《四川省志·人物志》将同为清朝咸丰、同治年间李、蓝农民起义军的领袖李永和、蓝朝鼎、蓝朝柱合传记述。

类传，秉承"以类相从"原则，将某一类人物汇为一传。与"合传"不同之处在于，它并不着眼于传主间是否在人、事、物上有密切联系，而重在传主间的德行事迹相类或相近。类传中的传主地位没有主次之别。如在首轮《奉贤县志》中，以"南桥镇中医五秀才"为传名，综合记述南桥医学界五名清末秀才的作风、行为以及社会影响。

附传，是在主要人物的传文后，附带介绍有关人物的简单情况。如写父附子、写兄附弟、写夫附妻、写师附徒等。单传、合传、类传都可以带有附传。附传传主一般不在标题中列名。实践中，《浙江省人物志》在"盛懋（附盛著）"中，在为元代著名画家盛懋立传时，将其侄子盛著的事迹附录进去；在"郑海啸（附女郑明德）"中，着重刻画传主——浙南红色根据地奠基人之一郑海啸的生平典型事迹，同时通过几件事附带勾勒出其女郑明德在17岁英勇就义的人物形象。

另有学者提出家传[①]等形式。事实上，这是合传的变形，是以家族人物事迹为中心的传记。如一些志书中所记的教育世家、

---

① 中国地方志指导小组办公室：《当代志书编纂教程》，北京：方志出版社，2010年，第520页。

医学世家等即属此类。

根据人物的重要程度和资料的多少、记述的长短，人物传可分为大传、中传、小传。也有的主要以传主事迹影响大小，将传记分为特大传、大传、中传、小传。人物传记受方志体例限制，撰写中需惜墨如金，多写中、小传记。

（五）人物立传的基本原则

《新编地方志工作暂行规定》规定："立传人物以原籍（出生地）为主。非本地出生，但长期定居本地并有重要业绩者，也可在本地立传……在世人物不立传，凡在世人物确有可记述的事迹，应在有关篇章节目之中予以记录。人物传记必须实事求是，资料务必真实可靠，一般不作评论。"①《关于地方志编纂工作的规定》规定："人物志要坚持生不立传的原则，在世人物的突出事迹以事系人入志。"②《地方志书质量规定》规定："立传人物为在本行政区域有重大影响者，以及本籍人物在外地有重大影响者；生不立传。在人物传、人物简介、人物表以外记述人物，以事系人、人随事出。记述人物准确、客观、公允。"③

从上述规定可见，在新方志中为人物立传需遵循生不立传、以本籍人物为主、以正面人物为主、实事求是、实绩卓著等原则。

生不立传的原则。生不立传是修志的传统原则。章学诚在《修志十议》"议传例"中对此有专门论述。他说，"史传之作，

---

① 中国地方志指导小组：《新编地方志工作暂行规定》，1985 年 4 月 19 日。
② 中国地方志指导小组：《关于地方志编纂工作的规定》，1998 年 2 月 10 日。
③ 中国地方志指导小组：《地方志书质量规定》，2008 年 9 月 16 日。

例取盖棺论定,不为生人列传","邑志列传,全用史例,凡现存之人,例不入传",用意在于"远迎合之嫌,杜是非之议"。①

以本籍人物为主的原则。旧志立传人物多是本籍者,客籍人物仅在"名宦""流寓"等类目下作简介。新志确定以本籍人物为主的人物立传原则。所谓本籍人物是指出生于本地并长期居住本地的人物。对于籍属本地但长期定居外地,并且其主要业绩与本地无关的人物,一般不记述。在遵行以本籍为主立传原则的同时,不能忽略其他人物。上海首轮、二轮修志中,绝大多数志书不仅记载长居本地的本籍人物,同时也注意收录长居外地的本籍人物、长居本地的客籍人物以及外国人。

以正面人物为主的原则。地方志作为一地"存史、资政、教化"的地情资料性文献,入传者无疑应以正面人物为主。社会主义新方志对于那些在社会历史进程中作出显著成绩的人,不论是官是民,不分职位高低,都让其入志,甚至为其立传。对于要不要为反面人物立传,认识却不尽一致。首轮和第二轮修志中,对此问题都有争议。但为存史需要,同时为警醒世人、引以为戒,应在重点记载正面人物的同时,适当选取典型反面人物入志。

实事求是的原则。志传要求用简明朴实的语言直陈其事,用事实说话,寓褒贬曲直于事实记述之中。在充分占有材料的基础上,认真筛选、鉴别,选择那些有典型意义的、能反映传主个性特征的、有史料价值的、能反映时代特点的事实记述。同时在记述上,不夸大,不缩小,不苛求,不拔高。

---

① 章学诚著,叶瑛校注:《文史通义校注》,北京:中华书局,2014年,第773页。

实绩卓著的原则。入传人物的选择不仅遵守志书记事的时空范围，更要注重人物对社会历史发展所起的作用与影响。方志为人物立传，是树立典型，引领风气，应把人物对地区发展所做的贡献和社会评价摆在首位。

（六）人物传的基本内容与撰写方法

人物传取材主要涉及人物的基础资料（生平概况）与主要业绩（典型事例）。（1）身份介绍。包括姓名（别号、字号）、性别、生卒年月、籍贯出身、民族、政治面貌、学历、职务职称等。（2）家庭关系和社会关系。主要记述与传主的成长、变化有直接或重要影响的政治、经济、文化关系。（3）主要经历。记录有社会影响和与本人业绩、成就有关的经历。（4）主要业绩。着重记述其在职业绩和业绩的取得与当地经济、社会建设的关系。以上列举的传记内容，只就"传"体裁一般的内容而言。至于某一篇传记具体写什么，无法形成统一的规定。不写什么，详什么，略什么，应该因人而异，依据撰写人员手头占有的材料确定。

人物传记在具体写法上有顺序体（即按传主生平时间顺序组合材料）、横述体（即先简述传主生平再侧重写其主要业绩、高尚品质）、自由体（又称回忆体，常以传主最壮丽的人生场面或权威人士评议等开头，再记其生平）等不同写法，可以根据记述人物的目的要求选择。任何传体写作方式在符合传体性质的基础上，要为新方志记述内容服务。

人物传的撰写流程包括入志人物名单的拟定、资料的搜集、资料的考证、传记的撰写、征求意见、订正修改等环节。这里要关注下述几个问题。(1) 确定入志人物名单。发挥志书承编单位、编辑人员以及传主单位干部群众的积极性，通过查阅文献资料、单位推荐、群众推荐等途径，做好入志人物的推举工作。最后由编辑部汇总后筛选平衡，拟定收录人物名单。(2) 广泛收集传主资料。丰富而真实的资料是写好传记的基础。选材越多，意味着对传主了解得更深入全面，更易于抓住人物的个性。(3) 在充分占有资料的基础上进行鉴别与分析，弄清对传主有直接影响的史实。(4) 分工编写。将每个立传人物的资料整理成长编，至少要排出传主的大事年表。在选择主题与记述顺序后正式撰写人物传记。可以先试写一两份样稿并作为范例体推进编写工作。重点记述能反映传主性格特征和主要贡献的典型事迹，不要求面面俱到。对有争议的细节，宁可存疑，不宜轻下结论。(5) 审查定稿。传稿写好后，执行逐级审查制度。通过召开评稿会等广泛征求意见，注意听取传主家人以及同事、朋友等方面的意见，最后由编委会定稿。

（七）人物立传的标准和范围

立传人物的收录标准和范围，自古为方志学家所重视。以章学诚为例。首先，他从"有裨风教"和为国史提供史料出发，提出"以名宦乡贤，忠孝节义，儒林卓行为重。文苑方技有长可见者，次之"①的立传标准。他的这一标准，继承古代史家"官本位"的选择入志人物的传统。其次，提出"（名宦传）必详曾任何职，实兴何利，实除何弊，实于何事有益于国计民

---

① 章学诚著，叶瑛校注：《文史通义校注》，北京：中华书局，2014年，第774页。

生",以及"如职官无可纪之迹,科目无可著之业,于法均不得立传"①的观点。同时,他认为记述人物要"详今而略古,详后而略前"②,对立传人物不得搞株连,不能"因其子孙之妄,而没其先人之善"③,而且要为对社会有重大影响的反面人物立传④。他的这些观点,是当时方志理论的一大成果。对于今天的社会主义新方志编纂也有借鉴意义。

20世纪80年代首轮方志开始编纂后,普遍认为各地地域大小、历史长短以及可入志人物多少各不相同,所确定的人物立传标准也应有所不同。对于人物的收录标准,业界提出许多有价值的看法。(1)注重实绩、注重群众性、注重典型性。(2)坚持以本籍人物为主、以正面人物为主、以人民大众为主、以近现代人为主。(3)以当代人物为主,适当收录民国和清朝以前的历史人物;以正面人物为主,适当收录少量有代表性的反面人物;以本籍人物为主,适当收录在本地有重大影响的外地人物。(4)入选人物的广泛性、代表性和科学性。其中广泛性、代表性,是指入传人物不但要有党、政、军领导干部,而且要有经济、科学、教育、文化、卫生、体育等领域代表人物;不但要有职级较高的"大人物",而且要有在某个地区、某个领域有建树有影响的"小人物"。所谓入志人物的科学性,是指要科学地选录人物对象,

---

① 章学诚著,叶瑛校注:《文史通义校注》,北京:中华书局,2014年,第772、774页。
② 章学诚:《湖北通志检存稿》,《章学诚遗书》,北京:文物出版社,1985年,第252页。
③ 章学诚:《丙辰札记》,《章学诚遗书》,北京:文物出版社,1985年,第393页。
④ 章学诚著,叶瑛校注:《文史通义校注》,北京:中华书局,2014年,第751页。

要全面地认识和评价历史人物，要突出人民群众的历史地位，为从群众中涌现出来的英雄模范人物树碑立传。（5）将职务或职称作为收录的参考。选择入传人物，看其对社会发展的作用（推动或阻碍）和影响的大小，而不应过多考虑其他因素。这种说法为越来越多的人所接受。但职务、职称在一定程度上反映人的社会作用，因此很多地方选择立传人物时，在注重其社会作用、影响大小的同时，在一定程度上参考其职务或职称。表现在具体收录时，对于同样有贡献有影响的人物，可以将职级、职称的高低作为收录排序的条件。（6）关注志书的断限时间与地域特色。在人物收录的时间断限上，多数人认为应服从志书的断限。在人物收录的地域范围上，一般认为应以本籍为主，同时也注意收录长居本地并有重要业绩的其他人物。（7）把个人品格、思想境界的高低作为人物立传的标准。体现在具体方志编纂上，就是多为革命烈士、劳动模范人物立传。

　　立传人物选取要统筹平衡。要注意统筹平衡历史人物与当代人物，当代人物中，要注意统筹地方人物与中央领导人以及不同类别的入志人物、入传人物与入表（名录）人物。要在突出当代人物的基础上，按历史影响程度在不平衡中体现统筹。此外，人物入传的具体范围受志种以及志书容量的制约。如省级志书，若设计得容量大，标准可以放宽一些，容量小者，标准就要严格一些。

　　（八）"传"体裁的排列顺序

　　旧志人物传门类繁多，大多设有名宦、儒林、忠义、宦绩、文苑等细目。但一人一生涉事繁多，无法简单归并到特定类型中去。当代新修志书在总结旧志经验教训的基础上，创新人物传记的排列方式，产生按历史分期排列等做法。

（1）按历史分期排列。如按时代排列：分为古代人物、近代人物、现代人物，清代以前人物、民国人物、中华人民共和国成立以后人物。此排列法时间脉络清楚，便于读者了解某一历史时期人物的综合情况。但无法处理跨时代人物的分期问题，也容易出现志书收载的各时期人物多寡悬殊过大问题。（2）按从业分类排列。如按事业领域分为党政界、经济界、军界、文化界、教育界、医疗卫生界等，或按历史作用分为历史人物、革命烈士、现代闻人、反动人物等。此排列法便于突出人物特点，方便检索与查阅。但无法处理跨领域人物的分类问题。（3）按生年或卒年先后顺序排列。可以避免归类不准和跨时代人物难以处理的问题。新编地方志书人物传大多采用此方法。但以生年为序，无法合理排列那些去世时间相距过大的人物。以卒年为序，各类人物生前活动的年代相对集中，能较好地反映同一地区不同时期人物的时代特征。但在出现祖孙、父子等长幼次序倒置情况时，要考虑改用其他方式排列。（4）按人物性质排列。即将入传人物分成"正面人物""反面人物"两类，通过设不同章节分别记述或不设章节分先后记述，严格区分上述两类人员。

以上4种排列方式各有长短，人物编纂具体按哪种方法划分，应从入传人物实际出发，应视本地的具体情况而定。

二、对"传"体裁的学术讨论

20世纪80年代起，伴随着全国性修志事业的兴起，方志界结合社会主义首轮和第二轮志书的编纂工作，对人物传问题进行过深入的探讨，其研究范围涉及人物传的收录标准、内容、编写、排序以及质量要求等方面。

（一）人物传的内容与形式

关于人物传的内容。邱新立认为，志传人物的基本要素包括生卒年月、性别、民族、籍贯、政治面貌、学历、主要经历、典型事迹、个性特征、获奖情况（贡献）、社会评价等。① 吴树刚认为，人物传内容包括姓名、性别、民族、生卒年月日、出生地、家庭出身、配偶及家庭、所受教育与主要著作、政治面貌和政治倾向及其变化、职务、埋葬地与评价、主要活动事迹。② 关于新方志人物传存在哪些问题，曹建英认为存在资料失真现象较严重、拔高传主形象、褒贬失当等问题③；梁燕鸣指出，人物入志的随意性导致人物传收录范围过大④。

关于人物传的形式。争议主要在合传与类传的区分上。普遍认为二者有密切联系。王强指出，人物传中的类传与合传都属于拥有多位传主的篇目，前者在选择传主时要遵循以类相从原则，而后者中的传主也因为某种关联，才被合并在同一篇目中。⑤ 此外，学者们多角度探讨类传与合传的本质区别。张大

---

① 邱新立：《志传人物与〈衢州市志〉的实践》，《中国地方志》2023年第3期。
② 吴树刚：《人物传的基本记述要素》，《中国地方志》1990年第2期。
③ 曹建英：《新方志人物传所存问题不容忽视》，《中国地方志》2004年第10期。
④ 梁燕鸣：《二轮市县志评议稿关于人物的几个突出问题》，《广西地方志》2010年第4期。
⑤ 王强：《中国传统纪传体史书"类传"概念研究》，《汕头大学学报（人文社会科学版）》2002年第10期。

可将不以人物命篇作为《史记》中"类传"篇目区别于普通多人"合传"的一个重要特点。①朱维铮认为,类传篇目重在叙述各人物的活动内容和影响,而不依次记述个别人物的生平。②瞿林东提出以是否拥有"类别意识"作为区分类传与合传篇目的标准。③

关于人物传的排序方法。禹舜、洪期钧认为,按品类排列的方法利少弊多,其好处是便于查检人物。但古今人物分类很难囊括各行各业,硬将人物划分到各个门类排列,难以反映时代的全貌及社会发展规律。④陈泽泓认为,可以按记述对象分类,一是按传主籍贯划分,分本籍人物、外来人物;二是按传主去世时间划分;三是按传主身份划分,如政治立场、人物界别等。但人物传的排列还是依生年为序为宜。⑤

(二)人物传的收录标准与范围

关于人物立传的标准。普遍认可人物对社会发展的作用和人物本身的影响力。也有不少人主张道德因素可以成为立传的一个标准,这种标准尤以革命烈士和英雄模范为多。禹舜、洪期钧指出,凡在各个领域中作出重大贡献或起过重大阻碍作用,在当地有一定影响的人物,不论其地位高低、职务大小,

---

① 张大可:《史记全本新注》,西安:三秦出版社,1990年,第1307页。
② 朱维铮:《中国史学史》,上海:复旦大学出版社,2015年,第94页。
③ 瞿林东:《评价历史人物的社会意义——论中国古代史学的一个重要历史理论问题》,《学习与探索》2010年第2期。
④ 禹舜、洪期钧:《方志编纂学》,北京:中国文史出版社,1991年,第194—199页。
⑤ 陈泽泓:《岭表志谭》,广州:广东人民出版社,2013年,第449—452页。

均可立传入志。① 王复兴认为，人物立传不以地位和等级为唯一标准，主要看其对当地社会历史发展所起的作用。② 孔令士认为，人物不论职位高低，只要他为国家、为人民作出重要贡献，就应为其立传。③ 林衍经同意将先进代表人物、英雄模范人物作为立传主体收录，并进一步提出要收录有助于促进祖国统一大业的人物。④ 鄢钢城认为，在坚持讲贡献、讲公认的同时，要把个人品格、思想境界的高低作为人物立传的标准，多为革命烈士、劳动模范人物立传。⑤ 梅森认为，从反映历史本来面目讲，只有在人物志中辑录多领域的人物，人物志才能真正体现社会发展的有机性和完整性。⑥ 蓝日基围绕入传、入表人物的划线问题，提出三级志书人物入志时要从严控制。⑦

关于人物入传标准上的具体问题，方志界也展开过探讨。

1. 生不立传

高岳言同意为生人立传。他认为，可以严格选择一批对改革开放有突出贡献的在世人物，为其立小传、传略，以扩大入传人物的层面。⑧ 仓修良则指出，生人立传弊多利少。所谓"盖棺后不能定论"的说法并不成立，这只是后人在占有材料和认识深浅

---

① 禹舜、洪期钧：《方志编纂学》，北京：中国文史出版社，1991年，第194—199页。
② 王复兴：《方志学基础》，济南：山东大学出版社，1987年，第240—242页。
③ 孔令士：《论人物入志》，《上海修志向导》1993年第4期。
④ 林衍经：《方志编纂系论》，合肥：安徽大学出版社，1991年，第93页。
⑤ 鄢钢城：《新方志编纂管见》，沈阳：辽宁大学出版社，2018年，第204页。
⑥ 梅森：《方志学简论》，合肥：黄山书社，1997年，第242页。
⑦ 蓝日基：《关于人物入志的探讨》，《中国地方志》2012年第4期。
⑧ 高岳言：《新方志人物卷"名人效应"剖析》，《中国地方志》2020年第4期。

上的差异带来的问题。① 詹跃华指出,坚持生不立传,并不等于生人不能入志,志书可以采取以事系人的方式或在人物篇(卷)设置人物简介章节记述那些有重大影响、有突出贡献的在世人物。② 而在选取立传人物的时间断限上,陈向荣认为人物传应以志书断限内去世的人物为主③;毛珏珺指出,首轮省志人物志中,人物传坚持"生不立传"原则,只记载下限内已去世人物。④

2. 以本籍为主

以本籍为主、兼收客籍以及外国人的观点,为多数人所接受。在本籍与客籍的记述侧重点和载体上,陈向荣赞同人物传的收录对象包括本籍人和对本地有较大影响或贡献的其他人物。但他认为这两部分人在内容取舍上应有所区别:本籍人应较完整地记述其一生的情况,对其他人则侧重记述他在本地的事迹。⑤ 王复兴也认为本籍人要全面记载一生的事迹,其他人主要记在本地的事迹,同时不应简单使用传和传略来分别记载本籍人与其他人。⑥

3. 以正面人物为主

首轮新志编修期间,多数人主张人物志应以正面人物为主、兼收反面人物。魏桥认为,坚持正面人物为主,不是取消反面人

---

① 仓修良:《方志学通论》,济南:齐鲁书社,1990年,第612—616页。
② 詹跃华:《谈第三轮志书人物传撰写》,《黑龙江史志》2019年第7期。
③ 陈向荣:《续志中怎样撰写人物志》,《沧桑》2004年第Z1期。
④ 毛珏珺:《以前志为鉴,试论二轮省志人物志的编纂》,《新疆地方志》2016年第4期。
⑤ 陈向荣:《续志中怎样撰写人物志》,《沧桑》2004年第Z1期。
⑥ 王复兴:《续修方志要规范人物编的体裁》,《广西地方志》2002年第2期。

物，从正反面的经验中吸取教益往往更有效果。① 对于反面人物的选取标准，于文生指出，只收录在本地有重大恶行和劣迹昭著者，凡是其恶不足以惩戒者，一律不录，其目的主要在于从反面教育人民。② 对"重大犯罪分子"能否入人物传，曾有过一场争论。2007年2月，滁州市地方志办公室在当地张贴《关于征集〈皖东人物〉资料的公告》，并将当代"社会影响较大的犯罪分子"列入征集范围。形成中华人民共和国成立后尤其是上世纪80年代大规模的社会主义新方志编纂以来，群众自发关心地方志的热潮，同时引起学术界包括法律界的思考。3月27日，安徽省人大常委会法工委发布《安徽省地方志工作条例》并进行解释时称，地方志应当全面客观地反映历史，不仅要弘扬社会主旋律的正面人物，同时收录一些危害社会的重大犯罪分子也可"以史为鉴，资治后世"。③

（三）人物传的写法与质量要求

关于人物传的写法。普遍认为人物传不能连篇累牍地堆砌传主功绩。但在如何突出人物个性特点的方法上，观点有差异。谭烈飞认为，要统筹平衡同类人物撰写的内容。④ 孙华总结志书人物传的八种撰写方法：以事写人法、侧面写人法、对比映衬法、逆境表现法、外貌表现法、语言表现法、心理表现法、

---

① 魏桥：《志苑十二年》，杭州：浙江人民出版社，1995年，第158页。
② 于文生：《浅析二轮修志人物志的编纂》，《黑龙江史志》2014年第2期。
③ 《安徽地方志争议事件风云突变 地方志收录罪犯终得立法认可》，《法治日报》2007年3月29日；《朱文根主任在全省市地方志办公室主任会议上的工作报告》，http://www.anhuids.gov.cn/Home/Content/17375。
④ 谭烈飞：《琐议人物志编纂》，《中国地方志》2010年第1期。

行动表现法。① 梁明辉针对人物传中特点个性的反映提炼出几种写作方法：共性与个性结合法、直接和间接结合法、轻描淡写与浓墨重彩结合法、写虚与写实结合法、记琐事与记大事结合法、抽象与形象结合法、行动与外貌结合法、典型环境和典型言行结合法等。② 刘伯伦主张，写人物要做到注入感情、突出个性、手法灵活、评议精当、语言丰富。③ 齐放认为，要静态记述与动态描写相结合，注重突出传主的个性特征。④ 夏侯炳提出写活人物策略，要通过动静结合突出特征、典型案例勾画形象、精彩言论贵在传神、写人手段多措并举，让志传体既平实、简朴，又在写法上有所创新或突破，写出文采。⑤ 傅振伦指出，突出人物的个性和特点，善于描绘其精神风貌，如实逼真，有声有色。⑥ 李明提出，人物传的撰写要典型化（个性化），不要一般化、模式化，从时代环境中揭示人物性格。⑦ 武铁良指出，要在传主生平作为中挖掘最生动、最典型、最具个性化的事迹，准确抓住重要活动中的细小情节，并以传主个性化语言刻画人物性格心态。⑧ 陈兴

---

① 孙华：《志书人物传撰写八法》，《新疆地方志》2010年第3期。
② 梁明辉：《方志人物志编写探讨》，《广西地方志》1998年第6期。
③ 刘伯伦：《试说人物传的分类与合写》，《中国地方志》1984年第4期。
④ 齐放：《应当使传主"活起来"——关于新方志人物传写法的思考》，《黑龙江史志》2001年第5期。
⑤ 夏侯炳等：《新志编纂通论》，南昌：江西科学技术出版社，2015年，第218页。
⑥ 傅振伦：《论人物志的编纂》，《傅振伦方志论著选》，杭州：浙江人民出版社，1992年，第432页。
⑦ 李明：《新方志编纂实践》，上海：上海人民出版社，1988年，第124页。
⑧ 武铁良：《写出鲜明个性方能如实逼真——试谈〈献县志·人物传〉的个性特点》，《河北地方志》1993年第4期。

俭提出写好人物传要在四方面努力：打破格式化、脸谱化，因人而异；借鉴与吸收；运用细节与个性语言；使用心理描述。① 邱新立认为，撰写志传人物应当取法史传人物的做法——注意人物形象的刻画、语言的运用、场面的烘托、细节的描绘以及背景的交代。②

对于是否可以运用文学笔法以强化人物传的艺术性。高天信认为，志书的真实性是第一位的，其次才是可读性。传记行文以可信可用为主，可读为辅。③ 单辉认为，无论写史传还是写志传，绝对地、简单地离开文学笔法去写活（人物）是不可能的。④ 汪德生指出，人物志要注重文采，要"写活"人物，增强志书的可读性。⑤ 但周永光认为，志书的干瘪只能通过挖掘充实史料去克服，不能动用文学手段去改变。⑥ 刘德润也认为，提倡文学手法，人物传就有失真的可能。⑦

关于人物传的质量要求。《全国十四省（区）人物志编写工作讨论会纪要》指出："一篇好的人物传记至少应具备四个特点：观点正确，是非分明，从历史唯物主义和辩证唯物主义观点出发，对历史人物特别是对一些复杂人物有一个较为公允的评价，当然这种评价是寓褒贬于事实之中；资料真实、正确、全面，有

---

① 陈兴俭：《人物传撰写之管见》，《方志研究》1991年第4期。
② 邱新立：《志传人物与〈衢州市志〉的实践》，《中国地方志》2023年第3期。
③ 高天信：《志书记人物三题》，《中国地方志》2008年第6期。
④ 单辉：《文学与历史不宜机械地分开》，《广西地方志》1997年第1期。
⑤ 汪德生：《二轮修志中人物记载要避免的误区》，《江苏地方志》2007年第5期。
⑥ 周永光：《漫议〈史记〉与修志》，《广西地方志》1997年第1期。
⑦ 刘德润：《再谈志书人物传记的编写》，《新疆地方志》1996年第1期。

较高的史料价值;应反映人物的基本情况、主要事迹和主要特点,但在表现手法上可以多种多样,既可全面记述,也可有侧重地反映传主一生某些关键阶段的经历;文字简洁、朴实、生动,但生动必须建立在真实可靠的基础之上。"①周永光指出,人物传要破除按篇幅论尊卑的观念,认真挑选材料,少写或不写传主以外的事物,掌握分寸,力戒渲染。②夏侯炳认为,描写、抒情、议论都要有个度的把握和实现途径恰当的问题:描写主要通过对人物环境、场面、景物、细节等做概括性描述,寓褒贬于字里行间;抒情一般通过客观史实、物件、景物的记述达到借景抒情、借事抒情、借物抒情的目的;对人物的褒贬意见,则以引用官方结论、文献或名人的评论等权威性资料为宜。③

  概言之,社会主义首轮修志以来,修志人员和方志理论工作者不断对"传"体裁问题进行许多有益的探索。他们结合编纂实践,从基础理论、宏观定位转向"传"体裁的个性化、微观性问题的研究,从理论高度分析人物传编写的实际问题,诸如人物入志范围和标准过宽或过窄、资料收集不全面、内容不够准确、人物评价不适当、人物传排序混乱、人物表现简历化和平面化等问题。但相关研究存在碎片化、同质化等问题,而且大多侧重宏观层面的理论探讨,对两轮修志编纂实务专项研究的成果不多、不系统。查阅"知网"等相关文献平台可知,关于第二轮"传"体

---

① 霍宪章:《新方志编纂论》,郑州:中州古籍出版社,2015年,第236页。
② 周永光:《人物志编写散论》,《广西地方志》1987年第2期。
③ 夏侯炳等:《新志编纂通论》,南昌:江西科学技术出版社,2015年,第216页。

裁编修运用的研究文章较少，关于两轮修志中"传"体裁运用的异同点等纵向比较性主题文章更是鲜见。在第三轮修志即将启动的背景下，亟待对两轮修志实践进行梳理总结，将理论研究与修志实践相结合，充实方志学理论研究，为三轮修志提供更多借鉴与理论指导。

三、"传"体裁在上海两轮新编区县志中的运用

上海首轮新编区县志编纂于上世纪80年代正式启动，1999年底全面完成；第二轮修志于2000年正式启动，2020年底全面完成。从结果来看，首轮修志期间全市编纂完成22部区（县）级志书，记述时限最早上溯至事物发端，最晚下迄1993年；第二轮修志期间全市编纂完成24部区（县）级志书，记述时限最早上溯至1985年，最晚下迄2009年，总计约0.57亿字，继承、夯实了首轮成果乃至历代修志传统，制度化之路愈益坚实，编修流程的认知把控渐趋规范，"上海故事"的讲述方式不断丰富。

（一）"传"体裁在人物篇章中的层级、形式和篇幅

总体而言，上海第一、第二轮新编区县志的编纂特别是人物篇章的编纂，体现了突出时代特征、地方特色和弘扬社会主义核心价值观等特点。在框架设计上，第一轮22部和第二轮24部区县志，均赋予人物内容以最高的层级篇（卷、编）。这种顶格框架设置符合人物记载在地方志中的重要地位。46部首轮和第二轮区县志均运用"传"体裁记述人物。其中，首轮22部中，7部设传（传记），13部设传略，1部同时设传记和传略，1部未

标明传（传略），但实为人物传；第二轮 24 部中，2 部设传（传记），16 部设传略，1 部同时设传记和传略，5 部未标明传（传略），但实为人物传。见表 6-1。

表 6-1 上海市第一、二轮新编区县志"传"体
在人物篇章中的运用形式情况表　　　单位：部、%

项　目	合　计	传（传记）	传　略	传记、传略
小　计	40	9	29	2
第一轮	21（95%）	7（32%）	13（59%）	1（4%）
第二轮	19（79%）	2（8%）	16（67%）	1（5%）

篇幅上，首轮 22 部区县志，人物篇（卷、编）占全书文字量 6.42%，其中人物传（传略）占全书 4.51%、占人物篇（卷、编）70.28%。二轮 24 部志书，人物篇（卷、编）占全书文字量 2.62%，其中人物传（传略）占全书 1.41%、占人物篇（卷、编）42.65%。考虑到首轮修志上限始于事物发端，下限止于 1990 年前后，二轮修志由于与首轮间隔时间较短，有影响的人物很多存世，所以真正立传者不多。因此，两轮志书的篇幅占比量只具有参考价值，但也能在一定程度上说明首轮志书人物传内容的丰富性。

（二）"传"体裁的收录标准及范围

人物传对于人物篇（卷、编）以及地方志的重要性，反映在人物收录标准和范围集中体现编纂者的价值观、指导思想，也反映在人物史料对一部志书展现时代和地方特色所起的作用等方

面。是否收录某类人物、收录多少以及将这类人物排列在什么位置等，均体现编纂者的编辑理念。对人物的收录并不是随心所欲的，而是在编纂者的立场观点等指引下完成的。

人物的收录范围体现地方志的时代特征和地方特色。应该说，上海两轮区县志人物传都突显时代主旋律，均坚持"生不立传"原则，为区域内有重大贡献的人物立传。主体是英雄人物、模范先进。同时，入志人物的收录不简单以职务、职称高低论定。但也有部分区县志存在人物记载范围过窄、对社会生活中各种类型人物收录偏少等问题。第一轮 22 部区县志均记述专业技术人员、能工巧匠、劳模先进、革命英烈；第二轮 24 部区县志相应的比例分别为 83％、33％、88％、58％。见表2。对于反面人物，首轮中有 17 部志书记述，其中 16 部在"传（传记）""传略"中记述，1 部以"附记"形式置于"传略"末记述；第二轮中，在人物篇（卷、编）中均未记述。由此可见，对反面人物的记载，在第二轮志书中被广泛弱化（抛弃）。

表 6-2　上海市第一、二轮新编区县志"传"体
　　　　部分收录对象情况表　　　　　　　　单位：部、％

项　目	小　计	专业技术人员	能工巧匠	劳模先进	革命英烈	领导干部
合　计	46	43	30	33	36	25
第一轮	22（100％）	22（100％）	22（100％）	22（100％）	22（100％）	6（27％）
第二轮	24（100％）	21（83％）	8（33％）	21（88％）	14（58％）	19（79％）

籍贯主要包括本籍、出生地、本籍兼出生地、客籍。写人物交代出生地很重要。客籍立传坚持人物在当地有影响、有成就、有一定居住时间，也用寓居名人表反映寓居时间短的名人的短期重要活动。《新编地方志工作暂行条例》规定："立传人物以原籍（出生地）为主"，但在实际修志的过程中，往往注重立传人对本地所作的贡献。就上海两轮区县志而言，或在凡例或在人物篇（卷、编）的概述中说明传（传记）或传略记述对象为境内有一定贡献和影响较大的人物。奉贤、青浦等远郊区县更多记述本籍人员，包括本籍境内和本籍寓外人物，而黄浦、卢湾、南市等中心城区记述对象中客籍人物和外国人更多。

对境内特殊人才的记载是上海两轮区县志的一个特色内容。首轮中，6部志书延续历代方志的做法，记载本地历代进士；1部收录本县高级知识分子名录。这些做法彰显时代特征和地方特色。同时，首轮均记载各类能工巧匠，其中4部设置专节予以记载。如在《奉贤县志》的"能工巧匠"节，记载能工巧匠45人，其中有木匠、泥瓦匠、雕刻匠、竹匠、五金铁匠、厨师、种田能手等，多为"小人物"。但第二轮区县志均未设置相关专节。这种人文史料的缺失某种意义上是上海第二轮区县志的一个遗憾。事实上，在第二轮区县志记述时限内，诸如非物质文化遗产传承人是可以作为能工巧匠类人物的记载对象。

在入志人物的时间断限上，上海两轮新编区县志中多数人物传坚持选取断限时间内故去的人士。但第二轮中，有15部志书未遵守上述原则，其中5部在人物篇（卷、编）的概述（无题小序）中说明补遗历史人物，10部未做解释。对于上一轮修志遗漏未载的人物，以"前志补遗"形式补记是可以的，但不宜与断限时间内的人物混排。

（三）"传"体裁的形式

上海市首轮新编区县志人物传的记述形式更为灵活多样，除单传外，也常见合传和附传，偶有类传出现。如首轮《奉贤县志》的《徐氏医术世家》《何氏医术世家》《曹氏医术世家》《于氏九代眼科》，就以合传形式，将四大家族同业情况勾勒出来；又将沆瀣一气、残害进步人士的"李岳军、何玉成"两人合传记述。同时以《南桥镇中医五秀才》为篇名，以类传形式，集中记述清末五位没有直接联系的民间中医醉心于以家传、自学等模式学习中医，并运用中医传统技术服务于周围人健康的事迹。首轮《青浦县志》将清代农民起义领袖"周立春、周秀英"父女合传记述；《崇明县志》将"一门三烈士"的龚兆奇、龚兆林、龚兆智三兄弟合传记述。《嘉定县志》在人物传《秦元澄》下附记其夫人朱寿萱，在嘉定派竹刻创始人传记《朱鹤》中附录同时代的其他三位嘉定雕刻家。《闸北区志》在人物传《徐文思》中附记同被表彰为"无产阶级革命先锋"的商务印书馆六烈士。

但到第二轮修志阶段，人物传的形式只有单传。单传是志载人物的主体，符合记述志传人物的主流做法。但合传、类传以及附传等立传方式在简笔省文、丰富史实等方面，是对单传功能的重大补充。个别不宜立单传的人物，如果行迹有可拔擢者，是可考虑设置附传、类传。见表6-3。

表6-3 上海市第一、二轮新编区县志"传"体
形式情况表　　　　　　　　　　　单位：部、%

项　目	小　计	单　传	合　传	类　传	附　传
合　计	46	46	14	1	5
第一轮	22（100%）	22（100%）	14（64%）	1（5%）	5（23%）
第二轮	24（100%）	24（100%）	0	0	0

（四）"传"体裁的排序

人物在地方志中的排序既是编辑技术问题，更是编纂理念的体现。合理科学的排序，体现编纂者对人物的认识以及便利读者阅读的努力。上海两轮新编区县志的人物均以时间为序，即按生（卒）年月排序法，既有按卒年升序排列，也有按生年升序排列，以前者居多，其中首轮17本、二轮23本以卒年为序。部分区县志对人物按照行业、职业、地域等主题进行划分。如首轮中的《南汇县志》将人物传分为"文化科技""政治经济""革命烈士"，《奉贤县志》设"革命英烈""劳模先进""政军要员""文人学者""能工巧匠""名医良医""工商业者""其他闻人"八章，《嘉定县志》分"烈士""本籍""侨寓"三部分；第二轮中的《南汇区志》设"政治人物""农业人物""卫生人物""先进楷模""著名慈善家"五节，《黄浦区续志》分"已故著名人士""已故先进人物""已故区领导人""烈士"四部分。两轮中也出现按姓氏笔画排序，但非第一选择，而是以生（卒）年排序后的

再次排序方法。在以生（卒）年为排序方法的两轮志书中，首轮均记到"年"；二轮中有10部区县志记到"月"（其中1部记到"日"），有效避免因人物生（卒）年相同带来的再次排序问题。其他诸如人物按乡镇地域分别排列等不便于读者查阅的做法，两轮志书中均未出现。见表6-4。

表6-4　上海市第一、二轮新编区县志"传"体排序情况表

单位：部

项目	生卒年月	其中，按卒年	荣誉授予时间	姓氏笔画	姓名拼音	籍贯地域	行业职业
合计	46	40	0	9	0	0	16
第一轮	22	17	0	3	0	0	9
第二轮	24	23	0	6	0	0	7

总体而言，上海两轮新编区县志的人物传排序较好。但也有个别志书的排序存在问题。如1部二轮县志在人物篇（卷、编）的概述中明确人物按卒年排序，但实际操作中是将领导人排前面，其余人物才按卒年排序。

四、对"传"体裁在第三轮修志中运用的思考

经过社会主义时期两轮修志，绵延千载的方志文脉实现在当代的赓续和创新。面向新时代，要更好地书写中国式现代化生动实践，提升地方志的核心价值，需要及时回望来路，把两轮修志

丰富的实践经验上升到对规律性的理论认识上。

与第二轮新编地方志书一样,第三轮地方志书估计大多是断代志,入志人物除少量补遗人物外,多是中华人民共和国成立之后的现当代人物。入志人物活动时间距离修志时间较短,有利于资料收集整理。此外,在信息技术和交通设施高速发展的时代,网络上的海量信息可随时随地供人搜索选用,地区人员流动也更为便捷。因此三轮地方志书人物传在编写体制、资料收集方式、范围和入志人物的选择标准、行文内容风格方面与第一、二轮人物志相比都应该有不同要求。人物传虽然受志书体裁的严格规范,可也并非说明是世代相承、一成不变。它应随着社会的发展,更科学地加以完善。三轮志书可入传人物虽然不多,但不能降低入志人物标准。人物立传要从严控制,什么人通过写传入志,要事先划线,不能随意。在第三轮志书人物传的撰写中,应避免前两轮志书人物传存在的平铺直叙、千人一面、没有感染力等问题,客观真实地反映传主的精神风貌,增强人物传的可读性和育人作用。

(一)立传原则要坚持

第三轮志书依然要坚持生不立传的原则,记述已故人物的主要经历和典型事迹。坚持生不立传,不等于生人不能入志。对于那些有重大影响、有突出贡献的在世人物,志书可以采取以事系人的方式,把在世人物的主要事迹放入各项事业发展之中记述,增强政治部类、经济部类、文化部类、社会部类等内容的生动性和可读性,还可以在人物篇(卷、编)中设置人物简介章节,记述在世人物的基本履历和主要事迹,彰显当代人物的时代风貌。

（二）收录范围要广泛

人物传要坚持以人为本，体现人民性。在主要收录在本地和在外地的本籍人物的同时，重视收录在本地作出重要贡献或产生重大影响的其他人物。（1）加大对作出重要贡献的"小人物"的收录力度，如劳动模范、见义勇为者、能工巧匠、科学家、文学艺术家、医学家、实业家和各种社会活动家。同时要注意为地方特色事物相关人物立传。要充分记述地方特色事物后的重要人物，这也呼应为基层"小人物"中的精英立传的要求。（2）2022年国家退役军人事务部、中国地方志指导小组、中央军委政治工作部、中央军委国防动员部联合印发《退役军人名录和事迹载入地方志实施办法（试行）》，规定参战退役军人、荣获二等功以上的退役军人、获得省部级、战区级或者二级以上表彰的退役军人、其他符合条件的退役军人编辑录入地方志（包括地方志书和地方综合年鉴），并规定具体的编纂规范。将有关退役军人的事迹编辑录入地方志，是第三轮修志中人物传编纂的重要内容，有利于彰显地方军事人物及其对国家的贡献，突出志书的地方特色。

（三）撰写流程需完善

（1）立传主题先明确。撰写第三轮志书人物传，要从传主实际出发，确定事迹主题，围绕主题选择最能代表传主个性、最能反映传主特征的典型事迹，并抓住典型事迹的细节描写，反映传主的精神风貌。这就需要撰稿人搜集传主的事迹材料要全，要在考证、核实传主事迹材料真实可靠的基础上，针对其影响最大的事迹加以思考，反映传主什么样的精神品质，由此确立传主的事迹主题。（2）典型材料详搜取。传主的事迹主题确立后，就应围绕主题搜取典型材料，这是撰写人物传的重要环节。撰稿人可拓宽对人物资料的搜集范围，待编纂的时候，可标准从严。考虑到人物资料的分布特性，资料搜集可通过以政府发文形式向承编部门征集，利用报刊网络向社会征集，通过信函、电话、电子邮件等向本人或家属征集，查阅地方档案文献。同时编纂者对已搜集到的人物资料，要持审慎的态度筛选核实，确保传主人生事迹资料有据，信而可征。要形成一套相对完善的、可操作的审核方法。（3）细节描写促生动。人物传质量有高低要求之分。对于一般撰写者而言，至少要实现记述的真实性和文本的流畅性，这是最低要求。在此基础上再追求较高的可读性。要抓住人物的细节描写，刻画个性特征，反映人物的精神风貌。同时要坚持述而不论，防止论之不当，乃至以论代述。

（四）统筹平衡显特点

（1）不同类的人物，立传标准不可能一样。政治人物可以用职务和地位来框定，科技人物可以用院士等头衔来框定。而在充分考虑志书各个部类特点的基础上，制定不同的立传人物标准是统筹和平衡的关键所在。（2）统筹平衡人物撰写的内容。同类人物在字数多少上要有平衡，对于入传的内容要突出重点，避免出现地位较低、影响较小的传主事迹记述较详，而一些地位较高、影响较大的传主事迹反而没有记述或记述过于简略。如当代人物中，对重要领导人的记述，凡与本地区工作密切相关的，可采取简历加在本地区工作经历的写法，突出他们在本地区工作的特点、贡献和影响。（3）传文中行文要素的记述顺序要有序。在众手成志体制下,有必要强调采取顺时记述的方法,即无论什么性质、什么部类的人物,只要是立传人物,都统一按照顺时记述的次序记述,如先写身份、简历,再写事迹或学术观点等,这可以保证人物传整体的统一。

(五) 求真存实保质量

地方志的生命在于真实。要确保人物志载的史实关不出纰漏,需要强化四个意识。(1) 权威的资料意识。修志离不开资料,人物传更是如此。在人物传中,最容易出现的史实、时间、地点、职务、机构名称等方面不正确的问题。要选用权威性资料,并详加考证,鉴别真伪,确保无误。同时对志书的重要资料,尤其是独家资料,一定要加注资料来源。(2) 背景分析意识。在认知立传人物的过程和反映人物经历的记述中,要把其所处的大背景认识清楚,如此才能对人物有一个全面的认识。(3) 辨伪意识。要对约定俗称的东西重新审视,同时对所谓的最新研究成果采取谨慎的态度,不能简单地得出新的结论和认识。对原资料中出现的分歧点,需要耐心地做好考证、比证工作,得出一个准确的或较为正确的结论。(4) 全面客观意识。要实事求是地正确认识不同历史条件下,人物的作用、历史功绩或历史误解等,全面客观地记述入传人物。

(六) 细节要素要把控

确保一部志书人物传的质量,除了全志的统筹、史志的把握、人物入志的平衡外,还要把控基础环节的运作质量。(1) 人物的任职情况不可轻率处理。当代人物的任职时间和任职变化情况多种多样。原则上以最早的委任文件为准,并注意相关的权威档案资料，尊重权威部门的意见，也可以采取志书诸说并存的做法，但需要注明出处。（2）籍贯和出生地处理要创新。一方面，在历经改革开放四十余年的如今，"籍贯"概念已经淡化，"户口所在地"成为制约或影响社会人生存与活动的重要因素。第三轮人物传中是否需要与时俱进的采用户口所在地的说法，值得探讨。此外，在人物入传原则问题上，城市区志与一般县志应有所区别。作为城市区志，尤其是那些历史并不长久的新兴城市，居民绝大多数来自全国各地，对入传人物不宜盲目照搬"以本籍为主"的原则，应代之以"主客籍并重和中外兼收"的原则。（3）合理安排人物排序。第三轮志书与上一本志书相隔只有20年左右。在此期间，盖棺定论的人很少，因此可以按卒年或生年先后排序。《当代志书编纂教程》提出人物简介的排列"最简便、最稳妥的办法莫过于按生年排列法"。[①] 但这一认识值得商榷。绝大多数读者对特定人物的相关信息不了解或了解不多，才需要到浩如烟海的地方志等文献中查找人物的有关信息。如果对人物的信息了解到连生卒年月或老家是哪个乡镇都知晓的详细程度，还有多少必要去认真查找志书？应考虑当代读者阅读习惯等情况，从方便读者的角度出发，除传统的生卒年月排序等方法外，同步使用他们熟悉和习惯的姓氏笔画和姓氏拼音等其他排序方法，提高检索查找的便利性。或是将传主适当归类，每类人物配一标题。如此更好地展现各类传主人物之间的相似与差异特性。

---

① 中国地方志指导小组办公室：《当代志书编纂教程》，北京：方志出版社，2010年，第530页。

图 体

陈 畅

方志之所以能在中华文明史上千载流传，其中一个十分重要的原因是，在其逐步发展过程中形成了一种在原则和格式上被社会公认并普遍应用的编修体例，即编修志书的统一准绳，包括志书名称、断限、篇目、体裁、体式、文风、结构逻辑等。图，是方志的重要体裁之一，而且我国自古就有"无图不成志"的传统。两千多年的修志实践表明，对于图的认知和应用准确与否，将直接影响和决定志书品质。

一、志图概说

关于志图，有狭义和广义概念之分，依据不同的划分对象，也有着不同的志图种类。图本身的性质功能，直接决定了自古以来其一直都是志书的重要体裁和内容。

（一）志图的概念和种类

图，是唯一通过具体客观事物的图像来表达一定内容的志书体裁，用于充实和形象化内容，发挥辅助甚至是独立说明事物的性状特点等作用。利用图对客观事物进行描述和解释，并提供某一地区的整体形象和其他各方面的明确信息，是方志的一大特色。

在民国前旧志中，为了示人以直观形象，往往对一些人物、文物、工具、兵器、特产、动植物及建筑等采用描绘刻印的方法即"手绘图画"加以表现；从民国志书开始，不仅以图入志，而且出现了"照"即摄影照片；在社会主义新编地方志（以下简称新方志）中，对事物的描述基本可以采用摄影照片，即志图主要就是以图照的形式呈现，但有些事物由于原物已荡然无存，仍会以手绘画图的方法加以记录。

本章所说的志图，是一个广义的概念，主要包括地图、统计图、示意图、绘画、照片以及由统计表转化而来的统计图[①]等。按照"图位"划分的话，主要是卷首图、内文图两种，置于卷首或是穿插于志书各有关篇、章、节、目之中。

（二）志图的特点和功能

图本身的性质功能，直接决定了"图一直存在于志书之中"。一方面，从历史记载或历史学意义上即内容层面上看，图同文字一样，都是历史信息的承载者和记录者；另一方面，从事实存在层面上看，图本身往往也是历史事实或进程的组成部分。图与文字紧密结合，互为补充，使所叙之事一目了然；图能够反映文字不易表达清楚或无法表达的内容，从而加强方志内容的表达；图文并茂，有利于加深读者对文字内容的印象，使志书成为喜闻乐

---

① 就内容而言，统计图实际上是由各种统计表派生而来的，是对某些资料进行分析、研究之后，从中提取有代表意义和价值的内容和数字，经过归纳、设计而绘制出来的一些图形。如年龄构成图、人口密度图、人口文化构成图、国民收入图、居民消费图、粮食产量比较图等。如《南宁市志（1991—2005）》在编辑过程中，聘请专业统计图制作人员，根据需要将110个统计表格转化为线状图、柱状图、饼形图等形式。不仅克服了仅用表格表现的单一性，也增强了信息表达的灵活性和直观性，为全志增色不少。统计图的表现形式多种多样，可以是条形图、塔形图、象形图、曲线图，也可以是平面图、比例图等，视内容和制图者偏好而定。

见的文献。

  志图的功能，一是存史。"图至约也，书至博也，即图而求易，即书而求难"①，郑樵在《通志二十略·图谱略》之"索象"篇中讲到的这个认识，揭示了图像之于历史记载和书写的价值，今天仍然成立。章学诚在编撰《和州志》时提出"图像为无言之史"的论断，进一步发展了郑樵的观点。图像自身的历史和社会"语境"承载着历史信息，"很可能本身就是发生过的历史事件、仪式的组成部分"②，也就是说图即历史。一方面，很多图像所展示的是现已不存的物或过去发生过而当今没有、将来也不会再发生的事，将之科学地编排在志书之中，无疑大大加重了志书的价值；另一方面，将现有的有价值的人、事、物绘制成图或是摄成照片置于志书之中，若干年后自然也会成为历史的见证。《松江县志》③插页中民国三十四年《松江县明细图》，卷一中的嘉庆《松江府城图》、民国三十五年《松江城区图》、1954年《松江县行政区划图》，卷七中的《1958年本县第一个民兵大队在城东公社成立》《华尔洋枪队使用的洋枪》，卷九中的《民国时田契》，卷十三中的《庆祝实行公私合营》，卷二十五中的《修缮前的护珠塔（斜塔）》《圆应塔（西林塔）原貌》《东岳庙原貌》《云间第一楼原貌》《新四军在新桥黎星大队留下的墙头标语》等，都是通过以图存史对抗遗忘。

---

  ① 郑樵：《通志》，北京：中华书局，1987年，第837页。
  ② 王加华：《让图像"说话"：图像入史的可能性、路径及限度》，《史学理论研究》2021年第3期。
  ③ 上海市松江县地方史志编纂委员会：《松江县志》，上海：上海人民出版社，1991年。

二是资政。地方官通过阅图可知其辖区的地理形势与民情风俗，达到按图施政、按地施治的效果。① 在周朝时就已能应用方志地图资政，统领各邦国。周朝职方氏，专掌管地图文籍。这些地图示意王畿和九服的各种关系，征贡赋，制邦国，以加强其统治。图经发展至宋代时，因为中央对地方控制力减弱，志书编修逐渐由地方官绅掌控，其中的地图类型以符合地方官绅的愿景为主，以致地图数量减少。② 王旭在《论宋代图经向方志的转变》中所指出的宋代方志地图数量减少的这一主要原因，也恰好注解了方志地图的资政功能——当中央对地方控制力减弱时，地方官绅又熟悉本地地理形势与民情风俗等，地图的现实需要减少，在方志中的数量自然随之减少。

三是形象直观。"无以传其意，故有书；无以见其形，故有画"，"宣物莫大于言，存形莫善于画"。文重表意、图重表形，形象直观是图体的首要特点，是图体区别于志书其他体裁的显著标记。通过志图表现所记事物，可以达到一目了然的良好效果，增强感染力。《松江县志》③ 就因所附照片"使观者形感而得之深"。如：一幅《遭日机轰炸后的松江城》照片，远比志书中所用的500余字描述更能收到揭露日机多次轰炸松江这一史实的效果。"农业"卷的"土地改革"一节中所附的"天昆区开展土改"照片，画面上农民个个笑逐颜开，"分田分地真忙"，使人有身临

---

① 史五一：《简析清代方志中的舆图》，《广西地方志》2009年第1期。
② 王旭：《论宋代图经向方志的转变——以图的变化为中心》，《史学史研究》2016年第2期。
③ 上海市松江县地方史志编纂委员会：《松江县志》，上海：上海人民出版社1991年。

其境之感。"粮油"卷中，文字方面仅简单提及"稻谷加工，过去全靠牵砻出糙，再用石臼舂米"，重点是用《牵砻》《舂米》2幅画展现稻谷加工的过程。"松江府记略"中，《棉花脱籽》《弹棉花》《搓棉条》《纺纱》《浆纱》《经纱》《织布》7幅图，清晰介绍了手工纺织土布的过程。

四是准确表现。记述工艺品、文物、建筑、名胜景区等，附有相应的图照则可以把造型、色调、花纹图案、结构布局、景色等准确地表现出来。附之以图，也可以简洁很多可能根本就讲不清楚的说明文字。1990年1月，胡乔木在听取上海市地方志编纂委员会工作汇报时说："志书的图片，不是为了摆设，而是要求同志书中的内容相配的插图。这类插图，就像百科全书中的插图那样，因为有些问题用文字不容易表达，附一张插图，就容易把事情说清楚，如果没有相应的插图，差不多等于没有说清楚。"①

五是提升观感。好的图片，其色彩、构图等往往按一定的规律组合在一起，能在视觉上给人愉悦与美的享受。易田慧从美学和艺术学的视角分析了明代方志地图的图形符号、图底处理和排版组合、文字等所蕴含的艺术性，认为方志地图实现了艺术性和实用性的统一，具有实用艺术的一般特征，"创作方法、形象、艺术语言、欣赏方法与过程有明显的自身特点"②。图在志书中的应用，能够增强志书美感和视觉效果，打造"图文并茂"的观感。有的图片还呈现出一定的故事性，激发读者美好的思想

---

① 胡乔木：《希望上海市志提高质量严格要求》，中国地方志指导小组办公室编：《中国方志文献汇编》，北京：方志出版社，1999年，第31—32页。

② 易田慧：《明代方志地图艺术性初探》，《艺术与设计》2008年第8期。

感情。

六是资料和学术价值。方志地图涉及疆域、山脉、水文、府州县界、城镇、治所、道路、关隘、营寨、仓储、驿递、物产等大量信息,且多在图面空白处用文字注明各地位置、四至八到里程等,往往竭力将诸多内容收入一图,显示了方志地图的综合特性。[①]因为连续不断地持久编修,累积下来的方志地图具有数量大、内容丰富、分布广泛、体系完整等特点,留存了很多有价值的信息,足可成为相关研究的重要资料。如:对于县级以下的某些行政单位,尤其是地方特色较浓、文献记载较少或后来消失的行政单位——不同时期的"都""图""社"等,一幅简单的旧方志地图却可能清楚地记录着一切。方志中的一些建置沿革图比较清楚地反应了一地的历史变迁情况,有些变迁可能根本就没有文字记录,或很难记录清楚。方志中绘制详细的城市图,则是研究城市建置、布局、建筑等方面的重要信息源。正如华林甫所言,"舆图是科学史研究的基本史料","有些舆图是研究历史事件的绝佳史料,与文字史料一样不可轻视"。[②] 从本质上讲,这不是对旧方志地图作用进行扩展,而是倡导其本身价值的回归。以方志地图为关键或辅助材料进行学术研究,特别是历史地理、城市史、海洋史、环境史、思想史等方面的研究,都可能取得意想不到的成绩。

---

① 唐雅芝:《新方志地图的应用》,《地图》1988年第4期。
② 华林甫:《英国国家档案馆庋藏近代中文舆图》,上海:上海社会科学院出版社,2009年,第22页。

二、志图的历史考察

事实上,"图"是早于"文字表述"的存在,志图有其悠久的历史渊源。

(一) 志图渊源

人类最早记录各种事物,是从原始图画开始的。从文献上看,古有"史皇作图"之说。① "地图的起源很早,可能在人类发明象形文字之前就有地图了。"② 总之,"作图时代"较"文字时代"为早。如,秦汉以前的《管子》有"地图"篇,《孙子兵法》有"地形"篇,《战国策》的《燕策》《赵策》等都涉及"地图"。发展到春秋战国时期,各种形式的绘制地图已非常普遍。

"图"是一个早于"文字表述"的存在,这在方志和中国其他文献发展史上是一致的。"中国古来地志,多由地图演变而来,其先以图为主,说明为附;其后说明日增而图不加多,或图亡而仅存说明,遂多变为有说无图与以图为附庸之地志。"③ 自秦汉以后,随着功能作用的突显,志书广泛采用了图体,并形成了志图的特殊形式。

秦汉以后,图文相合的情况开始发生变化,图逐渐从文献中"剥离"出去。对于这一转变,郑樵认为始作俑者乃汉刘向、刘

---

① 史皇,传说为黄帝臣,一说为仓颉。图指图画,象形字最初由画画发展而来。
② 参见王庸:《中国地图史纲》,北京:商务印书馆,1959年。
③ 王庸:《山海经图与职方图》,《王庸文存》,南京:江苏人民出版社,2014年,第199页。

歆父子。① 客观讲，之所以出现"图消而书日盛"现象，有更深层次的原因，绝不能仅将责任推到刘氏父子身上；不过，自刘氏父子之后，这确实成为一种趋势和潮流。至魏晋南北朝时，图已完全被文字"征服"，所谓"今莫不贵斯鸟迹而贱彼龙文"②。

幸而，图在方志等文献中断续有存，在经籍志中也有著录，亦有如郑樵般的拥趸和支持者，才有今日之结果——"我们平时能够看到的古地图多半是收藏在方志中的"③。"及宋、齐以降，各地图经之作渐多，至周、隋之世，又有总图志之纂集，于是地图与舆地志，遂混合为一体。下迄宋代，各地图经之作大盛，其内容即等于方志，而后世方志与总地志之例须冠以地图者，盖皆导源于汉、隋之际之图经也。"④ 也就是说，至宋代以后总志和各地方志均冠以地图，成为地方志之例。

概而言之，经历了地记、图经等阶段，至宋代方志的体例逐渐定型。在这一发展过程中，两汉魏晋南北朝时期的地记，一般不附图，主要以"传"和"志"的形式表现；东汉至隋唐时期的图经，增加了"图"这一表现形式，图自此成为方志的主要体裁之一；虽然从南宋开始，方志已经融汇了传、志、表、录、拾

---

① 郑樵认为：歆、向之罪，上通于天。汉初典籍无纪，刘氏创意，总括全书，分为《七略》，只书书不收图。《艺文》之目，递相因习，故天禄、兰台、三馆、四库内外之藏，但闻有书而已。萧何之图，自此委地。后之人将慕刘、班之不暇，故图消而书日盛。

② 鸟迹，文字也；龙文，图像也。

③ 韩昭庆：《中国地图史研究的由今推古及由古推古——兼评余定国〈中国地图学史〉》，《复旦学报》2009年第6期。

④ 王庸：《地志史·图经与图志》，《中国地理学史》，上海：上海书店出版社，1984年，第170—171页。

遗、序、记（大事记）等多种体裁，但是图的影响始终存在。"无图不成志"成为中华文明史上两千多年的修志传统。

(二) 志图随旧方志的历史发展

以图为主、文字说明为辅的"图经"，是方志的早期形式，至迟在东汉时期已经出现。而方志之有图，可追溯到雏形方志时期的图经。从舆图①到图经的变化过程，也反映了志书图体日渐脱离于地图的趋势。隋、唐至北宋，图经编修盛极一时。隋《区宇图志》《诸州图经集》、元和《郡县图志》、祥符《州县图经》等，都是历史上负有盛名的重要图经。

北宋末年，图经转而向大量文字记载方向发展，图退居附庸。至南宋，图经完成了向定型方志的过渡。虽然自两宋之后，图的分量有所减少，但是从"旧志无不附图并多置于全志之首"这一特点来看，图体仍是志书的重要组成。如：嘉定《赤城志》开篇即为州县诸图9幅②；景定《建康志》继"留都录"之后即为"建康图"，共录图14幅，并在诸图之前专门撰有图序③；咸淳《临安志》"凡例"之后即设置皇城图、京城图、浙江图、西湖图④。

明清志书更是"有志必有图"。明代方志数量远超宋元时期，其中的地图量随之增加了很多，这被地图学界认定为明代地图发

---

① 按照黄燕生等说法，唐宋及之前的地图就是图经。
② 陈耆卿纂：《嘉定赤城志》，《台州文献丛书》，上海：上海古籍出版社，2016年。
③ 马光祖修，周应合纂，朱彝尊抄得曹寅藏本：《景定建康志》，《文渊阁四库全书》，上海：上海古籍出版社，2003年。
④ 潜说友原纂修，汪远孙校补：《咸淳临安志》，浙江档案数据库。

展的标志之一。① 清代是旧方志编纂最兴盛的时期，方志数量多达5 700余种，其中的地图量更大，是中国地图研究必不可少的组成部分。

在明清志书中，图的类型也日渐增多，已不止舆图之类，包括了地图和绘图两种形式。从天一阁现存明代方志来看，其所载之图不仅是地图、建筑图，而且涉及政治、经济、教育各方面图式，灌具图、物产图、风景图、乐舞图、乐器图、兵阵图、人像图、耕织图等都已出现，而且载有说明各种图样符号意义的文字，是一个重要的进步标志。正德《武功县志》首载"璇玑图诗"，诗题为"苏若兰织锦回文璇玑图诗"，位置在县图之后，整首诗比文中叙述文字低两字，底部缩减一字，（这样大概是）为了突出整体效果。② 嘉靖《固始县志》的用图，不仅包括县境图、城廓图、庙学图、水利图、八景图，而且在志前专列图像，编有图像志（名宦像志、乡贤像志），开创了旧方志更为广泛用图系列的先河。更为重要的是，该志对刊列图像的绘制作了规定——县境图，"县之境所极于所辖，其制则远而略"；城廓图，"城廓民之所向也，其制则近而详"，这类要求也是现当代绘制地图的基本原则。③ 万历《郿志》前幅载"武侯木牛流馬圖"殊有别趣但如此佳料不易得耳。④ 康熙《诸罗县志》除载山川图11

---

① 曹婉如：《中国古代地图集（明代）》，北京：文物出版社，1995年。
② 陈胤：《〈武功县志〉"璇玑图"疑误辩证》，《小说评论》2013年第3期。
③ 张梯修，葛臣纂：《嘉靖固始县志》，《天一阁藏明代方志选刊》，上海：上海书店出版社，2014年。
④ 参见王士祯：《香祖笔记》，《明清笔记丛书》，上海：上海古籍出版社，1982年。

幅,县治图、学宫图各 1 幅外,又于卷首列番俗图 10 幅,描绘番人乘屋、插秧、获稻、登场、赛戏、会饮、舂米、捕鹿、捕鱼、采槟榔等场面。①

清中晚期的地图非常注重实用性,地图的作用也随之真正发挥出来。晚清至民国时期,方志地图绘制受到了西方科学技术影响,在内容选择上更加多元实用,绘图者也具有专业素养,地图中的数学要素有所增加。② 有学者认为,章学诚、邹汉勋、邹伯奇以及《遵义新志》的地图绘制者都为推动方志地图的现代化转型做出了重要贡献。③

发展到民国时期,图体主要有三项重要进步:一是,舆图以最新科学技术制绘精印。之前志书中的地图多为方位示意图,没有比例尺。随着近代以后测量仪器和绘图工具的更新,开始强调用科学方法制图入志,要求"本届志书舆图,应由专门人员以最新科学方法制绘精印,订列于册,以裨实用。"④ 二是,图开始随文插入。民国之前的志书编纂往往以文体分类,图通常集中在一处。而民国方志学者将其列为"四障"之首,主张"类不关文""文不拘体","今当首破此障,文无伤质,以后方志决不当再以文章体裁分类。类者事类,某类用何文体,一随其事之宜",

---

① 参见张新民:《周钟瑄与台湾〈诸罗县志〉》,《贵州文史丛刊》1988 年第 3 期。
② 王慧:《从画到图:方志地图的近代化》,《上海地方志》2019 年第 1 期。
③ 丁是丁:《推动方志地图进步的先行者》,《地图》2018 年第 4 期;李薇:《成此图以为天下法——浅论邹伯奇与同治〈南海县志〉的舆图测绘》,《黑龙江史志》2016 年第 1 期;李薇:《浅论晚清科学家邹伯奇的方志舆图测绘成就》,《黑龙江史志》2016 年第 2 期。
④ 民国政府内政部颁布:《修志事例概要》,《内政公报》第 2 卷第 12 期,1930 年,第 77—79 页。

"某类中之文体,既一随其事之宜,图可也,表可也,谱或考以及其他皆可也;且一类之中,有时众体咸备,亦无不可,且属必要也",① 图遂随文插入。三是,志图类型有所扩大,照片开始入志,并增加了统计图。1929年南京国民政府内政部颁布的《修志事例概要》规定:"地方名胜古迹、金石拓片以及公家私家所藏各种古物,在历史上有重要的价值者,均应摄制影片编入,以存真迹","各地方重要及特殊方物,均应将原物摄制影片编入,并详加说明,以资考证""各省志书,除每县市应有一行政区域分图外,并须将山脉、水道、交通、地质、物产分配、雨计分配、雨量变差、气候变差,以及繁盛街市、港湾形势、名胜地方分别制绘专图,编入汇订。"② 1930年出版的宋蕴璞编《天津志略》,配有大沽炮台、北洋大学工学院、天津运输船、纱厂内景等照片数十幅。1935年出版的《首都志》,配黑白照片75幅,更是开创了卷首设置照片的先河,含总理陵、总理陵鸟瞰和鼓楼照片。

三、志图的学术考察

近二十年以来,在地图史繁荣的局面下,方志地图(主要指旧志地图)及其相关问题的讨论得到了较大发展。在学界,彰显方志"征古以式今,亦继今以接古"③ 的作用成为有意义的事情,同时强调方志地图在我国现存地图中占有重要位置。学者们

---

① 黎锦熙、甘鹏云:《方志学两种》,长沙:岳麓书社,1984年,第24—25页。
② 民国政府内政部颁布:《修志事例概要》,《内政公报》第2卷第12期,1930年,第77—79页。
③ 王挾:《鄞县志序》,汪源泽修、闻性道纂:康熙《鄞县志》,康熙二十五年(1686年)刻本,古籍在线 http://www.GUJIONLINE.com。

剥开"粗糙""不科学"的外衣,在丰富的历史信息中探寻方志地图的独特性和价值以及意想不到的启迪。综观已有成果,关于方志地图的学术探讨主要集中于:

(一)方志地图发展史和发展特征研究

曹婉如在《中国古代地图集——战国至元》①、苏品红在《浅析中国古代方志中的地图》②、刘再聪和李亚栋在《"图""画"说史:方志地图与国家舆地图绘制方法的分流及回流——以〈安西采访底本〉附图为中心》③ 中,首先关注到了方志地图在中国地图发展史中的重要地位。在方志地图发展史和发展特征研究方面,可见王庸在《中国地理学史》④、唐雅芝在《方志地图的起源与发展》⑤、陈桥驿在《〈图经〉在我国方志史中的重要地位》⑥、曹婉如在《现存最早的一部尚有地图的图经——〈严州图经〉》⑦、邱新立在《民国以前方志地图的发展阶段及成就概况》⑧、王丹林在《〈山海经〉是最早的"图经"和"山志"》⑨ 中的研究。

---

① 曹婉如:《中国古代地图集——战国至元》,北京:文物出版社,1990年。
② 苏品红:《浅析中国古代方志中的地图》,《文献季刊》2003年第3期。
③ 刘再聪、李亚栋:《"图""画"说史:方志地图与国家舆地图绘制方法的分流及回流——以〈安西采访底本〉附图为中心》,《西夏研究》2014年第1期。
④ 王庸:《中国地理学史》,北京:商务印书馆,1988年。
⑤ 唐雅芝:《方志地图的起源与发展》,《社会科学战线》1991年第3期。
⑥ 陈桥驿:《〈图经〉在我国方志史中的重要地位》,《中国地方志》1992年第2期。
⑦ 曹婉如:《现存最早的一部尚有地图的图经——〈严州图经〉》,《自然科学史研究》1994年第4期。
⑧ 邱新立:《民国以前方志地图的发展阶段及成就概况》,《中国地方志》2002年第2期。
⑨ 王丹林:《〈山海经〉是最早的"图经"和"山志"》,《安徽史学》2019年第4期。

(二) 方志地图的内容和价值研究

"凡图愈详则用愈广"①，地图内容的丰富与否在很大程度上反映出其价值和实用性。汤开健在《祝淮〈新修香山县志〉澳门图研究》②和《雍正〈广东通志·澳门图〉研究》③、"城市笔记人"在《一张明代方志地图呈现地貌的方式》④、谢维伦在《以图观史——晚清台湾方志地图与涉外事件》⑤、王颖和杜鹃在《〈钦定热河志〉舆图之解读》⑥、王毅在《明代三峡地区方志地图的地理要素考释》⑦、唐有伯在《广州湾地名考辨——明清方志舆图中的广州湾》⑧、何沛东在《清代方志舆图的海防描述——以〈嘉兴府志·海防图〉为例》⑨中，均探讨了方志地图的内容和价值。

(三) 方志地图的绘制研究

学界对这方面选题的关注，主要集中在绘制技术和绘制者身

---

① 光绪《宁海县志》卷首《宁海县分图·图说》，清光绪二十八年（1902年）刻本。
② 汤开健：《祝淮〈新修香山县志〉澳门图研究》，《暨南学报》2000年第3期。
③ 汤开健：《雍正〈广东通志·澳门图〉研究》，《暨南学报》2000年第6期。
④ 城市笔记人：《一张明代方志地图呈现地貌的方式》，《建筑师》2010年第3期。
⑤ 谢维伦：《以图观史——晚清台湾方志地图与涉外事件》，台湾师范大学硕士学位论文，2011年。
⑥ 王颖、杜鹃：《〈钦定热河志〉舆图之解读》，《河北民族师范学院学报》2013年第1期。
⑦ 王毅：《明代三峡地区方志地图的地理要素考释》，《三峡大学学报》2014年第4期。
⑧ 唐有伯：《广州湾地名考辨——明清方志舆图中的广州湾》，《岭南师范学院学报》2015年第4期。
⑨ 何沛东：《清代方志舆图的海防描述——以〈嘉兴府志·海防图〉为例》，《海洋史研究》（第12辑），北京：社会科学文献出版社，2018年。

份问题。比较突出的是曹婉如在《现存最早的一部尚有地图的图经——〈严州图经〉》中的讨论。① 胡邦波则较早发表了《景定〈建康志〉、至正〈金陵新志〉中地图的绘制年代与方法》。② 阙维民在《中国古代志书地图绘制准则初探》中，首次全面系统地从古代绘画空间布局的角度讨论了方志地图绘制方法。③ 汪前进以《元和郡县图志》为例详细论证古代地图绘制的数据来源和极坐标投影方法，为旧方志地图绘制的探讨提供了思路。④ 梳理《天一阁藏明代方志选刊》中方志地图情况，潘晟不仅总结出明代方志地图的主要编绘方式⑤，而且初步解答了绘制者身份问题⑥。刘高伟则以《中国地方志集成》为样本对清代方志地图作者进行了考察。⑦

（四）方志地图的整理和应用研究

李诚提出的"在方志目录各项之下，加上舆图名称及其在方志中的位置"⑧的地图目录编制建议很有见地。黄燕生分别考证

---

① 曹婉如：《现存最早的一部尚有地图的图经——〈严州图经〉》，《自然科学史研究》1994年第4期。

② 胡邦波：《景定〈建康志〉、至正〈金陵新志〉中地图的绘制年代与方法》，《自然科学史研究》1988年第7卷第3期。

③ 阙维民：《中国古代志书地图绘制准则初探》，《自然科学史研究》1996年第4期。

④ 汪前进：《现存最完整的一份唐代地理全图数据集》，《自然科学史研究》1998年第3期。

⑤ 潘晟：《试论明代方志地图的编纂》，《韩山师范学院学报》2003年第1期。

⑥ 潘晟：《明代方志地图绘制人员身份初考》，《中国历史地理论丛》2004年第1期。

⑦ 刘高伟：《清代方志地图作者初探》，南京师范大学硕士学位论文，2018年。

⑧ 李诚：《关于编写方志舆图目录的建议》，中国地方志指导小组办公室编：《第三届中国地方志学会年会两岸四地方志文献学术研讨会论文集》，北京：方志出版社，2014年。

了《雍录》《严州图经》等九部宋代方志地图，以及至正《长安志图》、至正《金陵志》两部元代方志地图①，是旧方志地图辑佚的代表。刘昕和刘志盛编著的《湖南方志图汇编》②、江苏省地方志办公室编著的《江苏历代方志地图选》③，以及收录了较多方志地图的古旧地图汇编类著作，如《中国古地图辑录》《中国古代府州县舆图集成》《浙江古旧地图》《杭州古旧地图集》《湖州古旧地图集》《重庆古旧地图研究》《温州古旧地图集》《杭州都图地图集》《常州古地图集》等，为方志地图研究和应用提供了便利。张英聘则关注了地图在新方志应用中存在的问题，提出需要借鉴修志历史文化传统，用新的手段和方法解决。④

（五）方志地图的断代和区域研究

胡邦波的《宋代方志地图》，姜道章和刘廷祥的《明代方志地图的研究》⑤，是方志地图断代研究的较早成果。一些硕士学位论文以此为选题，如刘廷祥《我国方志地图的研究：以明代方志地图为例》⑥、张俊贤《清代地方志中的地图与文字》⑦、刘高

---

① 黄燕生：《宋代版刻地图考录》，《文献》1985年第2期；黄燕生：《元代版刻地图考录》，《文献》1987年第2期。
② 刘昕、刘志盛：《湖南方志图汇编》，长沙：湖南美术出版社，2009年。
③ 江苏省地方志编纂委员会办公室编：《江苏历代方志地图选》，南京：凤凰出版社，2015年。
④ 参见张英聘：《方志地图的历史考察与当代应用》，《上海地方志》2020年第3期。
⑤ 姜道章、刘廷祥：《明代方志地图的研究》，《（台湾）"中国"文化大学地学研究所研究报告》1995年第8期。
⑥ 刘廷祥：《我国方志地图的研究：以明代方志地图为例》，（台湾）"中国"文化大学地学研究所硕士学位论文，1994年。
⑦ 张俊贤：《清代地方志中的地图与文字》，中国海洋大学硕士学位论文，2009年。

伟《清代方志地图作者初探》[①]等。此外，苏品红对清代以前方志地图[②]，高文娟对宋代以前方志舆图[③]，杨彬镛对元明清方志地图、宋代和民国时期浙江方志地图[④]，赖弘文对清代方志地图[⑤]、史五一对清代方志舆图[⑥]，李信明对清代和民国时期辽宁方志地图[⑦]，张安东对清代安徽方志舆图[⑧]，闫玉玲对清代新疆方志地图[⑨]总体情况所作的概括性总结，对于断代方志地图的继续深化研究具有参考价值。龚缨晏的《象山旧方志上的地图研究》是区域研究的代表性成果，为方志地图与区域研究间的结合提供了可参考的样本。[⑩]王毅则对明代三峡地区方志地图的地理学特征进行了较为系统的讨论。[⑪]胡孝忠《明清香山县地方志研究》[⑫]、李园园《明清海南方志〈舆地志〉研究》[⑬]等，在区域方

---

① 刘高伟：《清代方志地图作者初探》，南京师范大学硕士学位论文，2017年。
② 苏品红：《浅析中国古代方志中的地图》，《文献季刊》2003年第3期。
③ 高文娟：《宋代以前的方志舆图述略》，《图书情报工作》2011年第19期。
④ 杨彬镛：《宋代浙江的方志地图》，《中国测绘报》2002年5月24日；杨彬镛：《元明清方志地图》，《中国测绘报》2002年6月7日；杨彬镛：《民国时期浙江方志地图》，《中国测绘报》2002年8月9日。
⑤ 史五一：《简析清代方志中的舆图》，《广西地方志》2009年第1期。
⑥ 赖弘文：《清代方志地图的研究》，（台湾）"中国"文化大学地学研究所硕士学位论文，1997年。
⑦ 李信明：《民国时期的辽宁方志地图》，《中国测绘报》2004年12月17日；李信明：《清代辽宁方志地图》，《中国测绘报》2005年8月5日。
⑧ 张安东：《清代安徽方志舆图之解读》，《巢湖学院学报》2008年第2期。
⑨ 闫玉玲：《清代新疆方志地图研究》，中国人民大学硕士学位论文，2007年。
⑩ 龚缨晏：《象山旧方志上的地图研究》，浙江大学出版社2015年。
⑪ 王毅：《明代三峡地区方志地图的地理要素考释》，《三峡大学学报》2014年第4期。
⑫ 胡孝忠：《明清香山县地方志研究》，山东大学博士学位论文，2011年。
⑬ 李园园：《明清海南方志〈舆地志〉研究》，海南师范大学硕士学位论文，2016年。

志研究中也都涉及了对地图的讨论。

(六) 方志地图为基础的历史地理研究

叶凯蒂利用包括上海方志地图在内的各种地图观察不同主体对城市形象认知的主导的讨论,[1] 范德从地方社会与中央王朝的权力关系视角观察方志地图和图像对地方的构建作用的阐述,[2] 对以方志地图为基础开展地方历史地理研究有充分的借鉴价值。钟翀的《温州城的早期筑城史及其原初形态初探》[3]《上海老城厢平面格局的中尺度长期变迁探析》[4],以及和秦钟沛、陈吉共同撰写的《无锡城历史形态的资料整理与空间复原方法》[5],展示了城市研究的方志地图方法和技术路径。于风军以明至民国期间陕西方志舆图为研究对象,对该地区历史景观的历史地理演变进行了系统讨论,并加以复原、对比和解读。[6] 以城池图为线索,侯卫东复原了元代巩义县城布局[7],罗艳春梳理了万载县城变迁史[8]。

---

[1] [德] 叶凯蒂:《从十九世纪上海地图看对城市未来定义的争夺战》,《中国学术》(第3辑),北京:商务印书馆,2000年。

[2] [美] 范德:《图绘明代中国:明代地方志插图研究》,《中国社会历史评论(第二卷)》,天津:天津古籍出版社,2000年。

[3] 钟翀:《温州城的早期筑城史及其原初形态初探》,《都市文化研究》2015年第1期。

[4] 钟翀:《上海老城厢平面格局的中尺度长期变迁探析》,《中国历史地理论丛》2015年第3期。

[5] 钟翀、秦钟沛、陈吉:《无锡城历史形态的资料整理与空间复原方法》,《城市史研究》2014年第1期。

[6] 于风军:《符号、景观与空间结构——基于陕西方志舆图(明至民国)的景观历史地理研究》,陕西师范大学博士学位论文,2005年。

[7] 侯卫东:《元〈河南志〉巩县城池图复原研究》,《历史地理》(第27辑),上海:上海人民出版社,2013年。

[8] 罗艳春:《明清时期的县城:万载县"城池建置形胜图"释析》,《中国社会经济史》2015年第2期。

颜敏杰[①]、谢鸿权[②]、阴劼[③]等从建筑史、城市规划角度，通过解析旧方志城池图对古代城市的空间结构、城市意象等进行考证。杨宇振[④]、唐有伯[⑤]等从不同层面将方志地图与城市研究结合起来，推进了各专题领域的历史地理实证研究。董枫[⑥]、阴劼[⑦]等则发展了方志地图与地方认知研究的思路。

（七）方志地图的其他关注和探讨

学界对下述五点亦有关注和探讨：一是，方志地图作为研究对象，逐渐得到各类研究者的关注，这一方面有较大发展。二是，对方志地图绘制与编纂理论的讨论持续深入。三是，将方志地图与城市历史地理研究、城市空间研究相结合的实证工作，在方志地图研究中占有重要地位，也是方志地图研究论题持续增长的重要动力。四是，将方志地图与地方社会发展相结合，成为新的学术增长点。五是，方志地图研究多学科交叉，研究方法与理论的多元化趋向明显，如城市、规划、建筑等学科的关注，城市意象、

[①] 颜敏杰：《运用方志图版解析明清地方城市空间结构》，（台湾）"中国"技术学院硕士学位论文，2005年。

[②] 谢鸿权：《嘉靖〈陕西通志〉城市建置图三题》，《中国建筑史论汇刊》（第六辑），北京：中国建筑工业出版社，2012年。

[③] 阴劼等：《方志城池图中的中国古代城市意象研究——以清代浙江省地方志为例》，《城市规划》2016年第2期。

[④] 杨宇振：《图像内外：中国古代城市地图初探》，《城市规划学刊》2008年第2期。

[⑤] 唐有伯：《广州湾地名考辨——明清方志舆图中的广州湾》，《岭南师范学院学报》2015年第4期。

[⑥] 董枫：《明清县域地图与地方地理认知——以明清之际泰顺县域地图的分析为中心》，《复旦学报》2012年第1期。

[⑦] 阴劼等：《方志城池图中的中国古代城市意象研究——以清代浙江省地方志为例》，《城市规划》2016年第2期。

空间认知理论的引入等,大大丰富了方志地图研究的方法与思路。

然而,学界探讨绝不能仅聚焦于方志地图这一点,尚有其他志图种类以及新方志志图的方方面面需要关注和研究。尤其是当前形势下,关于志图的当代应用问题、志图在三轮修志中如何发挥作用问题,更具有研究价值和指导实践的现实意义。此外,即使是已有的方志地图研究呈现出了多学科交叉和理论多元化的发展趋势,但却偏重于某些领域的个案研究和利用(如城市史、历史地理学等),对于如分区域整理与研究这样的基础性整理工作、志图的性质和整体特征、志图在发展应用中表现出来的问题等的宏观把握仍有很多不足。

四、志图在新方志中的应用及问题

20世纪五六十年代我国新方志编修工作开始,并逐步呈现出普遍修志的局面,但由于当时的历史条件所限,公开出版的志书不多,留下来的或为稿本或为部分志稿。当时修志虽然也关注图的应用,但是不仅数量偏少(有的志书甚至只有一幅行政区划图),而且缺少规范。

八十年代启动的首轮新方志编修和2021年全面结束的二轮修志,则主动沿袭了传统——将图作为志书体裁之一,并在两大时期呈现出不同的特点,同时也存在着应用中的很多问题,以致图的功能作用并未在现实中充分发挥出来。

(一)在首轮志书中的应用

首轮志书多在卷首配置彩照,展示一地经济社会发展成就和人物风貌,除常规典型事项外还配有文人字画、土特产等,图照以其特有的魅力成为志书框架结构中的第一个单元。这是新方志框架结构的创新，突破了仅是随文配图的模式。卷首图照展现强烈的时代特征和浓郁的地方色彩，成为新方志吸引读者的一大特色。

图的主题和应用也开始广泛起来。无论是自然要素还是社会和经济等要素，都可以配合文字记载用图表达、对比变化以及反映各种演变的规律。从编绘手段来讲，已有航空影像图、卫星影像图。如《福建省志》仅地图集就单设了4卷，《普通地图集》《历史地图集》《地理地图集》《经济地图集》。其《普通地图集》[①]是福建省第一部使用电脑制图的大型地图集，由序图5幅、分县图73幅、城市图13幅、文字介绍约10万字共四部分组成，以直观形象的地图语言，结合图表和文字介绍，全面、系统地反映了福建行政区划、居民地、水系、地貌、气候、交通、城市建设等基础国土信息。《福建省志》的各专业志也是图文并茂，如《生物志》[②]几乎穷尽了当地的动植物种群、稀有物种和重点保护物种多幅图照，备受瞩目。《绍兴县志》[③]410万字、1400余幅图照，不仅收录了行政区域图、地势图、交通图、气候城区分布图、水系图、土壤图、地质矿产图、土地利用现状图以及卫星影像图等诸多当代志图，而且在"建置""自然环境""镇乡""水利""城乡建设""军事""教育""文物"等编的编首冠以南宋至清史志文献中的相关古图30余幅。各编题头照均为能够说明本编主旨的代表

---

① 福建省地方志编纂委员会编：《福建省志·普通地图集》，福州：福建省地图出版社，1999年。

② 福建省地方志编纂委员会编：《福建省志·生物志》，北京：方志出版社，2003年。

③ 绍兴县志编纂委员会：《绍兴县志》，北京：中华书局，1999年。

性物件照片,如"教育"编选用了蔡元培殿试试卷照片,"土地"编选用了"东汉建初买地刻石拓片"照片,"县政机构编"选用了"唐代会稽县钢印"照片。作为一部县级志书,其篇幅已经超过许多地市级志书,然读来并无冗长之感,以上种种入志图照功不可没。

然而,这种志书只是不多见的特例。大多数首轮志书未能将图照资料和文字资料视为同等重要和不可或缺,除卷首彩页和部分随文图照外,连篇累牍的文字充斥全志。总体看,在首轮志书中,地图、绘图和摄影照片等图照普遍太少,特别是随文配置的黑白照片、彩色照片较少,有的志书甚至没有。首轮志书中的省级科学技术志颇具代表性,见表7-1。即使这少量的图照,也存在重要性认识不足、主题窄、选材范围小、质量低等很多问题。主要表现为只是将图照视为文字资料的注脚或补充,领导视察、剪彩、奠基和会议场景、办公楼照片占了很大比例,照片主题雷同化、平庸化倾向明显,主题不明确、构图不合理、清晰度差,无美感可言等。

表7-1 首轮省级科技志图体应用情况一览表①

序号	志书名称	篇/章数	图 体		
			志首彩页	随文图照	
1	北京科技志	十四篇	101帧	第九篇	12图
2	河北省科技志	十一篇	73帧	第九篇	2图
3	山西省科技志	十篇	198帧	共四篇	12图

① 夏侯炳:《论志书图表及其运用》,《江西地方志》2022年第5期。

(续表)

序号	志书名称	篇/章数	图体		
			志首彩页	随文图照	
4	内蒙古科技志	十一篇	82帧	——	——
5	辽宁省科技志	十八篇	103帧	——	——
6	吉林省科技志	八篇	48帧	——	——
7	黑龙江省科技志	九篇	37帧	共三章	3图
8	上海科技志	十一篇	43帧	第二篇	1图
9	江苏省科技志	五篇	115帧	——	——
10	浙江省科技志	八篇	91帧	——	——
11	安徽省科技志	八篇	44帧	——	——
12	福建省科技志	八篇	53帧	——	——
13	江西省科技志	十篇	61帧	——	——
14	山东省科技志	六篇	278帧	——	——
15	河南省科技志	三十八章	18帧	共六章	9图
16	湖北省科技志	九篇	99帧	——	——
17	湖南省科技志	七篇	54帧	第九篇	1图
18	广东省科技志	六十八章	92帧	共七章	17图
19	广西区科技志	九篇	139帧	一章	1帧
20	重庆市科技志	六篇	147帧	——	——
21	四川省科技志	十篇	85帧	——	——
22	贵州省科技志	十篇	66帧	——	——

(续表)

序号	志书名称	篇/章数	图体	
			志首彩页	随文图照
23	云南省科技志	五十七章	79帧	第二十六章	1图
24	陕西省科技志	十三篇	94帧	第十篇	2图
25	甘肃省科技志	十三篇	56帧	——	——
26	青海省科技志	七章	71帧	共五章	6图
27	宁夏区科技志	十三篇	124帧	——	——
28	新疆区科技志	十篇	83帧	——	——
29	天津科技志	十篇	93帧（1—24页）	科技队伍与科技机构篇	2图
				科技管理与软科学研究篇	15图
				自然科学篇	12图
				工业科技篇	30图
				农业科技篇	23图
				城市建设科技篇	9图
				交通邮电科技篇	8图
				医药卫生科技篇	7图
				综合科技服务篇	14图
				高新技术篇	11图
				共十篇	共131图

首轮省级科技志100％设置了志首彩页，最少的《河南省科技志》18帧，最多的《山东省科技志》278帧。然而，随文图照的使用则很薄弱，每篇均配图的仅1部，占比3.45％；1图未配的竟有16部，占比55.17％。此外，有4部志书仅在一章配了1幅图，另4部志书也仅在某篇章配了二三幅图，可见图照应用存在一定的随意性。在这批省级科技志中，《天津科技志》是个例外。一是图的应用数量多。不仅有24页93帧志首彩页，而且随文另配131幅图。在随文图照数量方面，比排名第二位的《广东省科技志》多了114幅图。二是随文穿插的图照在每一篇中均有配置。这在首轮省级科技志中非常突出，成为该志的最大特色。

（二）在二轮志书中的应用

2007年，中国地方志指导小组制订印发《关于第二轮地方志书编纂的若干意见》，明确指出：图照的选用应当注重典型性、科学性和存史价值的统一，遵守国家的有关规定。《意见》明确采用了"图照"的说法，使得新方志中的"图"完成了"图照"概念的正式转换。

志图在二轮志书中的应用，首先继承了首轮志书设置卷首彩页以展现时代特征和地方特色这一框架结构创新，而且相较首轮志书在随文配图数量方面有了很大提升。如：《南宁市志（1991—2005）》[①]，收录图照约1700幅、表格571个，每2个对开版面有图表（含照片）。该志共4卷，每卷卷首均设图照专辑，

---

① 南宁市地方志编纂委员会：《南宁市志（1991—2005）》，北京：方志出版社，2018年。

且内文配有插图,按总页码计平均 2.23 页一幅图照,按正文计平均 2.08 页一幅图照、平均 5.20 页一幅统计图表,适应了"读图时代"的要求。① 《佳木斯市志》② 随文配图 1 200 余幅、《绥芬河市志》③ 随文配图 800 余幅,等等。

此外,方志界对图照在志书中的应用有了新的认识,将图照资料与文字资料置于同等重要的位置,强调图照对于志书形式创新的作用。《丰南县续志(1986—1993)》④ 志首彩页、随文配图分别为 103、137 幅,仅"乡镇企业"一节就配图 29 幅。《禄劝彝族苗族自治县志(1991—2000)》⑤ 志首彩页、随文配图分别为 114、130 幅,平均 3 个页码一幅图照。《临邑县志(1986—2002)》⑥ 随文配图 800 余幅,除分志之外,在序、大事记部分也收录了图照,开山东省三级志书全彩印刷先河。《青岛文物志》⑦ 20 余万文字,400 余幅图照。《崂山志》⑧ 50 余万文字,530 多幅图照。二轮修志时期,很多志书都是图文并茂、编排新颖,在"可信、可用、可读、可看"的实践中作了大胆探索,在志书形

---

① 郑小娟:《浅析〈南宁市志(1991—2005)〉统计图表的特点、问题及改进策略》,《广西地方志》2022 年第 3 期。
② 佳木斯市地方志编纂委员会:《佳木斯市志》,北京:中华书局,1996 年。
③ 绥芬河市地方志编纂委员会:《绥芬河市志》,哈尔滨:黑龙江人民出版社,2000 年。
④ 丰南县续志编纂委员会:《丰南县续志(1986—1993)》,北京:方志出版社,2003 年。
⑤ 禄劝彝族苗族自治县地方志编纂委员会:《禄劝彝族苗族自治县志(1991—2000)》,昆明:云南人民出版社,2002 年。
⑥ 山东省临邑县史志编纂委员会:《临邑县志(1986—2002)》,北京:中华书局,2004 年。
⑦ 青岛市史志办公室、青岛市文物局:《青岛文物志》,北京:中国出版社 2004 年。
⑧ 青岛市史志办公室:《崂山志》,北京:五洲传播出版社,2003 年。

式创新上迈出了坚实的一步。

尤其是随着重大事件志的出现，志图有了更加广泛的应用，甚至专门设置了《图志》卷。以2008年11月6日《汶川特大地震抗震救灾志》的启动编纂为标志，重大事件志开始流行。为直观形象地反映重大事件的过程、实景、实物，反映其所涉及的大量场景、项目、场馆等，重大事件志不仅较首轮志书大大增加图照数量，甚至融合了图志的表现方法。如《汶川特大地震抗震救灾志》不仅在11个分卷的正文中收录了很多照片（《灾后重建志》分卷收录了200多个重建项目的照片）；而且专门设置了《图志》卷，收录图照1924幅，以图为主、说明文字为辅，图文相衔地全景再现了抗震救灾的真实场景。《上海世博会志》收录图照近2000幅，不仅在志首设置图照专辑，而且在正文各篇中大量地随文配图。为了征集到足够多的图照，《上海世博会志》编纂委员会办公室和上海市政府新闻办公室在号召志书各参编单位（新华社上海分社、解放日报社、文汇报社、新民晚报社等）提供照片的同时，还面向全球媒体广泛征集世博会运行期间的相关照片。在法新社、路透社、美联社、澳大利亚新闻社等海外媒体的支持下，收集照片20多万张。①

此外，一些专门的"图志""图录"编修出版。如，2002年出版的《柳州图志》②、2006年出版的《中国古代印刷图志》③、

---

① 上海世博会志编纂委员会：《上海世博会志》，上海：上海人民出版社2020年，第2557页。
② 柳州市地方志办公室编：《柳州图志》，南宁：广西美术出版社，2002年。
③ 徐忆农著：《中国古代印刷图志》，扬州：广陵书社，2006年。

2017年出版的《乌兰牧骑——赤峰市60年图志》①、2018年出版的《六盘水民间美术图志》②，以及由广西壮族自治区地方志编纂委员会办公室组织编写并由社会科学文献出版社2018年出版的一整套《广西风物图志（第一辑）》等。

（三）在新方志应用中存在的问题

1. 图的配置缺少规范

在新方志地图的应用中，有的卷首图仅设行政区划图、城区图，但是又相对比较单一，甚至有的位置图、历史沿革图等均阙如。与旧志必设衙署图不同，新方志普遍不再用图显示政府机构分布，有的以照片取代编绘，但似乎也是零散的，难以反映一个地方最重要的施政机构的变迁轨迹。如前文所述，在29部首轮省级科技志中，在随文图照方面，存在一定的随意性配置问题。但在诸如科技志的各专业篇章和政区志的经济部类中，有必要强调图照的广泛应用，而不是随意。

2. 图的滥用

一是，一些已经出版的图志，除了书名标的是"图志"之外，或是与专题画册、图片集没有太大区别，或是距离规范的志体还有较大差距。二是，图文不符。如某县志卷一"建置"中介绍2镇19乡概况时，为每一乡镇配了一幅照片，名为"×××乡"，实仅为乡政府所在地一角，过于"以点概面"。三是，泛图

---

① 郭玉峰主编：《乌兰牧骑——赤峰市60年图志》，赤峰市文化新闻出版广电局，2017年。

② 余朝林主编，汪龙舞编著：《六盘水民间美术图志》，成都：四川人民出版社，2018年。

化,有图辄录,没有经过对图的严格筛选,以致影响到志书的著述性和协调性。四是,正如美国纪实摄影家刘易斯·海因所说"虽然照片不会撒谎,但撒谎者却可能去拍照片"①,图作为一种人为作品完全有作伪、后期技术处理等可能,照片展现的人事物也可能为摆拍或事后补拍。

3. 图的宣传色彩

章学诚言:"近代方州之志,绘为图象,厕于序例之间,不立专门,但缀名胜,以为一书之标识,而实无当于古人图谱之学也。夫争于绘事,则艺术无当于史裁;而厕于弁髦,则书肆苟为标帜,以为市易之道,皆不可语于史学之精微也。"② 遗憾的是,这一批评同样适用于新方志图照问题。或是宣传色彩,"翻开卷首,扑面而来的,或者是中央、省、市等上级领导来县(区、市)视察、调研,或者是县上几大班子的领导检查下面的工作,或者是各级领导班子成员的合影。"③ 或是广告色彩,在"企事业选介"的名目下,给企事业单位的建筑、产品乃至法人代表拍照,置于志首彩页。如某县志,彩页多达79页,390多幅图照。县里的26个机关单位、6家企业公司、2家金融单位,以及县下的11个镇、4个乡、2家宾馆、2家酒店都有几张照片入志。④或是随意拼凑"十大建筑""十大壮景",林林总总,违背了"左图右史"的本意。有些志书试图以图照的形式,自以为"巧妙"

---

① [英]彼得·伯克:《图像证史》,北京:北京大学出版社,2018年,第21页。
② 章学诚著,叶瑛校注:《和州志舆地图序例》,《文史通义校注》(卷六),北京:中华书局,2000年,第635页。
③ 张伯龄:《走出修志误区》,北京:中国方正出版社,2007年,第52页。
④ 林衍经:《续志编纂说略》,合肥:安徽大学出版社2009年,第119页。

地植入宣传广告。打开此类志书，首先出现的不是序言，也不是目录，而是大批的题词和不适当的风景照片等。这样一种格式显然不合乎志书规范。

4. 图的多意性解读

面对同一幅图像，不同的人因为有不同的知识背景和问题关注点，可能会产生完全不同的理解和看法，也就是存在多意性解读，尤其是就那些充满隐喻性的图像而言。这就导致在配置图照时，往往会出现一些照片既可以归到这个板块，又可以归到那个板块，甚至可以归入三四个板块的情况。有的志书因为没有科学制定总的《入志图照规则》，志书总纂的宏观统筹能力又有所缺乏，导致不能正确处理好图照文献和文字文献之间的关系，包括图文内容之间的匹配、和谐以及图文数量的占比等，甚至是图文"两张皮"。

5. 图的文字标注欠完整和规范

文字标注一般由图序和内容说明两部分组成。内容说明主要包括时间、地点、事由、人物、摄影者或照片提供者等要素。图的这些文字标注，本身就是志图承载的历史的一部分，因此应要素交代齐全、真实、准确。然而，在很多志书中都可以看到诸如"某某人到某县考察"这样的表述，显然没有将事情说完整，资料性不强。考察总有主题，因此需要说明选用这张考察照片的主题。图题确需简明，对事件照等所反映的事件的说明确需简略，但是并不等于事件中的一些重要元素完全没有。

6. 图与表的杂糅使用

在《南宁市志（1991—2005）》中，大量使用了统计图，以形象直观的表述形式增强了信息表达的灵活性,活泼了版面,为全志增色不少。然而,统计图表混杂等问题在志书中比较明显。总体情况用统计图、分项具体情况用统计表,图表杂糅在一起。如,1991—2005 年南宁市计划生育事业费投入情况的合计数用统计图表示,而具体的市级投入数和区县投入数则用统计表列示。① 《松江县志》② 卷九"农业"中配了"松江县历年粮棉油面积产量表",接着又出现"松江县粮食总产、单产增减示意图"。既有前表,后图似无多大必要。卷十九"财政税务"中配了"1953 年、1985 年松江县财政收入对比图",同时又配了"1950—1985 年财政全额收入表"。因为前图的数据都在后表中有所体现,所以前图似无必要。

7. 图照运用并不充分

在志书中采用照片,最初是从民国时期开始的。中华人民共和国成立后所编新方志已广泛收录各类照片,包括人物照片、风景照片、文献影印照片等,有些志书还采用了卫星照片。然而,随着数字传媒技术的迅猛发展,图的来源、出版技术以及人们的阅读方式发生了深刻变化,而图照在志书中的体现度显然落后于这一形势。此外,图照运用以照片为主,忽略了手工绘图和地图、统计图、示意图的作用,忽略了恰当地运用多种类图照在弥补照片之不足、加大志书的综合性和厚重感、提升信息量中的重

---

① 参见郑小娟:《浅析〈南宁市志(1991—2005)〉统计图表的特点、问题及改进策略》,《广西地方志》2022 年第 3 期。
② 上海市松江县地方史志编纂委员会:《松江县志》,上海:上海人民出版社 1991 年。

要作用。

五、志图在三轮修志中发挥作用的思考建议[①]

在三轮修志中,既要高度重视又要科学规范图的使用,既要在认清和梳理出志图在以往应用中存在的问题基础上总结经验,包括最新的各地从二轮修志中积累的辑图经验以及文字说明方面的经验,加以参考和借鉴,更要根据新时期特点突显本时代的志图特色。鉴于照片在新方志志图中的占比最大,因此下文中较多谈及了照片的相关话题。

(一)加大图照应用力度

1985年中国地方志指导小组全体会议讨论通过的《新编地方志工作暂行规定》,第十五条明确指出:"(各级、各类志书)总体规模不宜过于庞大,应当以既充实又精练为原则。一般情况下,县志以控制在三十万至五十万字左右为宜,市志控制在一、二百万字至四、五百万字左右为宜,省志字数最好控制在一千万字以内。"结果是,首轮志书普遍大大突破了这一规模要求。1997年中国地方志指导小组二届三次会议讨论通过的《关于地方志编纂工作的规定》,第十五条强调指出:"志书的篇幅不宜过大,今后续修,字数要相应减少"。事实是,续修志书篇幅普遍越来越大,县志数百万字、省志数千万字甚至过亿者均有。在这种情况下,有必要考虑加大"一图抵千言"的图照应用力度,以

[①] 这里仅讨论一般性志书,不涉及专门的"图志""图录",也不包括"甚至融合了图志的表现方法"的重大专题志。

减少志书篇幅。而且，图照的大量应用，能够使当前快节奏工作和生活的人们以较少的时间和精力获取更多的信息。现代测绘技术、数码照相技术、数字传媒技术等的进步和发展，也满足了精挑细选、精益求精的志书编纂需求，为加大图照应用力度提供了技术保障。总之，加大图照应用力度，是充分发挥志图功能作用、利用技术成果、提高志书编纂质量、增强读志用志效果等多方面的需要。

（二）需要配置哪些图照？配置多少为适度？

方志城池图具有一项重要作用，即不同时代的方志城池图接续在一起，能够展现城市空间的发展变迁。当今，城市快速发展和更新，很多地方出现了新城。围绕政府机构的搬迁，逐渐形成新的商业和居住中心。这些内容应该随着方志不断重修、续修，在方志地图中及时呈现，尤其是通过前后方志地图的比较反映城市空间演变流动的轨迹。这类方志地图必须配置，并确保要素完整、明确。诸如在政区志的经济部类和科技志的各专业篇章中，同样有必要强调图照的广泛应用。政区志为地情百科全书，一般应有历史沿革图（行政区划图）、地形图、资源分布图、土壤分布图、水文图、气象图、动植物分布图、人口分布图、旅游交通图等；在城市建设方面应有城市沿革图、市区平面图、风景名胜区图、园林绿化图、大型公共建筑分布图等。

因为每一幅入志图照都有一定的资料性和存史价值，入志图照的编排都是根据一个时期内各个方面的大事、要事、新事进行整体布局，并配以必要的文字说明，所以图照与文字篇幅比例应控制在适当的范围内，并非随意而为。总体而言，可以按

1∶10 000配置，初稿时可以按1∶3 500选配。此外，志书各篇目的内容不同，选用图照的数量应有所区分，如在"城市建设""旅游""经济""特色产业""交通""文化""名胜古迹"等篇中应多一些；在"政权政协""党派社团""社会科学"等篇中应少一些。

（三）正确处理图照文献和文字文献之间的关系

一方面，图照绝非仅是补充文字资料之不足，而是"历史信息直接承载者"，应被作为直接证据加以运用，加大其在志书中的占比，甚至编纂出版专门的"图志""图录"，对一定历史时期的社会生活、物质生产等直观历史事实予以描述和记录。另一方面，图照虽有长于展示客观事物具体形象的优势，但其适用范围也有一定的限度，不能交代形象以外的其他复杂内容。因此，正所谓"图，经也，书，纬也，一经一纬相错而成文""见书不见图，闻其声不见其形；见图不见书，见其人不闻其语"，只有图文相合才能声形兼备，图文互用才为得体。要正确处理好图照文献和文字文献之间的关系。要注意图文记述在逻辑上的一致性，图照与文字紧密配合，不能彼此矛盾，不能"两张皮"。

（四）科学设计图照的选录

一是，在志书编纂之初制定"入志图照规则"。就重要主题、内容要求、收集方法、数量质量、版面安排等方面具体筹划，使图照的收集、选择与文字资料的组稿和编纂同步进行、统筹安排，以达到科学选录的目的。二是，在配置图照之前，对要表现的主题进行全面分析和深入研究，对于照片如何处理对象、选用什么背景、采用哪个角度等要有一个科学的全面考虑和安排。三是，根据图照主题、志书的地方特色或行业特点，以图言说。建议从重大事件和重要活动、城乡建设新面貌、经济发展新成就、社会事业新进展、自然人文景观与历史名人五个方面的主题入手筛选照片。四是，所选图照应注重典型性、科学性、资料性和存史价值的统一。志书不是发表题词的地方，也不需要任何不必要的风景照。此外，尽量减少一般的会议类和活动类照片选用量，它们的共同特点是信息含量较低，且无美感可言。

总结两轮新方志编修经验，适合用图照表现的内容主要有：（1）要突出的人、事、物；（2）要强调的事物的某个方面；（3）要作细节解读的事物；（4）要提供历史见证的事物；（5）情况复杂、文字难以说清的事物或现象；（6）需要靠图照来缩减文字的事物；（7）能活跃版面、激发阅读兴趣的景观和场面；（8）有美化版面消除视觉疲劳作用的作品；（9）列入大事记中的大事、要事、新事和特事；（10）赋予统计表以形象的统计图。①

（五）多途径收集图照

收集的图照多、主题广，才有更多机会选出内容和形式俱佳者，同时也有利于各个篇目图照选用时的平衡和调节。建议三种途径收集图照：一是，公开征集。在网站、微信公众号、报刊、电视台、广播电台等媒体上刊登或播出征集启事，广泛征集志书内容需匹配的图照。二是，撰稿单位报送。要求志书各撰稿单位及时报送一定数量的与志稿条目内容相关的图照，供志书编辑人

---

① 夏侯炳：《论志书图表及其运用》，《江西地方志》2022年第5期。

员选用。三是，补充拍摄。经前两种途径后，将收集到的图照汇总筛选，基本确定了选用图照的范围、主题和数量。此时，如果仍然缺少必要的主题图照，且具备补拍条件的可以考虑补充拍摄。若补拍，则应依据现实需要落实相应的任务和质量要求，有计划、有针对性地对缺少的主题图照进行拍摄。在收集图照资料时，必须确保标题、拍摄者、拍摄时间、拍摄地点、图注等要素齐全，从而确保真实可靠。

（六）合理安排志首彩页和随文图照

志首彩页本着立足于历史的高度，围绕志稿的章节顺序安排，全面、系统地反映各个方面和行业宏观、中观且独具特色和具有代表意义与珍贵价值的内容。志首彩页可编排地图（示意图）、照片等。一般情况下，把行政区划图、地形地貌图、辖区交通图、省市级以上文物照片、特产及标志性建筑照片等，能代表本地区特色的彩色图照集中安排在志首。少数志书把这种图照与概述结合起来使用，也是一种不错的尝试。随文图照侧重于反映微观具有独特典型意义的内容，作为文字的补充说明，增强读者的直观感受。随文图照要根据每卷的内容及特点合理编排。如：政治卷中通过文字介绍能够说明情况的就不用再转化为图表；经济卷则应有大量的数据统计图表，因为如果仅通过文字记述，既不能直观形象地表现数据特征和分析结果，也不便于读者理解该卷所传达的信息。

《松江县志》（1991年）在图照安排上就比较合理：一是，护封照片显示松江之特征。每一地都有自己的代表物，如天安门代表北京一样，建于宋代高42.5米的九层砖木结构建筑"方塔"

为松江之特征。《松江县志》将方塔彩照置于护封上，层次分明，色彩鲜艳，有先声夺人之感。二是，插页照片展示松江之地情。卷首的139幅照片和6幅地图，集中展示了松江一地的自然地理、政治经济、文化教育、文物古迹、社会习俗、人民生活等情况。这些卷首图照，充分展现了松江县的交通便捷、经济繁荣、文化发达、生活富裕的上海城乡一体的近郊县形象。三是，串文图照揭示各业之特色。全书32卷，每卷卷首的辑封上置一照片，突出各卷主题。串文图照165幅，除人物卷外平均每卷5幅。这些串文图照，根据文字内容精心挑选，揭示了各业特色。众多的图照，分三个层次持续增强志书的表达力，不仅图文并茂、形式与内容有机统一，而且使志书更"可信、可读、可用"。

（七）完整标注图照文字

一般而言，文字标注由图序和内容说明两部分组成。图序根据志书整体结构规划，以篇和章为单位排序，如图2—4—5。图要有图题，简明确切，置于图的下方。内容说明包括时间、地点、事由、人物、摄影者或照片提供者等要素。其中，时间为事件（事物）发生（产生）、变化的时间和摄影时间；地点为被摄影物所在的具体地点；事由为照片反映的主要事件（事物）；人物为照片影像上主要人物的姓名、身份及其在照片中的具体位置等；摄影者为照片摄影人的姓名和单位，提供者为照片的供稿者。图的这些文字标注，本身就是志图承载的历史的一部分，因此要确保要素交代齐全、真实、准确。如："某某人到某县考察"，一般志书中都是如此表述，但却没有将事情说完整，资料性不强。考察总有主题，需要说明选用这张照片的主题。也就是说，事情是事件照的主体内容、反映重点，对事件的说明要把握好详略，特别是对略的把握不可以以面带点。

(八) 图的绘制必须专业和权威

图的绘制一般应由修志人员先提出设想和要求，并提供有关资料，再借专业人员力量以最新科学方法绘制。基础底图，通常采用测绘部门最新绘制的标准资料图。地图必须为国家测绘部门和有关部门绘制或者审定、重要地理信息必须采用测绘部门公布的法定数据。含有市界的地图，应当严格按照国家地图出版社出版的地图绘制。非绘制部门绘制的地图，必须送测绘部门审查、批准之后才能使用。物产、资源图等，也须使用测绘局的底图绘制，并经测绘局审定后加注审图号。行政区划图、自然地理图、地形地貌图、分省图、历史沿革图等，首先要保证精度，要有明确的地理坐标。志书中用图注明比例尺，若比原图缩小或放大须说明清楚。

(九) 把好编辑关，注重图照的版面设置

对于入志照片的版面设置，要坚持突出主题、编排稀密有度、文图搭配得当、富有变化等原则；要坚持每幅照片有一个明确的主题，必须是反映事件或事物的代表作，决不能把和志稿内容毫无关联的照片编排在一起；要防止照片页面的零乱和拥挤，照片该大则大、该小则小；要在考虑照片和文字相对位置的基础上，从版面美观的角度出发努力做到——单页时照片置于右侧，双页时照片置于左侧；照片文字标注的字体、字号及排版格式，全志要保持一致。

总之，应以严谨求实的态度、精益求精的作风重视和研究志图在三轮修志中的应用,从志书的功能、意义、作用出发广泛征集、审视取舍、科学编排,对每一幅图照都要严格把好质量关,真正体现出时代性、资料性、真实性,最终编修出信息丰富、图文并茂、版面活泼、品质优良的传世佳作。

表 体

张 莉

表是一种以表格形式陈述事项的文章体裁。1985年中国地方志指导小组第五次会议讨论通过《新编地方志工作暂行规定》，其中明确指出："新方志的体裁，一般应有记、志、传、图、表、录等。以专志为志书的主体，图表可分别附在各类目之中。图表尽量采用现代技术编制。"[1]

自此以来，表在志书编纂中的价值和作用已成公论，而关于表的编纂、设计也成为修志者关注的话题。本章重点研究和总结志表的功用与类别、表的入志实践、关于志表的学术研究等，并对如何在三轮修志中更好地运用志表提出思考与建议。

一、志表概述

志表，顾名思义，是运用于志书中的、按照年次或者类别逐栏排列以记述相应事项的表格。志表是志书的重要组成部分，对志书的内容、表达和思想体现都有着重要的价值与意义。中国地方志指导小组办公室主编的《当代志书编纂教程》，对志表的要

---

[1] 《新编地方志工作暂行规定》，中国地方志指导小组办公室编：《中国方志文献汇编》，北京：方志出版社，1999年。

素作出了规范性定义,提出表一般包括表题、表头、表身、表注四个部分。其中,表题由表序和表名构成,表名需含地点(单位)、时间和事项三要素;表头包括栏头、栏目(横目、纵目);表身又名表文,是表格的主体;表注是解释表格中的某事项的补充文字。① 对于志表的记述对象、类别和价值等的认识,修志者和研究者也在长期的实践与探讨中逐步明晰。

(一)志表的定位与功用

对于表的价值,清儒朱彝尊已指出,表能"揽万里于尺寸之内,罗百世丁方册之间"②。章学诚也表示:"表之为休,纵横经纬,所以爽豁眉目,省约篇章,义至善也。""人表入于史篇,则人分类例,而列传不必曲析求备。"③ 可以说,清儒的研究是建立在旧志实践的基础上的,他们敏锐地察觉到表在记录人物名录上文约事丰的巨大价值,但可惜的是,受制于封建时期史志学观的局限性,旧时志家始终未能作出进一步的探讨。新方志中志表运用对象的扩大同时也意味着,志表的价值远超出章学诚等人的眼界。根据新方志中志表编纂实践和诸多学者的研究总结归纳,志表大体有以下功用:

1. 概括志文

表是一种易综括、便省览的体裁,具有文字不能详尽表达的功能。志书使用表,在记人之外,还可以起到以类系事

---

① 中国地方志指导小组办公室编:《当代志书编纂教程》,北京:方志出版社,2010年。
② 朱彝尊:《补历代史表序》,《万斯同全集》第2册,宁波:宁波出版社,2013年,第6页。
③ 章学诚:《文史通义》,北京:中华书局,1985年,第874页。

的作用,从而让志书"条理分明,眉目清晰,开卷便见,举目可详"①。

2. 补充志文,丰富志书内容

无论是随文表格还是附表,都是志文的有效补充,表文结合能够使得志书记载更加丰富和全面。如人物名录表,对某一地区的高级专业技术人员名录,志文中通常不会专门记载,但志表就能保存此类材料,是志书"存史"的价值的有效载体。

3. 压缩篇幅,节约阅读时间

表能够将不同年份的不同事类,通过列表一一举出,使它们"纵横经纬,爽豁眉目",从而起到压缩志书篇幅的作用。同时读者也无需从浩瀚的文字中提取相关信息,而是通过志表直观地获取信息,节约了阅读时间。

4. 活跃版面

表格不仅在内容上可以与文字互相补充印证,在形式上也让图书更为活泼,让志书不仅仅是长篇累牍的文字记载,借助于表格的直观形象,调整图书布局,美化活跃版面。

5. 体现规律,强化读者认知

与文字不同,表格天然具备直观体现数据大小、变化规律的作用,能够把一方事物的发展面貌和趋势较为完整醒目地展示给读者。修志者将自己所搜集的千差万别的具体事务及变化过程,按照"事以类聚,类为一目"的原则进行分类设目,然后按照类目统计数字,依次排列填入表格,"从而认识一方事物的本质及

---

① 黄苇等:《方志学》,上海:复旦大学出版社,1993年,第776—779页。

其演变规律"①。

结合以上功用，方志界形成了"文是志书的主干，而表则是志书的枝叶""表为文的补充，表格随文而行"的共识②，一致认为，表是方志重要体裁之一，但不能取代文字的表述作用，只能作为志文的补充。因此，志表应具备规范性、资料性、时限性、与文字内容的互补性、对文字形式的附属性、版式字体等格式上的统一性、统计意义上的可比性、内容和式样设计上的合理性、内容的准确性和阅读的便览性等等③。

（二）志表的记述对象和分类

志表的记述对象可谓包罗万象，尤其新方志突破了旧志多以人物表、纪年表为主的桎梏，进一步增加了各类经济、文化事业统计表、一览表、分析表、升降表、对比表等④。自此，政治、文化、经济、军事、体育、卫生等情况都可以综括为事表、物表、数字表等形式，成为志书一部分。记述对象舞台空间的扩大也使志表类型丰富多样。

1. 表格内容

志表一般应有大事年表，经济统计表（包括农、工、副、物资供销、财政金融、邮电交通等各业的品种、产量、产值、利

---

① 鄢钢城：《新方志编纂管见》，沈阳：辽宁大学出版社，2018年，第456—473页。
② 汤友兰：《方志表格位置问题浅议》，《黑龙江史志》2005年第2期。汤氏甚至认为，根据志书的结构，表也应当划分为篇（编）下表、章下表、节下表、目下表四个级别，各个级别根据各自地位录入相对于位置。
③ 孙铎：《浅析地方志书和综合年鉴表格的基本特点》，《中国地方志》2010年第10期。
④ 黄苇等：《方志学》，上海：复旦大学出版社，1993年，第776—779页。

润、收益分配等)、天文、气象、自然灾害等统计表、各主要部门机构和领导人员更迭表,行政区划沿革表,主要河流、公路、桥梁等一览表,人口统计表,文教卫生有关内容分项统计表,主要科技人员和科技成果一览表,革命烈士英名录,劳动模范表,人民生活和社会福利等有关统计表,等等[①]。

2. 制表对象

一般来说,志表所收录的对象应为:须进行对比研究的数据;传不胜传而又不可丢弃的史实资料;各领域或行业的生产、销售、服务、科研成果;各领域或行业获得的国家级、省级等奖励;机构及其领导成员的变动情况;历年的科研项目;历年获批的专利统计;企业经营业绩统计;机构经费收支统计;需要集零为整、引起规模效应的事物等[②]。

3. 表格分类

志表大致可以分为沿革表、人物表、统计表三类,其中以统计表最为引人注目。统计表多收纳各类数据,表内的数字本身属于汇总信息资料。按使用用途可将统计表分为综合统计资料表、单项统计资料表和非统计单项资料表三种[③]。如进一步对其用途作区分,又可分为调查表、整理表和分析表三种。如按照制表形式,则又可分为简单表、分组表和复合表[④]。志表分类的复杂化

[①] 姚金祥、何惠明:《简明方志编纂学》,海口:南海出版公司,1994年,第456—473页。
[②] 夏侯炳、吴乔生、谢丹丹:《新志编纂通论》,南昌:江西科学技术出版社,2015年,第223—242页。
[③] 詹跃华:《论年鉴编修中表格的运用》,《广西地方志》2020年第2期。
[④] 梁滨久:《续志统计表的制作》,《黑龙江史志》2010年第6期。

某种程度上也是志表不断成熟的体现。

二、表入志书的历史渊源

一般认为，表这一体裁的创立始于司马迁①，《史记》中纂有"十表"，以时间为轴排列人物、事项，自此表与本纪、世家、列传、书并列为史家五体之一。班固《汉书》沿袭这一模式，撰有"八表"。这两部史学著作中的表，主要可分为大事表和人物表两大类，保存了王（侯）国世系、职官变迁等大量琐碎而又理应记述的史实，对正文起到了补充完善的作用。

《史记》《汉书》之后，表的发展陷入停滞，《三国志》《后汉书》等正史均没有延续使用这一体裁，直至北宋欧阳修编纂《新唐书》，表才再次出现在正史中。值得一提的是，宋代恰好是古代方志编修逐渐成熟、体例逐渐完善的一个时期。据考证，现存名目的宋代地方志书超过千本，数量远远超过前代②。这一期间，方志编纂者广为实践各种体裁，记述内容推陈出新。此时，史书对表的重新吸纳可能在某种意义上对当时的志书修撰产生了影响，因此也是在两宋时期表开始应用于

---

① 郑樵《通志》"总序"中称："桓君山曰：'太史《三代世表》，旁行邪上，竝效周谱。'古者纪年别系之书，谓之谱。太史公改而为表，今复表为谱，率从旧也。"他认为《周谱》首创"表"体，《史记》沿袭，但《周谱》现已不存于世，姑且以为《史记》为"表"这一体裁的开创者。

② 关于宋代志书的数量，目前学术界意见并不一致。如张国淦：《中国古方志考》（上海古籍出版社，2019 年）统计，宋代修纂方志 1016 种（总志 40 种），存世 34 种（总志 5 种）。顾宏义：《宋朝方志考》（上海古籍出版社，2010 年）则收录各类方志 1031 种，现存 29 种。但诸位方家均以为宋代方志数量过千，相比之前，可谓蔚然大观。

方志。

目前存世的志书中，最早应用表这一体裁的当属南宋淳熙年间（1174—1189年）梁克家所撰淳熙《三山志》①，但其运用较为简单，只设郡守表，表设置为经向纪年，纬向简单存录人名。所占篇幅也较少，整本志书42卷中表仅占2卷。

至周应合景定《建康志》，表在方志中的应用有了进一步的发展。周应合强调，修志需"定凡例，分事任"，确定凡例是修志第一要务，表前又有独立小序，规则严整②。周应合指出"国史、郡乘皆有表而例不同"③，景定《建康志》的"表"以大事记的形式出现，功能性很强。一方面分世表和年表，"其年月可考者为年表，不可考者为世表"，详今略古，以宋代表最为详细。另一方面，表的纬分时、地、人、事四项，各项之间又可以互相检索。《史记》的表是对列传世家等文字记述的补充，景定《建康志》的表则突出了地方性的特点。此外，又创《古今人表》，弥补了此前志书仅有人物传而无人物表的缺憾。表在志文中所占篇幅比重也大为提升，占全文的六分之一强。

景定《建康志》撰成后影响极大，被旧志家称为"事类粲然"，后修志书多以其"为准式""从其纲"。至正《金陵新志》赞云："用《春秋》《史记》法，述世、年二表，经以帝代，纬以

---

① 梁克家：《三山志》，北京：方志出版社，2003年。
② 周应合在修《江陵志》时有"图、辨、表、志"四个部分，和《建康志》不同，但都设有表，可见周应合已将表视作和图、志文同样重要的一部分。
③ 周应合：《景定建康志》卷6《建康表总序》，南京：南京出版社，2008年，第93页。

时地人事，开卷了然，与《建康实录》相为表里，可谓良史。"①此外，此书吸纳了天文、地理、灾异等要素入表，扩充了宋元志书中表运用的对象。

此后，志表在方志中的运用日渐广泛。至清代，方志修纂中已大量使用表，如洪亮吉《泾县志》列"职官""选举"等表②；章学诚《和州志》中列"官师""选举""氏族"等表③，《湖北通志》设"职官""封建""赋役"等表。尤其"赋役表"两卷，记述十一府六十余州赋役④，可谓旧志表体的重大突破⑤。

旧志中也有称表为"谱"的，如明嘉靖《长沙府志》中有"郡县世谱""封建世谱""州县职官历任年谱""选举年谱"⑥，直至民国所修《乡宁县志》还有"舆地沿革谱""乡镇谱""职官谱""贡举谱""仕宦谱""户口谱""学校毕业谱""选举谱"⑦。虽名为谱，但形式与表相同，也是旧志表滥觞的一种。

民国时期，志书应当有表成为定例。1929年，民国政府内政

---

① 张铉：《至正金陵新志》卷首《修志本末》，收入《宋元方志丛刊》，中华书局，1990年，第5284页。
② 洪亮吉总纂，李德淦主修：《泾县志》，安徽：黄山书社，2008年。
③ 章学诚纂，刘长城修：《和州志》，《章氏遗书》，北京：文物出版社，1982年。
④ 章学诚所编纂《湖北通志》因故未能为官方所用，其文后由章氏临终前嘱托友人整理出版，为《检存稿》四卷、《未成稿》一卷，后收入《章氏遗书》出版面世。
⑤ 从表的表现形式和效果看，数据表格化可让信息一目了然，因此表格天然和各类数字相亲相近，但旧志始终未能在这点上取得突破，以周应合《景定建康志》为例，志文中记录有户口、田亩、赋税情况等大量数据，但没有制作为表。
⑥ 嘉靖《长沙府志》未曾出版，现有版本藏于日本国会图书馆，长沙市地方志办公室于上世纪80年代曾从该馆影印此书。
⑦ 赵祖抃修，吴庚、赵意空纂：《乡宁县志》，1917年。该志现收于《中国地方志民俗资料汇编·华北卷》，北京：书目文献出版社，1989年。

部颁行《修志事例概要》，其中第 12 条规定："志书中应多列统计表，如土地、户口、物产、实业、地质、气候、交通、赋税、教育、卫生以及人民生活，社会经济各种状况，均应分年精确调查，制成统计比较表编入。"① 在此指导下，民国时期志书中表的比重大幅增加。如，霍士廉等修、由云龙总纂的云南《姚安县志》，共有 68 卷，含表 85 个，其中数字表 44 个，主要记述户口、田亩、税额、耕地、公粮、货物输入输出、物价等事项；事类表 41 个，主要记述沿革、大事、氏族、灾祥、阵亡烈士人名等②。

三、有关志表的学术探讨

志表是志书的一部分，同样承担着志书准确、权威、全面的编纂要求。志书是随着自身的成熟和演变一步步有了制表的需要，阚红柳认为，志书起于图经，经历了一个从图多字少到图少字多的发展过程，再到字多至需要表的辅助才能理清线索、条陈主旨③。随着多年的修志实践，表在志书中的应用逐步成熟，方志学界对于表的认识进一步深化，对其定位与功用产生了更全面的理解，并渐渐开始有意识地对志书中表的要素、表题设计、表文格式等提出各种规范。

(一) 志表要素

志表应包括必要的要素自是共识，但对于各大要素是否齐

---

① 收入赵庚奇编：《修志文献选辑》，北京：燕山出版社，1990 年，第 126 页。
② 该志的影印版收入杨成彪主编：《楚雄彝族自治州旧方志全书》，昆明：云南人民出版社，2005 年。
③ 阚红柳：《论宋元明三代志书中表体的应用》，《辽宁大学学报（哲学社会科学版）》1998 年第 1 期。

全,目前仍有两种不同观点。一种以为表格应要素齐全。① 其中,表题应置于表的上方,并同时具备时间、主体、事项三要素。表序应在表的左肩,表题居中,共用单位标注在右肩。表目内涵明确、纵横一致、归属得当。另有部分学者则以为志表一般应包括表序、表题、计量单位、表目、表文、表注等六要素,但仍需根据具体情况作判断,如出现表格本身不需要表注、计量单位不统一时不需统一标注等情况不应视为要素不齐全②。

本书主张,志表要素有必需要素和附加要素两种,表序、表题、表目、表文当属必需,计量单位则应因表制宜,表注在以往实践中并不统一,如果考虑到表格内容应有来源,不妨设定数据信息来源记入表注的凡例。

(二)表题要素与词序排列

表题在整张表中起到提纲挈领、直书主题的作用,对于如何准确表达出表题的涵义,方志学界又有了进一步的探讨。

表题含义明确、指代清晰是志表的基本要求,其应覆盖基本的时间、地域、对象等要素,即:时间+地域+主体内容+表,如"2005—2010年某某村工业总产值与人均年收入情况表"。二轮修志中,部分村志编纂者认为村志记述该村的情况,是不言而喻的,省略村名更简洁不累赘,因此表名省略了地域要素。莫艳梅认为,这不利于志表的进一步开发。表具有自明性、独立性,随着方志信息资源的数字化、网络化,表题要素齐全的,只要通

---

① 参见夏侯炳、吴乔生、谢丹丹:《新志编纂通论》,南昌:江西科学技术出版社,2015年,第223—242页。

② 管士进:《充分发挥图表作用提高志书编纂质量》,《中国地方志》2010第8期。

过搜索引擎输入时间、地域、主体内容、表等几个关键字，就可以查阅到①。

关于表题的各要素词序排列，学者注意到，要素存在自身以及和外界事物的逻辑相关性，其排列顺序不能违反生活常识和科学原理②。对于具体的细节，方志界有不同的看法。韩园德指出，志书表题涵盖要统一，一般由三部分组成：统计范围（安徽省）、统计时段（1986—2005 年）、统计内容（××情况统计表）。其排列次序应是表领属的在先，表数量的其次，表性状的（形象词）再次，表性质的（名词）放在最后，举例则表题应记述为"安徽省 1986—2005 年××情况统计表"③。管士进则认为，"表题即表格的标题，它用来简明扼要地说明表格内全部资料的内容，由时间范围＋地域（或部门）范围＋内容范围（主题、事项）＋表格性质组成。"他认为一张表格的表题规范性记述应为"1986—2005 年安徽省××情况统计表"④。张军以《地方志书质量规定》第三十七条"表题的时间、范围、主体内容和表格性质等要素齐全"为依据，认为规定明确了表题时间在前，范围在后⑤。吉林省地方志编纂委员会制定的《关于编修〈吉林省志〉(1986～2000) 行文规范》第三十八条同样规定"表题首标时间，

---

① 莫艳梅：《村志编纂如何突出地方性》，《广西地方志》2016 年第 6 期。
② 夏侯炳：《论志书图表及其运用》，《江西地方志》2022 年第 5 期。
③ 韩园德：《浅议志书统计表标题词序排列问题》，《中国地方志》2010 年第 7 期。
④ 管士进：《充分发挥图表作用提高志书编纂质量》，《中国地方志》2010 第 8 期；俞富江：《浅谈照片、表格在第二轮志书中的应用》，《新疆地方志》2017 年第 2 期。
⑤ 张军：《浅谈第二轮志书表格记述规范》，《新疆地方志》2013 年第 3 期。

次标范围,再标内容。"

本书主张,时间和范围何者为先更应该从思维的逻辑性入手,和表所想表达的意思保持思维一致、逻辑一贯,如表想要强调的是安徽省1986—2005年间和其他时期情况的差异,则应记述为"1986—2005年安徽省××情况统计表",如表达的是这一时期内安徽省和其他省市的情况差异,则应选择"安徽省1986—2005年××情况统计表"。

(三)数据的选取

数据是表文的灵魂,也是最能体现出表科学性、准确性的事物。一旦表中的数据出现错误,不仅容易引发认知谬误,也让整本志书丧失了权威性和科学性,因此对于表格中数据的选取,志书编纂者应当慎之又慎。《地方志书质量规定》第十一条对表的设计做出明确规定,即"设计合理,要素齐全,内容准确,不与正文简单重复"。

新方志中,表格数据的错误大致有三种:原始资料有误,未加考核;计算口径不一;运算方法不准,没有核对[1]。因此,在应对方式上,应增加核对流程,多次比照不同来源的数据,降低错误产生的概率。同时,对数据应进行选择,无须有数必录,尽量选择有历史价值的数据表入志[2]。如,经济部类,所选取的数据应展示经济规律,为读者提供综合类比、纵横分析的基础性依据。如出现因行政区域变化、统计口径变化而对表中数字有影响

---

[1] 黄苇等:《方志学》,上海:复旦大学出版社,1993年,第776—779页。

[2] 鄢钢城:《新方志编纂管见》,沈阳:辽宁大学出版社,2018年,第213—214页。

的，应在表下说明清楚。数据的选取对象，应优先向统计部门收集，如统计缺项，则应由主管部门提供①。数据的准确与否与来源密切相关。谢林娟等人指出，志表的收集途径不同，或为撰稿者自行收集整理，或为编辑人员通过组织部、档案局等单位档案总结提炼而来，或为通过相关厅局机关的官方网站上搜集整理而来，不同来源的稿件中表格往往有交叉有重复，需要在志书最终成稿前做出筛选，保留信息最全面的一个。努力做到表格要素齐全，空白栏需要想法补齐数据，如缺失则应作备注解释②。

可以说，研究者从数据的获得、选择、入表、核对等整个流程作了全面的审视，基本涵盖了数据错误的各种可能性。如能够对此进行系统总结、形成工作规范，并在以后的修志实践过程中认真执行，将能有效降低志表出错的可能，提高志表科学性。

（四）志表的篇幅

1986年12月，胡乔木在全国地方志第一次工作会议闭幕会讲话中提出，"地方志应做到详细，同时应做到简略。所谓详细，指它所应讲到的方面都讲了；所谓简略，就是指每个方面的说明要像打电报、编辞书那样地精练，要惜墨如金。作为一部实用性的文献，不能分量太大，分量太大引起种种不便。"③

表的入志本来就是为了节约文字、简便直观，关于表本身所

---

① 俞富江：《浅谈照片、表格在第二轮志书中的应用》，《新疆地方志》2017年第2期。

② 谢林娟、苏毅、刘薇、颜玲：《〈陕西省志·科学技术志〉中图表体裁的规范应用》，《甘肃科技》2017年第11期。

③ 胡乔木：《在全国地方志第一次工作会议闭幕会上的讲话》，中国地方志指导小组办公室编：《中国方志文献汇编》上册，方志出版社，1999年。

应占的篇幅也是方志学界一直所探讨的话题。志书虽然有七种体裁,但在具体的使用中不应平均用力,而应有主次之分;作为纸质媒介的志书,应以文为主,以图表为辅,保持志书的著述性属性①。志书不是表志,在阅读志书时,不宜让读者产生图表过多、过滥的感觉,但也不宜连着几页都是密密麻麻的文字。《新志编纂通论》举《高安市志》《天台县志(1989~2000)》为例,认为平均每3—4页有一个表格是合适的,认为志书最好能做到随手翻开成品志书时,对开的双—单页必有一个或多个图照或表格②。

姚金祥、何惠明的《简明方志编纂学》认为,表的数量应从志书内容的客观需要出发,实事求是地予以确定。各地志书的情况千差万别,人为地给各地的志书硬性确定图表照片的数量,或者比例,是不合适的。但也提出,表的数量从宜精不宜滥,不要喧宾夺主。志书不是报表资料汇编,应以文字为主,文字篇幅不宜少于三分之二。但两人仍反对部分修志者主张的"(表)总比例不得超过十分之一为宜"③,认为这种限制没有必要。夏侯炳罗列了首轮省级科技志图表运用情况,指出志表应比例适当,原则上应控制在总篇幅的1/5到1/6之间④。

事实上,表是志文的补充,但并非志文的附庸,过多的表会

---

① 任根珠:《志书表格的数量与篇幅控制》,《中国地方志》2017年第2期。
② 夏侯炳、吴乔生、谢丹丹:《新志编纂通论》,南昌:江西科学技术出版社,2015年,第223—242页。
③ 姚金祥、何惠明:《简明方志编纂学》,海口:南海出版公司,1994年,第456—473页。
④ 夏侯炳:《论志书图表及其运用》,《江西地方志》2022年第5期。

影响志书的正常叙事，但也不用因噎废食，过于约束表格的篇幅。志书的编纂应根据实际情况灵活选择合适的体裁，如记述的对象主要为经济类、贸易类、户口类等数据充裕且重要的内容，表格分量完全可以适当加重。反之，当志书反映的内容并不具备大量的数据信息，发展变化也不大，那么表格数量自然可以减少。但从读者的阅读效果看，如果表所占篇幅超过三分之一或者表格连篇累牍同时缺少文字说明，对于读者来说，也一样会感觉视觉疲劳，且难以迅速收获足够的有效信息。

（五）志表的规范性

在修志实践中，志表的应用和制作出现了不少有待提升完善的地方。关于志表所出现的问题，郑日总结有五大类：要素设置不规范；数值处理不当、编排不整体；计量单位选用混乱、编排不合理；一些基本统计符号没有得到运用，如"♯""–""…"等；表格形式以统计表居多，其他形式的表格没有得到广泛应用[1]。管士进认为，入志表格存在的问题主要有：表格不完整，主要指表格要素不完整；表目设计不清晰，逻辑混乱；表文处理不当、排列不规范；表目前后矛盾；表格设计制作不规范[2]。

此外，方志学界多提出入志表格应严格遵守规范，如表题应具有地方（单位）、时间、事项和性质四要素[3]，各要素顺序需按照所在省市地方志编纂委员会的要求，表栏是开放还是封闭、

---

[1] 郑日：《关于志书中表格设计的思考》，《福建史志》2006年第5期。
[2] 管士进：《充分发挥图表作用提高志书编纂质量》，《中国地方志》2010年第8期。
[3] 梁滨久：《续志统计表的制作》，《黑龙江史志》2010年第6期。

表头是否用斜线，表注应放在何位置，均应有统一标准。统计表中数字小数点后应保留几位，如同类数据为整数后面需要加相应的 0。表格中的数字尽量统一用阿拉伯数字，但如果纵向表格中数字纵排，则应考虑汉语阅读习惯，使用汉字竖向书写。表序的编号全书统一，位置也应统一放在表的上方。续表可不加表题，但需要加表头。计量单位应统一，尽量使用汉字，以方便阅读。单位所放位置也应统一。李新文指出，之前出版志书中表格资料很少有表明出处的，应予改正①。

"不留白"是方志学界对于表格式规范的共识。金雄波提出，人物表需要素齐全，如果有暂时不明白的事项，需"想方设法了解明白""表格中不要留有空格"②。表格内同种事项需要统一格式，外国机构和人名译法按照新华通讯社译名为准，数字格式遵守《出版物上数字用法的规定》，如年月日的表示、空格符号等，都要严格按照规范，符合志书官方、客观、科学的要求。值得一提的是，管士进对于表的编纂格式阐述尤为详尽，对于表中空白栏如何填充、表目编排按何种顺序、表文数字如何统一有效位数、横排竖排表格的长宽比例和顶底方向、跨页表格的处理方式等都提出了具体的规范建议③。

毫无疑问，统一的规范可以极大程度提升志书的科学性，也

---

① 李新文：《浅谈修志中表的设计与编写》，《史志鉴论坛》2008 年第 3 期。
② 金秀波：《谈第二轮志书人物简介和人物表（录）》，《新疆地方志》2015 年第 3 期。
③ 如，空白栏的处理分以下情况：当不存在某项数据时，可用一字线连接号"—"填充；当缺失数据时，可用符号"\"填充；当某项数据虽然有，但为了某种需要而免填时，可用符号"×"填充。处理方法均须在凡例或表注中加以说明。

能有效降低各类错误的发生，并利于读者的使用。表的编号可按卷/篇统一，确保卷/篇内要素一致，位置固定，明确随文表与文字的位置关系，可以在志书中单独制作表的索引。对于空白栏的处理，应制定统一规则，明确信息缺失和无此项信息分别应该使用哪种符号呈现。表内的规范同样需要统一，如数字的位次，如果同一表内都为整数的话，应考虑到阅读的便利性和美观性，统一不加小数点；如果某项统计存在小数部分，则统一以小数形式录入，并确定统一有效数字位数。其余如日期、外文或译文信息等都要按规范统一记载。有关表格的规范应在志书的凡例中明确说明。

四、志表在新方志中的实践运用

中华人民共和国成立后，方志界已形成"无图不成志，有志必载表"的共识①。首轮和二轮修志实践中，志书表格使用数量增多。以《上海市虹口区志（1994—2007）》（下文简称为《虹口区志》）为例②，全书正文38卷，字数约250万，共有表格651个（其中正文表格649个），平均每2.35页有一个表格，基本每一开页即有一个表格③。所列表格基本以"XX情况表""XX一

---

① 胡克源：《试论图表在志书中的作用》，《新疆地方志》2008年第3期。
② 上海市虹口区地方志编纂委员会编：《上海市虹口区志（1994—2007）》，北京：方志出版社，2011年。
③ 这一数据相比首轮修志有较大提升。李新文的《浅谈续志中表的设计与编写》（《史志学刊》2008年第3期）一文，曾统计了首轮修志《平遥县志》《祁县志》《和顺县志》《榆林县志》4部志书，计有表格共674个，平均每部志书168.5个，平均每5.4页有一个表格，《虹口区志》相比表格数和页占比均提升较大。

览表"为主，偶有"XX统计表""XX人名表"①。"情况表""一览表"主要起到以较为简洁的文字完整记录相关内容，从而文省事约、节约篇幅的作用，也有助于让志书表现形式更为丰富，避免了长篇累牍文字给人带来的视觉疲劳，增强了版面的美观性。

纵览《虹口区志》全书，表格总数目处于一个适中的水准，但由于各卷内容不同、特点不一，各卷表格数量差距亦较大，表格数量最多的"城区基础建设"卷有表格42个，主要有"路名表""道路一览表""桥梁（桥涵）一览表""防汛墙加固一览表"等，而"民主党派·工商联"卷仅有表格1个，为"2001~2002年虹口区各街道工商联分会（商会）情况表"（见表1）。以"城区基础建设"卷为例，如"路名表""街坊里弄道路一览表""桥梁（桥涵）一览表""客车时刻表""停车场一览表"等涉及的信息繁杂琐碎，如果用文字记载的方式则会显得过于冗长，表格的表述方式则可以直接明了地将这一内容记录下来，充分起到了"存史"的作用。且部分信息用文字不易表述清楚，如"1994~2007年虹口区小型环卫公共设施统计表"所记录的是公厕数量、面积、蹲位以及倒粪站、小便池等数量，如果改用文字记录，则公厕名称、记录具体对象和数量单位将不断重复，一方面给编纂者行文带来困难，另一方面也给读者带来阅读障碍。

---

① 夏侯炳以省级科技志为例，认为"首轮志书中，一般存在统计表用得多、事类表用得少，管理部类用表多、专业部类用表少的问题"。见夏侯炳：《论志书图表及其运用》，《江西地方志》2022年第5期。其实如果把范围扩大到全部志书的话，这一现象较为集中地出现在经济类、科技类等志书中，并非全部志书的情况。

表8-1 《上海市虹口区志(1994—2007)》表使用情况统计表

卷次	卷名	表(个)	卷次	卷名	表(个)
1	境域 行政区划 人口	24	21	国内合作交流 招商引资 对外和对港澳台经济	18
2	城区基础设施	42	22	工业	22
3	城区管理	35	23	电力燃气与水的供应业	7
4	旧区改造 动拆迁 住宅建设	15	24	建筑业	25
5	中国共产党	18	25	房地产业	22
6	人民代表大会	3	26	商业 服务业	24
7	人民政府	26	27	北外滩航运服务聚集区	27
8	人民政协	4	28	交通运输业 邮政电信业	7
9	民主党派 工商联	1	29	金融业	22
10	人民团体	4	30	精神文明建设	7
11	军事 民防	6	31	科学技术	18
12	公安	10	32	教育	13
13	检察	12	33	文化	19
14	审判	13	34	医疗卫生	37
15	司法行政	12	35	体育	22
16	民政	20	36	民族 宗教	2
17	劳动和社会保障	18	37	街道 镇	15

(续表)

卷次	卷 名	表（个）	卷次	卷 名	表（个）
18	经济发展 经济结构 经济体制改革	13	38	人物	19
19	经济行政管理	33		附录	1
20	财政 税务	14		前志勘误与增补	1

《虹口区志》充分利用了志表长于对比的优点。以"行政区划"一节为例，有"1994～2007年虹口区街道、镇、居民委员会统计表"和"2007年虹口区各街道所辖居民委员会情况表"两表，前一表体现了十余年间虹口区内街道、镇、居民委员会数量的逐年变化，后一表实为一览表，具体交待2007年的各街道所辖居民委员会情况，如与前表对照，能起到相互比较的功用。当然，如能再增补一个"1994年虹口区各街道所辖居民委员会情况表"，则可以更具体地了解到最初年份的情况，从而更清晰地反映出居委会的变动情况，帮助读者通过直观的对比增强对居委会变化趋势的认识和把握。

《虹口区志》数据来源较为广泛，此志书中既有直接取自相关单位的年度统计表，也有根据不同部门的数字汇编整理而成的表格。对于不同来源，志表下都以说明的形式作了记录，体现了志书的权威性和客观性。如"1996年虹口区第一次全国基本单位普查行业分布情况表"下说明"资料摘自《虹口区第一次基本单位普查资料汇编》"，"1994～2007年虹口区受理劳动争议案件情况表"下说明"根据区劳动保障局1994～2007年资料整理编制","1994～2007年虹口区人民检察院受理移送审查公诉案件统计表"下说明"数据由区检察院提供","1994～2007年虹口区基层团组织和团员情况表"下说明"数据摘自团区委《年鉴》、其中1994年为1月统计数据,其他年度为当年统计数据",等等。

专志类志书,由于涉及领域不同,具体编纂实践中对志表的运用存在较大差距。经济类相关志书表格数量明显高出普通志书,如《上海对外经济贸易志》全书20卷[①],近四百万字,不包括索引全书正文近1100页,含表格达1669张,平均每页1.5个表格,比例明显高出普通志书。由于此志书目的是反映上海境内对外经济贸易兴衰起伏的历史发展轨迹,所以特别重视各类经济贸易的统计数据,书首"凡例""编辑说明"对表格中数据的选取、单位、空白处的处理原则等作了规定。正文后有图表索引,方便查阅。除卷19"人物"外,表格几乎都是数字表,以尽可能多地保存各类经济信息。

整体来说,首轮和二轮修志中志表的发展较快,其运用实践主要有以下几个特点:

(一) 形式更为多样,对象更加广泛

两轮修志内容的重要变化就是从政治占主要地位到经济所占比例变大,再到逐步注意全面反映地情各部类[②]。新修志书中表格有仿史体的目录式的大事年表;有清单式的科技成果一览表、

---

① 上海对外经济贸易志编纂委员会编:《上海对外经济贸易志》,上海:上海社会科学院出版社,2001年。
② 陈泽泓:《简明方志编纂教程》,广州:广东人民出版社,2017年,第60—62页。

党政军领导人更迭表……枝干式的机构系统表；纵横经纬式的建置沿革表；各类数据统计表、比较表、比重表等多种多样的形式①。其中使用最多的为情况表和数据表。情况表可直接反应地情，保存大量原始信息资料，部分情况表还能体现出区域内某种情况的变化趋势。情况表占比高也体现出志书作为地情资料之一的属性。部分志书更是把此种表格看作地情纵览的一部分，如《晋城市志》卷首设综述与市情基本数据表，数据表多达三十余页，来新夏高度赞扬这一创举，"数字文献近年已为修志者所注意，唯按全志顺序分门别类，表列数字以概括全志内容，使读者一目了然，并与综述接合一体，相辅相成，不读全志文字，几已尽知晋城之基本面貌"②。

（二）制作较为精致，设计多有变化

新方志的编纂中，修志者往往会根据版面设计表的格式和大小，部分志书还会在表头部分用底色与其余表栏区分，视觉效果出色。甚至有类似《上海对外经济贸易志》者，对于情况表和统计表的不同分类，也在表格制作中作了区分，如"情况表""情况一览表""名录"等表格左右有黑色框线③，统计表则使用敞口式，左右无线条，两者在视觉上即有明显差异④。

---

① 尹志伦：《论新方志的图、表、录、考体》，《新疆地方志》1992年第2期。
② 来新夏：《〈晋城市志〉读后》，《中国地方志》2000年第4期。
③ "名录"从名称上说应归入录这一体裁，但《上海对外经济贸易志》中将相关名录纳入表格排序，故本文将此志书中的名录视作表的一种，仅是取名上使用了名录二字而已。此种认识仅针对本志书。
④ 俞富江在《浅谈照片、表格在第二轮志书中的应用》（《新疆地方志》2017年第2期）一文中亦以为，统计表宜采用开口式，人名表、沿革表、官职表等可采用闭口式，与本志书的编纂体例观点一致。

（三）表格规范性进一步完善

中指组《地方志书质量规定》第三十七条规定[①]："表格包括表序、表题、表体和必要的表注等。"其中明确规定了四大要素，并且规定"表题的时间、范围、主体内容和表格性质等要素齐全"，对表的格式作了基本的要求。《关于编修地方志工作的若干规定》[②]进一步提出，"图表尽量采用现代技术编制"，从制度范畴对表格的规范作出规定。具体修纂过程中，表格规范统一性也普遍较强，如表格内数字为小数者多取小数点后两位，表序多位于表格左上方，如有单位则在表格右上部分，部分表下有说明，说明内容多为数据来源或者附加陈述表中数据的某种情况。

（四）创新性图表出现，记述力度增强

二轮修志恰逢计算机技术突飞猛进的时代，方志学界普遍注意到了表的创新形式，尤其是图表作为一种较为新颖的表现手段，在新方志中占比越来越高。图表是根据统计数据绘制的图形，有曲线图表、条形图表、柱形图表、饼形图表、圆形图表、金字塔形图表等多种形式。相比于格式规整的普通表格，图表在对比性和反映事物发展变化趋势上远优于表格[③]，可以更直观地反映出数据之间的比较关系和变化趋势，增强志书的可读性和直观性。表格的这种创新形式也丰富了志书的形式，进一步提高了对入志事物记述的力度和深度[④]。

---

① 见《史志学刊》2010年第1期。
② 见《中国地方志》1996年第1期。
③ 张卫萍：《浅析图表运用对新时代年鉴质量提升的重要作用》，《史志学刊》2023年第1期。
④ 张佃鲁：《图与表在续志中的运用》，《巴蜀史志》2010年第5期。

可以看出，表格在志书中的功能逐渐凸现，形式愈发多样，内容覆盖渐广，也引起了方志学界的一致重视，在学术界、修志人的集体努力下逐渐形成了自身特有的规范与标准，成为了志书中不可或缺的一种体裁。

五、三轮修志中志表运用的思考和建议

随着全国二轮志书的编纂任务的完成，三轮志书编纂任务即将启动。如何有效有序地开展三轮修志工作，成为广大修志工作者共同关心的话题。认真总结首轮和二轮志书的实践经验和问题不足，三轮志书的编纂才能扬长避短，更加完善。

回顾此前志表的运用，可知仍有部分不足之处，主要有以下几点：一是，"凡例"交待不足。部分志书"凡例"处未对志表作专门交代，似乎志表不存在独立于志文之外的凡例。二是，表名设计不统一。目前志书中最多见的表名为"一览表""情况表"两种，但两种表名的选择则较为随意，如某区志中有"1994年、2007年某某各街道、镇户籍人口分布、密度情况表"其实为两年数据对比表。三是，空白格规范不一。受信息来源的限制，表格有时会出现原始资料缺失或者当初根本没有进行记录或统计的情况，此时表中相关格的体现形式目前尚无定论，甚至单本志书里也有短横线"-"、斜线"/"、空白不填写等多种不同形式。四是，部分志书表格使用偏少。如某专志全书四百余页，表格不足30个，平均十余页仅有1个表，其中还包括"附录"中几个表格。正文表格主要记载对象也以各种名单为主，读者难以直观快捷地了解志书记载年限内相关信息的变化情况。五是，志表数

据存在错误。此类错误有的表现为表中数据差错,如原始数据差错、整理统计差错、引用差错等;有的表现为表目逻辑差错,如表目前后矛盾、表文关系不一致等。

三轮修志的时间断限应继二轮修志之后,即由 2010 年前后开始,需要记载和反映新时代新征程的伟大成就,这就要求修志者们开拓新思路,探索新方法,呈现新面貌,展现新时代。如何让志书中的表能够更好地实现这一目的,应做好以下几个方面的工作。

(一)制表工作规范化,打造精品表格

准确真实、逻辑清晰是志书的最基本要求,也是志表制作时的第一要义。志表是志文的补充,但并非志文的附庸。如果过于低估表的价值,将表视作单纯的文字表达的附加部分,只在写到特定文字时再去匆忙搜集相关数据制作表格,很容易出现因急于完成工作而草率制表、出现错误的可能。要想从根本上减少志表的讹误,需要统一行业规范,增强表格设计制作全盘考虑意识,从而打造精品志表,为精品志书的编纂打好坚实基础。

志表应在全志正式编写阶段之前就统筹安排具体的内容,一方面便于提前开展相关数据的搜集工作,对于不同来源、不同口径的数据可以预先进行甄别与选择,从而提高数据的准确性;另一方面表的选择和设计本身也可以反映修志者的理念,预先设计可以理清志表的逻辑思维,如表格前后不一致、自相矛盾、并列不当、概括失真、表文重复等错误出现的可能都会大幅降低。对于搜集的数据信息,一是做好资料长编工作,将相应的数据材料备份好,随时可查;二是强调志表数据必书来源,便于需要时核对原始数据。

表格设计前应制定统一的制表规范，就表格位置、表题表注位置、表题数序词序、数据单位、外文人名单位名称译法、表框线条粗细开口等一系列问题制定标准，具体的修志过程中应严格遵守此凡例，充分体现志表的严谨性。

志书编写和审核过程中，还可以设一至两名专门的表格责任编辑，随时对制作表格过程中遇到的困难进行交流，及时找出解决方案，加强对表格格式和数据的核对，提升互校、统稿、纠错意识，进一步降低错误几率。志书完成后，还可以单独做个表的目录或索引，一方面方便读者检索相关数据资料，另一方面也可以从根本上避免前后两表内容重复、相互覆盖的弊病。

（二）制表技术智能化，塑造智慧表格

和旧志相比，新方志在记述形式和手段上已经有了较大的发展，如以往不便阅读的竖排变成了横排。就志表而言，新方志中表的样式变得新颖多样，表格从原先单纯的单列式不断创新，日趋复杂。二轮修志中又出现了如饼状图、趋势图、折线图等图表，表格可视化增强，让表从过去的只能起到罗列数据作用，发展为可以让人留意到数据分布或者数据变化背后的规律。根据《新编地方志工作暂行规定》中"图表尽量采用现代技术编制"[1]的要求，三轮修志可以利用现代技术创新新式表格，如设计一些三维的图表，在以往表格只有横目、纵目的基础上打造第三量

---

[1] 参见中国地方志指导小组办公室编：《中国方志文献汇编》，北京：方志出版社，1999年。

度，变平面为立体，展现出全时空的数据现状和变化。

当下志书内容繁杂，动辄数百万字，某种程度上影响了读者的阅读体验。表格能有效减少篇幅，突出重点，便于比较、检索。但目前线上阅读时候，反而文字更容易被检索，表格则往往难以选取关键字，以及受制于显示设备的局限，反而不方便阅读。因此，在志书数字化处理上网过程中，可考虑结合信息化手段，打造智慧表格，如设置单独可查询的表目录和专门的电子表格检索工具，建立表库，可直接提取表文中的相关数据，各相关表格统一在屏幕上显示，表横栏、纵栏也可以设置为选择性显示，则表格的对比性、直观性可以进一步增强。甚至可以开放表格多重设计选择功能，读者可以在线更改数据的显示方式，如方框型表格可在线选择显示为饼状图表等，也可以多个表格联立，调取相关数据即时重新制表。这样的智慧表格必然会增强读者读志的乐趣、用志的便利，从而提升志书的影响力。

（三）列表主题全面化，编写人本表格

三轮修志所记述的对象属于我国经济蓬勃发展、国力蒸蒸日上的时代，人民生活日新月异，新生事物层出不穷。记述这样一个时代，地方志书的任务是复杂而繁重的，编纂的难度也势必相应提高。在志书各种体裁中，最能体现出"变"的特点的无疑是表。表可以用醒目而直接的视觉效果展现出对比性、差异性，担负着让读者一目了然了解时代发展脉络的使命，可谓任重而道远。

当下，时代的变化表现为各行业、各事物的剧烈变动，一部分行业或者事物逐渐消亡，一部分事物则正在新生。这种消亡和新生的过程,通过图表的方式体现将极具视觉冲击力。在制表过程中,需要牢牢把握"人民至上""以人为本"这一时代精神,首要的就是志书不能仅仅是有关上层建筑的记述,应关注到最广大人民群众,将用表主题全面化、人本化。如老百姓的衣食住行,以往只能从志书各种有关记述的背后探寻,并不直接记述,三轮修志可以考虑直接反映地域内老百姓的生活习惯。如饮食,"民以食为天",上海各区域饭店的分布、地域特色、顾客源等都是和老百姓生活紧密相关的,可以在志书中设计相关表格,从表中看出老百姓喜欢去哪里吃、喜欢吃什么,真正做到志书记述人民群众的生活,是人民群众的志书。

又如互联网购物蓬勃发展,快递业、外卖业无论是从业人员还是使用人员都数量庞大,其数量变化、人员特征、地域特征等都可以通过表格体现出来。又如交通出行方式,高铁的出现、地铁的不断延伸和新建、共享单车的兴起、网约车的诞生,都是这个时代的缩影,仅依赖文字难以充分展示新时代的日新月异和丰富多彩。如制出网约车日均订单次数、日均里程数、不同区域与距离统计表,新能源车辆占比表等,都能对单纯的文字记载起到有效补充作用。而这也是人民群众喜闻乐见、与人民群众生活密切相关的主题,全面记述这样的社会才能让人民群众"看得懂"志书、"爱看"志书。

历史重大事件的记述中,也应尽量体现出人民群众的作用。如抗疫、抗震救灾,这些事件背后都有人民群众的身影,如果光是文字记述,很难反映出人民的全貌,之前的志书往往都是集中在国家政策、政府行为等大的叙事视角,表则能有效帮助解决这一问题。如进博会，如果编撰志书的话，入场观众从哪里来、最喜欢的展台等都是和人民相关的数据，也容易让读者感兴趣，虽然这种数据获取难度较高，绘制这样的图表需要事先和有关部门协调才能获得数据，但如果相关图表制作成功，那么将更有可能是人民群众爱看的志书，也是真正的"人本志书"，人民群众也可以从这样的方志阅读中体会到作为当地人的骄傲和自豪，而这也正是方志文化的重要目标。

专 记

洪姝佳　肖春燕

专记,亦称"专题记述",是就某个专题展开深入记述的一种形式,是纪事本末体在志书中的具体运用。"专记"一词最早出现在首轮修志中,作为较年轻的新兴体裁,是志书体例上的一大突破。专记在首轮修志末期引起了方志界对其体裁运用的关注与讨论,并在二轮修志中得到进一步规范,且广泛运用于各类志书中。

一、专记的概念、类型和作用

(一) 概念

专记以专题文章形式因事命篇,成为志书内容的有机组成部分,与正文兼容互补,相辅相成,以此向读者揭示在这方面所取得的突出业绩或重要特点等,属于记类。[①] 在志书体例范围内,因正文无法归类或受分志记述内容和篇幅限制,未能对某事物进行完整记述,而该事又是社会发展进程中的重要事件,就采用专题记述。这是纪事本末体在记体上的具体运用,内容上具有整体

---

① 中国地方志指导小组办公室编:《当代志书编纂教程》,北京:方志出版社,2010年,第55页。

性、集中性、连贯性的特点。

（二）类型

专记的类型，由其记述的对象属性和内容性质决定。以记述对象的属性划分，可分为记述典型人物的人物专记、记述典型事件的事件专记和记述典型事物的事物专记三种类型。以记述内容的性质划分，可分为记述历史事件的纪实专记、介绍当地典型事物的介绍专记、考证事物渊源的考证专记、调查某一问题的调查专记和报道某一特殊事物的通讯专记等。

（三）作用

1. 详述典型，突出地方特色和时代特征

专记能够比较系统、集中地反映"专记"范围内发生的重要情况或重大事件。① 一些重要而典型的事物或事件，在志书大事记中往往仅有片言只语，在横分类目中也因"以类系事"和综合记述方法而不易展开，甚至由于把一些完整的、有联系的事物、事件割裂开来分散记述，看不到全貌和全过程。设置专记可以突破因体裁、篇幅、时间断限等而不能展开记述的限制，"将分散于各门类中带有地情特色事物或'独家新闻'，但又难以独立成志（篇）的内容聚集在一起，成为新志中具有多种价值取向特色篇章"②。多角度、全方位地集中记述，自然也可以使地方特点更加突出，时代特征更加鲜明。比如：《上海医药志》③ 的专记

---

① 黄苇：《中国地方志词典》，合肥：黄山书社，1986年，第356页。
② 沈永清：《续志编修我见》，《上海修志向导》1997年第4期。
③ 《上海医药志》编纂委员会：《上海医药志》，上海：上海社会科学院出版社，1997年。

《第一家上海华商药房中西大药房》《上海第一家民族资本药厂龙虎公司》,分别介绍了两个"第一"的药房或制药公司,突出了典型意义。

2. 拾遗补缺,加大资料广度和深度

志书门类设置是有限的,而志书记述内容是无限的,单纯以志书体例记述地情,无法满足多角度、多层次反映地情的需要。特别是随着社会的发展、社会组织分工的细化,志书要记述的事物越来越多,新生事物的发生、发展及其影响已不能单一地归类于某一个方面。设置专记,可以把这些难于归类或勉强归类的事物单列出来进行专题记述,避免这些专门的、特别的资料被疏漏或忽略重点、特点。比如:《上海航天志》① 2篇专记《承建贵州航天基地》《研制通信卫星地面接收站》,不仅补充记述了上海航天工作内容,还凸显了上海航天的地位和科技高度。

3. 丰富记述方式,增强志书的可读性

相对于志书体例和语言风格,专记在体裁运用形式上更为灵活、宽松。其表达形式可以是纪实文章、调研报告、新闻通讯、文章摘编等,写法上也可以是横排竖写的记述体,还可以是说明、描写、分析、议论、评断等,表现手法丰富多彩。在体现资料性的同时,可以提高志书的表现力和可读性。比如:上海《徐汇区志》② 专记篇,分为《龙华风物》《枫林桥记事》《日本侵略军暴行》《肇嘉浜变迁》等5个专题,通过风景描写、历史考证、

---

① 《上海航天志》编纂委员会:《上海航天志》,上海:上海社会科学院出版社,1997年。

② 上海市徐汇区志编纂委员会:《徐汇区志》,上海:上海人民出版社,1997年。

纪实展现等方式增强了志书的可读性。

二、专记研究回顾

(一) 研究综述

关于专记的研究文章零星地出现于方志教材和理论著作中，但都不够系统。值得注意的是，沈松平在《新方志编纂学》[①]中设有一节"专记编写"，较为全面地阐述了专记体裁。此外，更多的是发表于各大期刊的论文。

1. 综合性的研究论文

郁有满的《试论新方志中的专记》[②]，从设置专记的缘由、专记的条目设置、专记的特点和发展前景阐述了设置专记应得到肯定和重视并继续发扬。王登普的《续修志书增设"专记"七说》[③]，从体例创新增设专记、提高对专记的认识、深入研究地情、做好调查研究、灵活运用专记、区别于其他体裁、专记编排七个方面展开阐述。李升宝的《对专记编写的浅见》[④]，就何谓专记、专记题材、编写专记注意事项三方面展开探讨，提出专记内容要完整、记述要有深度、语言简洁流畅、须增强可读性。韩章训的《谈志书专记》[⑤]，从专记的作用、类型、撰写等三方面展开阐述，提出专记选题要严、挖掘要深、行文要活。沈松平的

[①] 沈松平：《新方志编纂学》，杭州：浙江大学出版社，2014年，第156—165页。
[②] 郁有满：《试论新方志中的专记》，《江苏地方志》1998年第1期。
[③] 王登普：《续修志书增设"专记"七说》，《云南史志》2001年第2期。
[④] 李升宝：《对专记编写的浅见》，《广西地方志》2008年第5期。
[⑤] 韩章训：《谈志书专记》，《新疆地方志》2010年第2期。

《试论专记在志书中的运用》①,从专记的来源、作用、在首轮志书中的运用、二轮续志中的编纂四方面展开阐述。俞富江的《对第二轮志书专记的几点思考》②从专记设置的可行性、编写内容、编写要点和注意问题展开阐述。詹跃华的《论志书专记的运用》③,从专记的源流、类型、作用、选题、设置、注意事项六个方面展开阐述。

2. 专题性的研究论文

张文的《从续志篇目看"专题记述"的运用情况》④、胡巧利的《关于规范"专记"体裁的若干思考》⑤、王晖的《特载、专记与大事纪略》⑥《再谈特载、专记与大事纪略》⑦《志书应用特载和专记的弊端及化解方法》⑧、张卓杰的《浅析志书"专记"作用两种相反观点》⑨总结了专记在新方志编修实践中的运用情况及存在问题,并提出各自看法。张文、胡巧利、张卓杰对专记的使用持肯定态度并总结其规范化编纂方法,王晖则连续撰文反对设置专记,建议通过四种方式化解"专记"。梁滨久、耿金玲

---

① 沈松平:《试论专记在志书中的运用》,《福建史志》2013年第1期。
② 俞富江:《对第二轮志书专记的几点思考》,《黑龙江史志》2017年第7期。
③ 詹跃华:《论志书专记的运用》,《黑龙江史志》2019年第10期。
④ 张文:《从续志篇目看"专题记述"的运用情况》,《广西地方志》2003年第2期。
⑤ 胡巧利:《关于规范"专记"体裁的若干思考》,《广西地方志》2012年第2期。
⑥ 王晖:《特载、专记与大事纪略》,《中国地方志》2003年第4期。
⑦ 王晖:《再谈特载、专记与大事纪略》,《黑龙江史志》2007年第7期。
⑧ 王晖:《志书应用特载和专记的弊端及化解方法》,《广西地方志》2016年第2期。
⑨ 张卓杰:《浅析志书"专记"作用两种相反观点》,《新疆地方志》2023年第2期。

的《续志应有"专记"》①提出续志应该继续使用专记体裁。梁滨久的《试谈在世人物专记》②一文对人物专记的创新实践进行探讨,认为续修志书利用"专记"形式或类似专记形式,记载杰出、典型、贡献大、有代表性的在世人物,值得肯定。

3. 将专记作为案例分析的研究论文

王登普的《"显形专记"与"隐形专记"》③、吴乃新的《撰写续志专记的探索》④、闵波的《专记在志书中的特殊运用——首轮〈铜鼓县志〉记述秋收起义引发的思考》⑤、梁滨久的《专记编写的重大突破——读〈修文县志(1978—2010)〉一得》⑥、陈述清的《论县级年鉴专记的个性、特点与编纂——以〈庐山市年鉴〉编纂为例》⑦、杜冬梅的《突出事物特色,反映时代特点——浅谈专记在二轮新编〈北京志〉中的运用》⑧等,这些文章将志书专记作为案例进行剖析,结合实践和感悟,总结专记编纂经验。

(二)关于专记设置的讨论

围绕着是否要在志书中设置专记这一问题,有着相反的两种

---

① 梁滨久、耿金玲《续志应有"专记"》,《黑龙江史志》2000年第5期。
② 梁滨久:《试谈在世人物专记》,《广西地方志》2010年第5期。
③ 王登普:《"显形专记"与"隐形专记"》,《黑龙江史志》2001年第4期。
④ 吴乃新:《撰写续志专记的探索》,《广东史志视窗》2008年第5期。
⑤ 闵波:《专记在志书中的特殊运用——首轮〈铜鼓县志〉记述秋收起义引发的思考》,《中国地方志》2014年第4期。
⑥ 梁滨久:《专记编写的重大突破——读〈修文县志(1978—2010)〉一得》,《黑龙江史志》2019年第11期。
⑦ 陈述清:《论县级年鉴专记的个性、特点与编纂——以〈庐山市年鉴〉编纂为例》,《广西地方志》2021年第6期。
⑧ 杜冬梅:《突出事物特色,反映时代特点——浅谈专记在二轮新编〈北京志〉中的运用》,《广西地方志》2022年第6期。

意见，而且这两种意见的探讨持续了数十年。

总体来看，提倡设置专记的占大多数。如黄勋拔《关于志书体例创新的初步研究》在总结首轮志书的基础上，提倡在专业分志中增加专题调查、专题文章、重大事件纪实等材料比较系统、详细、较有深度的"专记"，弥补新编志书平面记述的不足。① 郁有满《试论新方志中的专记》认为：设置专记应得到肯定、重视，并得到发扬光大。王登普《续修志书增设"专记"七说》认为：提倡在续修志书中增设"专记"，是为方志编纂者提供了一块纵横驰骋的广阔天地，实现了对　地之重要历史事件和事物在方志记述上的"三个突破"。② 尹云书《续志若干问题之我见》认为：续志还应根据实际内容需要，增用"专记"等体裁，专门记述那些在正文难以记述的问题，主要是那些对经济、政治、社会、文化等方面的发展产生较大影响的社会热点问题和重大事件，以及在两个文明建设中的闪光点，加重这些专题内容的分量，从而有效加强志书的深度。③ 在沈松平看来，专记作为志书的基本体裁之一，在新中国首轮修志后期得到一定程度的运用，到二轮修志已是普遍的做法。④ 它有着三点作用：首先，可以加大资料的深度，突出记述重点，避免重复；第二，可以更好地突出地方特色和时代特色；第三，使用专记可以增强志书的可读性和学术性。⑤ 吴乃新《撰写续志专记的探索》总结《台江区志》

---

① 黄勋拔：《关于志书体例创新的初步研究》，《中国地方志》1999 年第 5 期。
② 王登普：《续修志书增设"专记"七说》，《云南史志》2001 年第 2 期。
③ 尹云书：《续志若干问题之我见》，《广西地方志》2001 年第 2 期。
④ 沈松平：《试论专记在志书中的运用》，《福建史志》2013 年第 1 期。
⑤ 沈松平：《新方志编纂学》，杭州：浙江大学出版社，2014 年，第 158—160 页。

专记撰写经验,认为:发挥专记的独特功能,就能实事求是、深入全面地揭示台江区改革开放中有影响的大事件,从而弥补志书中存在记叙不够深入的弊端。①张卓杰《浅析志书"专记"作用两种相反观点》分析方志界对于"专记"作用的两种相反观点,指出"在专记设置之前正确、全面、完整看待专记的作用,设置之中多作讨论、合理选材、下笔严谨,完成之后多问几个行不行,如此,专记发展是有前途的"②。

以仓修良、王晖为代表的部分学者对设置专记持否定态度。仓修良在《千锤百炼著佳章——新志续修的一些想法》一文中认为:"许多修志界同仁为了多记载一些内容,又为篇目设置所限,于是他们就想方设法,设立'专记''特记'等形式予以记载。……内容决定形式是唯物论的重要观点之一,既然已经有了内容,为什么不能再设置相关篇目呢?……内容够成篇,就应该独立成篇,而那些内容很少又无类可归的当然可以'杂记'来收容。"③王晖虽肯定专记的作用,却持续撰文反对志书使用专记。2003年,他在《特载、专记与大事纪略》一文中指出,专记并没有大事纪略科学合理④;2007年,在《再谈特载、专记与大事纪略》中指出,"特载、专记与专志形式不协调,内容被肢解","特载、专记在志书中属于不伦不类的体裁"⑤;2016年,在《志

---

① 吴乃新:《撰写续志专记的探索》,《广东史志视窗》2008年第5期。
② 张卓杰:《浅析志书"专记"作用两种相反观点》,《新疆地方志》2023年第2期。
③ 仓修良:《千锤百炼著佳章——新志续修的一些想法》,《中国地方志》2001年第4期。
④ 王晖:《特载、专记与大事纪略》,《中国地方志》2003年第4期。
⑤ 王晖:《再谈特载、专记与大事纪略》,《黑龙江史志》2007年第7期。

书应用特载和专记的弊端及化解方法》中指出，地方志编纂实践中专记的数量、名称、级别、位置、篇幅、体式极为混乱，"与其'慎用'，毋宁不用"，应当让"小专记回到自家归类升格、大专记再升格为分志、设置较多的专记改为纪事本末体的大纪录略、篇章之末的专记改为附录"①。

这个问题也纳入了中国地方志指导小组（简称"中指组"，现中国地方志工作办公室）的视野。2000年3月，中指组《关于续修地方志的几项规定（讨论稿）》第四条指出，续修志书的内容大致分为五大方面，其中第三方面就是"专题记述"，并解释"专题记述"为对正文未能充分记述的重要问题所做的专题调查和专题报告，明确了专记可以作为续志体裁。2007年11月，中指组印发的《关于第二轮地方志书编纂的若干意见》指出：慎用"特载""专记"等形式，必须运用时应处理好与正文的关系。2008年9月，中指组印发《地方志书质量规定》，其第十一条对述、记、志、传、图照、表、录、索引等体裁提出质量要求，并指出"专记设置因事制宜，选题严格，数量适度"。可见，专记作为一种独立体裁纳入了志书质量评价体系。2010年11月，中指组主编的《当代志书编纂教程》认为："志书的记体，除大事记之外，还有专记。但附记、杂记不属此列。"② 专记属于记类，其作为记体中的一种，地位再次得到确认。

---

① 王晖：《志书应用特载和专记的弊端及化解方法》，《广西地方志》2016年第2期。
② 中国地方志指导小组办公室编：《当代志书编纂教程》，北京：方志出版社，2010年，第53页。

专记的出现是对大事记、专志的补充,是为了解决志书横分门类、无法归类的问题,有设置的必要性。专记是一种争议较多的体裁,要认识专记,应该以它起到的作用为逻辑起点。就像大事记是为了解决地方志横陈无法纵向贯通的问题,专记解决的是专志横分条块后,无法多级跨越的问题。它属于记,位于志的从属地位,但仍是志书的正文部分,而不是附录。

(三)关于专记最早运用时间的研究

关于"专记"最早运用的时间,有学者认为在民国志书中就已经运用①,只是名称不同而已。比如:民国二十六年(1937)出版的《川沙县志》②卷二十三设置《故实志》,"故实,杂记地方故事"③,"凡为各志所未录,或录之未及详,而其事较重要、较殊异者,入此"④。从其内容看,包括川沙民众暴动、地方自治风潮、光复纪念等川沙重大历史事件,以及川城大火、飞蝗、古棺发现等灾变、异闻。《庐山志》⑤的《抗战斗争史实》,《尤溪县志》⑥的《军事纪略》,《巴县志》⑦的《蜀军革命始末》等

---

① 参见李升宝:《对专记偏见的浅议》,《广西地方志》2008年第5期;梁滨久、耿金玲:《续志应有"专记"》,《黑龙江史志》2000年第5期;郁有满:《试论新方志中的专记》,《江苏地方志》1998年第1期。
② 上海市川沙县县志编修委员会:《川沙县志》,上海:上海人民出版社,1990年。
③ 方洪铠、陆炳麟修,黄炎培纂:《民国川沙县志》卷首,《中国地方志集成·上海府县志辑》第7册,上海:上海书店出版社,1991年,第24页。
④ 方洪铠、陆炳麟修,黄炎培纂:《民国川沙县志》卷二十三,《中国地方志集成·上海府县志辑》第7册,上海:上海书店出版社,1991年,第386页。
⑤ 吴宗慈编撰,胡迎建、宗九奇、胡克沛校注:《庐山志》,南昌:江西人民出版社,1996年。
⑥ 尤溪县志编纂委员会:《尤溪县志》,福州:福建省地图出版社,1989年。
⑦ 朱之洪等修,向楚等纂:《巴县志》,1939年刊本。

也都运用专记体裁,只不过那时没有"专记"或"专题记述"的名称。当时,大多以"纪略"的名称出现。"纪略"出现较早,是沿袭旧史志的名称,与专记是名称不同的同一体裁。①

也有学者认为专记最早的运用时间是在首轮志书。② 20世纪80年代中期,在首轮《武汉市志·金融》送审稿中首次提出"专记"一词:"该志除了概述、金融机构、金融体系、货币、金融业余五个类目外,最后还有一个'专记'类目。"③《武汉市志·金融》编者认为:"条目撰写只能记述本条目自身的发生、发展等演变情况,有些重大事件或者是牵涉到几个条目的内容就无法用横排竖写、此详彼略的方法来解决,不得不设立专记类目,再分若干个条目进行撰写。"④ 对于专记的较大规模探讨和应用始于首轮修志末期,得到了方志界的普遍认可。

(四)关于专记起源的研究

王晖等学者认为专记由来于杂记。杂记又叫杂志,始见于北宋。朱长文撰《吴郡图经续记》⑤ 第二十七目即"杂录"。至南宋,成为志书普备门目之一。范成大撰《吴郡志》⑥ 卷五十"杂

---

① 《方志编纂工作规范化实用手册》编委会:《方志编纂工作规范化实用手册》第1册,长春:银声音像出版社,2005年,第294页。
② 参见王复兴:《关于续修县市志篇目设计的思考》,《广西地方志》2001年第3期;詹跃华:《特载、专记与纪略小议》,《江苏地方志》2006年第3期;李德辉:《专题记述的一些探讨》,《广西地方志》2001年第3期;韩章训:《谈志书专记》,《新疆地方志》2010年第2期。
③ 黄苇:《中国地方志词典》,合肥:黄山书社,1986年,第356页。
④ 王晖:《特载、专记与大事纪略》,《中国地方志》2003年第4期。
⑤ 朱长文纂修:《吴郡图经续记》,扬州:广陵书社,2023年。
⑥ 范成大:《吴郡志》,南京:江苏古籍出版社,1999年。

志"目,载吴郡自周至宋逸闻琐事等四十件。后历代方志均设此目。别名有"杂记""杂略""杂录""丛录""丛谈""附录"等。①"杂记是旧志的一个门类体裁,它与杂志、杂略、杂录等性质相同,如清张焘撰《津门杂记》②。作为方志的一个门类,记载无类可归而自成一篇的内容,如灾异、轶事、遗闻、谣谚、传说、诗咏等。这些内容在新编地方志中又作为附录的形式予以记述。"③

杨子晋等学者认为专记来源于大事记,"对于分散记述无法全面反映的重大事件、活动,一般是在大事记中用纪事本末体的手法概括记述"。他们还指出,大事记应记而不应述,记中加述,有违志书体裁,故不可取,应改用专题记述的方法④,故而专记作为一种更为规范的新的体裁得以出现。

沈松平认为"专记应来源于杂记与大事记,但却是大事记的详细化和杂记的提升化"。在他看来,从内容上来讲,杂记所记是"征材之余",是博览约取后的多余,内容多琐碎、零杂、片段,层次也较低,基本属于"滥入则不伦,弃之则可惜"的资料,是"非必不可阙之书",可有可无的;而专记的内容则是"记专则显特",记述具有一定的完整性和系统性,意在通过对某件事、事物予以完整、系统、有深度的记述,从而达到重点突出的目的,是全书精华之所在,两者是不可同日而语的。⑤

---

① 黄苇:《中国地方志词典》,合肥:黄山书社,1986年,第411页。
② 张焘:《津门杂记》,清光绪十年(1884年)游艺山庄刊本。
③ 王晖:《特载、专记与大事纪略》,《中国地方志》2003年第4期。
④ 杨子晋:《续志专题记述浅议》,《沧桑》2004年第1—2合期。
⑤ 沈松平:《新方志编纂学》,杭州:浙江大学出版社,2014年,第157页。

还有人认为专记来源于年鉴[①]，是年鉴中的特载在地方志中的特殊运用。鉴于年鉴来自于西方，近现代才出现，可以认为专记之诞生是中西文化交汇、互相借鉴对地方志体裁所产生的影响。

任何体裁的运用都有其时代烙印，古代杂记或许与专记内容的复杂性相通；很多大事纪略可以直接转化为专记，而很多专记似乎也可以转化为大事纪略。但总的来说，专记的运用比大事纪略更广，更能代表现代中国的时代性。如果说从专记地位，专记与杂记、大事纪略的时代距离来看，专记是纪事本末体在志书中的运用或许更有说服力。

三、新方志专记编纂实践

首轮修志中，专题记述因记述重大事件和重要事物主题明确，资料丰富，记述较有深度，较好地处理了传统志体"事以类从，类为一志""横分竖写""述而不论"所带来的记述平面化的局限，逐渐被人们所重视。"首轮志书，从专记的种类来看，既有纪实专记，也有介绍专记、考证专记、调查专记、通讯专记等，类型丰富。其设置形式也灵活多样。"[②]这一时期，对于专记的使用，包括名称、位置等相对混乱，没有统一的规范，引发了人们对专记的讨论和质疑。虽然如此，专记作为一种新型体裁仍然顽强地在实践中发展和创新。在二轮志书编纂中，志书大多普遍设有专记，专记作为新兴体裁得到更为广泛的运用。通过分析

[①] 王丹林 2023 年 9 月 14 日在内蒙古呼和浩特市"高校志、企业志编纂基本理论与方法"一课中提到，专记来源于年鉴。

[②] 沈松平：《试论专记在志书中的运用》，《福建史志》2013 年第 1 期。

上海地区志书专记,可一窥专记发展情况。

(一)上海地区志书专记应用分析

1. 在首轮修志中的应用

据统计,上海市第一轮新编地方志书共 133 部,在志书末尾集中设专记/纪略(不包含特记、补记、杂记等)的有 53 部,占 39.85％。其中,1 部通志《上海通志》设专记卷;10 部县志中 2 部设专记/纪略,占 20.00％;12 部区志中 10 部设专记/纪略,占 83.33％;上述综合性志书设专记的占 56.52％。110 部专志中 38 部设专记,占 34.55％。同时,该轮上海志书的专记还有散见于正文中的。总体来说,随着时间推移,人们越来越认识到专记的作用,开始更多地使用专记,但还没有形成正式稳定的体裁。

2. 在二轮修志中的应用

二轮修志中,专记作为一种新体裁逐渐得到更为广泛的运用。尤其是 2017 年上海市地方志办公室印发《关于上海市二轮规划内市级志书编纂工作的若干指导意见》,对专记编纂做了以下规定:1. 各志可根据记述内容需要,适当设置专记。2. 专记应因事制宜,选题严格、数量适度。3. 专记以跨门类、复合型内容为佳,注意选取反映行业特点、时代特色、部门特征的事物。4. 注意处理好专记内容与正文内容的角度关系,在正文记述中可以完整体现的,不宜设专记。5. 专记采用纪事本末体记述。[①]以上五条规定,有三条关于专记的设置,一条关于专记的内容,

---

① 上海市地方志办公室:沪志办〔2017〕61 号,《关于印发〈关于上海市二轮规划内市级志书编纂工作的若干指导意见〉的通知》。

一条关于专记的体例特点。目标还是"控制数量、谨慎使用"。

为进一步梳理其在修志实践中的具体运用,特统计上海市第二轮新编地方志书专记情况(见图9-1和表9-1)。上海第二轮新编志书共218部,设专记的有167部,占76.61%;共有专记615篇,平均每部3.7篇。其中,140部《上海市志(1978—2010)》中,111部设专记,占79.29%;设2篇专记的志书最多,有26部,其次是设5篇的有20部、设1篇的有18部;专记篇数最多的是《上海市志·新闻出版分志·出版卷(1978—2010)》,设24篇。54部市级专志中,42部设专记,占77.78%;设2篇专记的志书最多,有10部,其次是设3篇的有8部、设1篇的有7部;专记篇数最多的是《新华医院志》,设11篇。24部区县志中,14部设专记,占58.33%;设3篇专记的志书最多,有4部,设2篇和1篇专记的志书各有3部;专记篇数最多的是《上海市嘉定区志(1993—2010)》,设8篇。

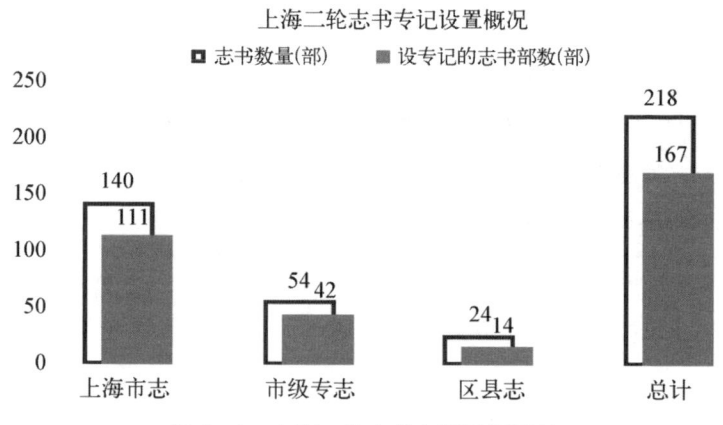

图9-1 上海二轮志书专记设置概况

表9-1 上海二轮志书专记设置篇数统计表

志书类型 \ 专记数量（篇）	0	1	2	3	4	5	6	7	8	9	11	18	24
上海市志	29	19	26	18	11	20	4	5	5	1	—	1	1
市级专志	12	7	10	8	4	3	5	2	1	1	1	—	—
区县志	10	3	3	4	2	1	—	—	—	—	—	—	—
小　计	51	29	39	30	17	24	9	7	6	2	1	1	1
占比（%）	23.39	13.3	17.89	13.76	7.8	11.01	4.13	3.21	3.21	0.92	0.46	0.46	0.46

根据以上统计可以看出，相比首轮，二轮修志中设置专记的志书数量以及专记的篇数不仅没有下降，反而有上升的趋势。其中，设置专记的志书，设1—5篇专记的占绝大多数，达到了83.23%，总的来说还是基本符合中指组"选题严格，数量适度"的要求。

上海市第二轮规划内市级志书基本上统一"专题记述"名称为"专记"，并将专记的位置固定下来，放置于全书末尾，即正文人物篇后、附录前，从而纠正了首轮志书编纂中专记名称、位置混乱的问题。

3. 不同专记类型应用举例

专记按记述内容的性质划分，可分为纪实专记、介绍专记、考证专记和调查专记等。① 从以上四类专记的角度，对上海两轮

---

① 沈松平：《新方志编纂学》，杭州：浙江大学出版社，2014年，第156页。

志书专记编纂实践简要分析如下：

（1）纪实专记

专门记述历史事件的纪实专记是最多的，几乎所有设专记的志书中均有这一类型。收录范围大到全国性的重要历史事件，小到具有地方特色和行业特色的事件。

如首轮志书中，《上海通志》《松江县志》《崇明县志》《徐汇区志》《长宁区志》《普陀区志》《杨浦区志》《黄浦区志》《南市区志》《静安区志》等均设专记记录"文化大革命"，《南汇县志》《徐汇区志》《普陀区志》《长宁区志》《闸北区志》《杨浦区志》《卢湾区志》等又设专记记录日军侵略暴行或抗战纪实，这些都是非常具有历史意义和时代特征的内容。

上海二轮志书《上海市志·中国共产党分志·党史研究卷（1978—2010）》①的专记《中共中央在上海12年》从"中共中央在上海概要""中共中央在上海总体研究""中共中央在上海召开的重要会议研究""中共中央在沪机构研究""上海中央机关刊物研究""中共中央在上海影视片"6个方面记录这一段历史。《上海市志·工业分志·纺织业卷（1978—2010）》②的专记《"空嫂"记》集中记述了1994—1995年下岗潮中，上海航空从2377名纺织业女工当中招考18名"空嫂"，并促进当时各行各业向纺织职工再就业伸出援手的纪实案例。《上海市级专志·上海建工

---

① 上海市地方志编纂委员会：《上海市志·中国共产党分志·党史研究卷（1978—2010）》，上海：上海人民出版社，2018年。

② 上海市地方志编纂委员会：《上海市志·工业分志·纺织业卷（1978—2010）》，上海：上海辞书出版社，2017年。

集团志》①的专记《赴川抗震救灾和灾后重建》记述了汶川特大地震发生后,建工集团职工奔赴灾区齐心协力建造板房,参与都江堰市灾后重建各项工程建设情况。

这一类专记多采用纪事本末体,将整个事件的来龙去脉记录清楚。

(2) 介绍专记

专门介绍当地典型事物的介绍专记也是运用较多的一种。

如《徐汇区志》②设《龙华风物》专记,分两部分,一是龙华胜景,二是龙华水蜜桃,前者分别从"花束密集""寺塔壮观""港湾潆洄""桥架虹梁""庭园荟萃"等方面介绍源远流长、享誉沪上的龙华盛景。后者描述了龙华水蜜桃的特点以及起源发展变迁,展示了龙华水蜜桃上海名特产的地位。《黄浦区志》③"杂记"中的《洋泾浜》,分"开埠前后的洋泾浜""洋泾浜英语""洋泾浜上郑家木桥小瘪三"3节,较为全面地介绍了"洋泾浜"这一上海俗语的历史背景和发展情况。《宝山县志》④的《历代县志修纂记略》,分别记述了清乾隆、光绪《宝山县志》及民国《宝山县续志》等编修情况及县志内容、卷数、图幅以及字数等。《上海市志·民政民生分志·民政卷

---

① 上海市地方志编纂委员会:《上海市级专志·上海建工集团志》,上海:上海社会科学院出版社,2017年。
② 上海市徐汇区志编纂委员会:《徐汇区志》,上海:上海人民出版社,1997年。
③ 上海市黄浦区志编纂委员会:《黄浦区志》,上海:上海社会科学院出版社,1996年。
④ 上海市宝山区地方志编纂委员会:《宝山县志》,上海:上海人民出版社,1992年。

(1978—2010)》① 的专记《上海市龙华烈士（龙华烈士纪念馆）陵园建设》，从筹建、一期工程、续建工程、纪念馆、雕塑园、专题陈列展览、烈士事迹出版和荣誉、爱国主义教育基地功能拓展等方面展开叙述，娓娓道来，让读者全方位了解龙华烈士陵园的建设过程、主体建筑、功能定位等。

这一类专记除了纪实外，在编写时会采用描写与说明的表现手法，以便将事物介绍清楚。

（3）考证专记

考证专记专门考证事物渊源及发展。

如《松江县志》② 中的《松江府记略》就属于这一类，从"建府前史略""松江府时期""松江府棉纺织业""松江府田赋""松江画派"5个方面集中考证了松江从史前到明清的发展历史。《徐汇区志》③ 设《枫林桥记事》，通过历史脉络梳理，考证了枫林桥以桥得名的由来：枫林桥原名丰林桥，本系境内历史桥梁，为北洋军阀淞沪护军使何丰林所筑，因此得名。1954年填没肇嘉浜，将桥拆除，今桥不在，该地区仍以枫林桥相称。《上海市级专志·瑞金医院志》④ 的专记《中国烧伤学的缘起——抢救大面积灼伤病人邱财康》通过追溯1958年瑞金医院成功抢救邱财

---

① 上海市地方志编纂委员会：《上海市志·民政民生分志·民政卷（1978—2010）》，上海：上海古籍出版社，2021年。
② 上海市松江县地方史志编纂委员会：《松江县志》，上海：上海人民出版社，1991年8月。
③ 上海市徐汇区志编纂委员会：《徐汇区志》，上海：上海人民出版社，1997年。
④ 上海市地方编纂委员会：《上海市级专志·瑞金医院志》，上海：上海社会科学院出版社，2017年。

康事件,梳理和考证中国烧伤学的缘起。

此类专记一般通过对历史线索的梳理,考证需要展现的主题,富有历史性和学术性色彩。

(4)调查专记

调查专记针对某一问题开展调查研究。

如《闵行区志(1992—2011)》[①]的《2007年闵行区农民工子女教育状况调查》是闵行区教育教学研究所受区教育局的委托,于2007年对农民工子女教育状况进行调查,并针对解决农民工子女教育问题提出相关的政策建议。《1992—2011年褚家塘社会概况调查》是接续1993年版《上海县志》[②]收录的《褚家塘社会概况调查》,详细调查、记录该自然村在20年的城市化建设中消失的过程,为村庄留存历史。《黄浦区续志》[③]中的《优秀近代建筑》《外滩广场音乐会》《大世界基尼斯》3篇专记,分别用表格的形式,全面系统展示了黄浦江畔的静态楼宇、动态音乐及创基尼斯之最的活动于一地交融、汇通的上海城市文明。《上海市志·民俗方言分志·方言卷(1978—2010)》[④]的专记《上海话保护》调查梳理了保护上海话的相关行动,包括官方举措,如开设上海乡土文化教育、建设"中国语言资源有声数据库"、

---

① 上海市闵行区地方志编纂委员会:《闵行区志(1992—2011)》,上海:上海人民出版社,2018年。
② 上海市松江县地方史志编纂委员会:《松江县志》,上海:上海人民出版社,1991年。
③ 《黄浦区续志》编纂委员会:《黄浦区续志》,上海:上海社会科学院出版社,2003年。
④ 上海市地方志编纂委员会:《上海市志·民俗方言分志·方言卷(1978—2010)》,上海:上海古籍出版社,2021年。

增设上海话报站等措施,以及民间行动如读物编撰、媒体宣传、沪语诵读、教学、讲座、比赛以及输入法研发等行动。

这一类专记在写法上通常大量使用图表和数据,以使信息更加全面、详实、可靠;再适当结合分析,进而给出结论或提出建议。

(二)专记应用中的不足

纵观专记在两轮修志中的运用情况,作为一种新兴并快速发展的体裁,它不同程度地存在着名目称谓不一致、编次不规范等问题。

1. 名目繁多

特别是在一轮修志中,除专记外,还有叫纪略、杂记、附记、丛录、志余、特辑等。如陕西《渭南县志》《户县志》、福建《尤溪县志》设"兵事纪略"。《黄浦区志》将《黄浦滩上领馆》《帝国主义控制上海海关始末》《十里洋场的社会污垢》《洋泾浜》《若干地区变迁》的专题记述归为"杂记"一编,并在之后另设一编"'文化大革命'纪略"。《宝山县志》将《"文化大革命'运动专记》归入第三十二卷"志余"。《上海通志》将《上海租界》《上海外国侨民社区》《会馆公所、同乡会》《帮会》《烟、赌、娼》列为特记。《上海港志》将"专记·补记",《南市区志》《普陀区志》将"专记·附记"设为一卷共同记录。还有的在专记前加限制词,如《广州市志(1990—2000)》设"人物专记"。

2. 位置多变

有的放在卷首,如浙江省《衢州市志》有卷首专记20多篇。

有的分散放在相关章节篇末,即志书正文中间,如《上海青年志》①在第三篇"青年运动"下设《"文化大革命"中的上海红卫兵运动》《"文化大革命"中的上山下乡运动》《反对资产阶级自由化斗争》3篇专记;河北《三河县志》在"公安司法"章设附记《反革命分子胡万荣抓捕记》《本县部分反动会道门情况》;新疆《哈密县志》在"政党社团"编设《重大政事》《西路军在星星峡》《苏联军队在哈密》《平尧乐博其叛乱》《艾力叛乱》等。有的集中放在正文后、附录前,如《上海通志》《上海检察志》《长宁区志》等。

3. 编次层级不统一

有与卷首、大事记、正文、附录并列的,也有在正文中属于某篇章的,有的设在节、目、子目下。如上文提到的《黄浦区志》《松江县志》都将"'文化大革命'纪略"单独设为一编/卷,《徐汇区志》则将其归入"中国共产党"篇第三章"重要活动"的第三节。又如《修文县志(1978—2010)》专记,有的在节下设,如"经济建设"篇"招商引资"章第一节"项目设置"有专记《双辉钢铁有限公司落地潮水村》;有的在目下设,如"经济建设"篇"商业"章第二节"市场"的"五、超级市场"下设有专记《笑容超市兴衰记》《讲诚信的修文合力超市》;有的在子目下设,如"政治建设"篇"人民政府"章第三节"施政纪要"的"三、经济调节""(四)农业产业结

---

① 《上海青年志》编纂委员会:《上海青年志》,上海:上海社会科学院出版社,2002年。

构调整"子目下,设有专记《猕猴桃产业"蛋糕"做大了》;有的志书甚至细目下也设有专记。①

4. 篇目数量悬殊

从专记设置数量来看,最少1篇,多的有几十甚至一百多篇。上海两轮志书中,专记数量最多的均是"出版志"(一轮为《上海出版志》、二轮为《上海市志·新闻出版分志·出版卷》),分别为25和24篇。还有河北《张北县志》设54篇专记;《井陉县志》设80多篇;续修《衢州市志》设大小专记100多篇,数量相差很大。

5. 文字量差距大

少的单篇仅数百字,如《上海出版志》的专记《石印书刊的兴起》仅200余字;多的单篇长达上万字,如《北京志·气象志(1996—2010)》的专记《"北京奥运会气象保障服务》有23205字;而河北《辛集市志》共有专题记述文章约20万字,占全书篇幅的十分之一左右。

四、三轮修志专记编纂建议

基于新方志专记编纂实践,客观分析应用情况,总结经验和不足,在三轮修志中应着重注意以下问题,以充分发挥专记展现时代特征和专门特点的重要作用。

(一)统一名称位置,规范体例

专记之所以备受争议,源于早期专记体裁实践中的混乱,比

---

① 梁滨久:《专记编写的重大突破——读《修文县志(1978—2010)》一得》,《黑龙江史志》2019年第11期。

如名称不统一，位置不统一，编次不统一等。专记体裁作为一种新兴体裁，有一个发展稳固的过程，需要方志工作者在实践中不断统一思想，更清晰地界定好专记体裁的各项要素，让其良性发展。首先，名称须统一，称为"专记"而不是其他，以稳固体裁本身，不造成歧义。第二，位置的统一也非常重要。专记之所以单独列出，就因为它有无法取代的特殊地位，可以作为全书的一个亮点出现；专记的位置如果散乱，必然造成对专志体裁的种种误解。如果放在卷首，可能容易与大事记体裁混淆；放在分志中间，太过散乱，又容易产生一种破碎感。笔者建议专记应集中记述，放在志书卷末为宜，使其作为一种新兴体裁的位置固化下来。第三，编次也应统一。专记应该与志书中的其他篇并列，篇名为专记，分为多篇，以"专记序号"加"专记标题"的形式出现，文章编次采用志书正文编纂格式。上海市第二轮新编地方志书基本采取了统一的名称、位置和编次，从而将专记在二轮地方志中的形式稳定下来。

（二）严控选题范围和数量

《地方志书质量规定》指出，"专记设置因事制宜，选题严格，数量适度"，专记选题要从严控制，不能过多过滥。选取的必须是本身有确切的内涵、有地方特色、有特殊影响的事，是值得专门记述的事，从而体现专记"专题记述"的本意。专记不一定都是大事、要事，但一定是值得记载的、具有特别价值的事。同时要因事制宜，不搞平均主义，不能要求每个分志都强行设置，而是要根据实际情况、内容记述需要而设。同时控制好记述的数量。总体看，专记数量控制在5篇以内，文字量控制在全书的5%以内为宜。

（三）坚持以资料为基础

资料性是志书的基本属性，专记亦然。选定的专记必须要有翔实的资料来支撑。编写者要充分运用这些资料把专记事物发展的过程记述清楚，把专记事物与其他事物的内在联系及其对行业、事业发展或社会发展的重大影响都反映出来。用资料说话，不以观点代替材料。同时，对所收集资料严格筛选，核实无误后方可入志。如果资料支离破碎、残缺不全，则不宜设置为专记。

（四）紧扣主题加强深度

"典型案例，深度记述"是专记的典型特征。把某些事物单列出来做专题记述，其目的就是要使这些重要事物记述翔实而且有深度，进而突出其重要性、地方特色和行业特征。因此，要紧紧围绕专记的主题，通过合理选材、调动各种资料要素，使记述层次分明、重点突出、深度增加。

（五）体现事物的完整性

专记作为记体的一种，采用纪事本末体编写，以便达到内容完整、要素齐全的记述要求。记述的事件要有时间、地点、人物、起因、经过、结果，同时要对事件的发生、发展、高潮、结果全过程的主要环节完整记述清楚。当然也不是要泛泛写过程，记流水账，而是要重点突出、详略得当，切实把握好具有典型意义的记述要点。为了完整记述专记事物，体现出事物发展变化的连贯性，可将有关内容适当上溯到事物的发端或将之适当下延。唯有如此，才能反映事物的本质，揭示事物之全貌。

(六)文体不拘于一格

专记的灵活性更多地体现在文体风格上,其表现手法也可以呈现出多样性。纪事本末体是撰写专记的主要文体,比较适宜表述完整的历史事件,尤其适宜寓观点于史实的记述之中的志书。但其他种类表现手法,如说明、描写、分析、论议、评断,也可根据具体内容酌情使用。如:纪实专记用记述体记清楚整个事件的来龙去脉;介绍专记用描写与说明的表现手法,将事物介绍清楚;考证专记用记述与分析的表现手法,把被考证对象的历史沿革讲清楚;调查专记则使用分析的表现手法,讲清楚调查了什么内容、得到哪些信息,进而给出结论或提出建议。

(七)处理好与有关分志的关系

专记作为一种辅助性的体裁,不可以喧宾夺主,能在分志中充分展现的,就不要列入专记。专记的内容涉及面广,与其他事物的联系较多,可能出现与分志中相关内容重复的情况,对此要进行妥善处理。要分清同一内容在两处或多处记述时的角度、详略程度,使其各有侧重。本着"当立则立,否则作罢"的态度去审慎对待,不能把可在分志中记述的事情人为地抽出来写"专记"。有关分志中与专记相关的内容要尽可能向专记集中,使专记的记述更加具体详细,展现个性特点。

专记作为来源于古代,发展于新中国首轮修志,在第二轮修志中广泛运用并不断成熟的体裁,应在编写要求上不断规范化,以稳固其作为一种新兴体裁的地位,并发挥其展现时代特色和专门特点的作用。

附 录

黄 婷

方志附录由来已久，伴中国地方志的萌芽而生，随方志的定型成熟而长。然而，长期以来人们对于附录在志书中的重要性不够重视。20世纪80年代开始的全国首轮修志中大多数志书设置了附录，但附录仍是全志最薄弱的一个部分，没有统一规范，没有充分发挥应有的作用，对志书的整体质量产生了负面影响。本章论及附录的概念、特点与作用，附录的学术史回顾及总结，二轮志书附录编纂实践及存在的问题，并对三轮志书的附录编纂提出建议。

一、附录的概念、特点与作用

关于附录的名称，五花八门。有纪遗、杂录、杂览、杂记、摭遗、别录、摭谈、丛记、外记、丛谈、丛志、丛考、杂纂、杂缀、杂志、杂辨、拾补、拾余、归余、丛录等。①

（一）附录的概念

旧志中，大多数志书卷末命名杂志、杂记、杂录、志余、丛

---

① 《方志百科全书》编纂委员会编：《方志百科全书》，北京：方志出版社，2017年，第252页。

谈、拾遗，称谓各异。二轮志书中，主要有附、杂记、文献、附记、附录、专记、特载等。

1. 相关概念

为了更好理解附录，需要认清几个关键词。

附。《辞海》解释为："随带、附带。"① 在志书中，"附"原本只是一种方式、方法，并不是一种体裁或篇目名称。一切附件皆可称"附"。不少二轮志书，在一个"附"字之下，尽收各类附件。实际上是将"附"当成了篇目名称运用。

杂记。《现代汉语词典》（第7版）解释为："零碎的笔记：学习～｜旅途～。记载风景、琐事、感想等的一种文体。"②《辞海》没有"杂记"条目释义。《中国方志大辞典》解释为：亦称"丛谈""志余""杂志""外编"。置入正志之后，是旧方志专为"虽事属琐屑而不可或遗者"（章学诚《修志十议》认为奇闻轶事和民间传说之类的零碎事物皆属此类）而设的一个门类。鉴于人们宏观和微观认识能力的提高，旧志编纂者认为无类可归只好列入"杂记"的事物，现今大都可分门别类归入正志，故新方志多不设"杂记"之编。③

杂志。《中国地方志词典》解释为：志书种类或方志门目名。1. 作为方志门目名，记载志书需载但又无法自成门类的内容，如

---

① 陈至立主编：《辞海》（第7版缩印本），上海：上海辞书出版社，2022年，第638页。

② 中国社会科学院语言研究所词典编辑室：《现代汉语词典》（第7版），北京：商务印书馆，2019年，第1626页。

③ 《中国方志大辞典》编辑委员会：《中国方志大辞典》，杭州：浙江人民出版社，1988年，第97页。

灾异、轶事、遗闻、谣谚、传说、诗咏等……2. 作为方志名。多指私人纂修，内容偏而不全，体例不完备的志书。① 《中国方志大辞典》解释为：1. 期刊。杂志社、报章杂志。2. 杂记。零碎的笔记。②

文献。《现代汉语词典》（第 7 版）解释为："有历史价值或参考价值的图书资料。"③ 《辞海》释"文献"："原指典籍与贤者……今为记录有知识的一切载体的统称，即用文字、图像、符号、声频、视频等手段以记录人类知识的各种载体（如甲骨、金石、竹帛、纸张、胶片、磁带、光盘等）。"④

附记。《辞海》《中国方志大辞典》没有专门的词条释义。百度百科解释为："附记为附带记述，亦指在正文外附带的记述。"

专记。即专题材料记述。《辞海》解释为：专，即"专一""独用""单独掌握"或"占有"之意。⑤ 记，即"记录""记载"之意。专记，顾名思义，一是要"专"，切忌"杂"；二是记述的内容要完整具体，要素齐全，给人以整体、透彻、简洁、形象、生动感。《中国地方志辞典》解释为：新编方志的附录名称……在撰写每一个条目时，只能记述这个条目本身的发生、发展等演

---

① 黄苇：《中国地方志词典》，合肥：黄山书社，1986 年，第 411 页。
② 《中国方志大辞典》编辑委员会：《中国方志大辞典》，杭州：浙江人民出版社，1988 年，第 1627 页。
③ 中国社会科学院语言研究所词典编辑室：《现代汉语词典》（第 7 版），北京：商务印书馆，2019 年，第 1373 页。
④ 陈至立主编：《辞海》（第 7 版缩印本），上海：上海辞书出版社，2022 年，第 2361 页。
⑤ 陈至立主编：《辞海》（第 7 版缩印本），上海：上海辞书出版社，2022 年，第 356 页。

变情况，如果遇到与其他条目发生交叉的地方，可以采取"此详彼略"等做法解决。但有些情况或重大事件，牵涉到几个条目，甚至几个类目，无法用"此详彼略"的方法解决。不得不特设"专记"类目，又分若干条目，进行撰写。①

附录。《现代汉语词典》解释为："附在正文后面与正文有关的文章或参考资料。"②《辞海》解释为："图书中的一种辅助性文字。附于图书正文后面、与正文没有直接关系或虽与正文内容有关但不适宜放入正文的各种材料。包括对正文内容有所增补的文章、文件、图表、书目、大事记、译名对照表等。"③《中国方志大辞典》对志书附录有专门的释义："附录是附于志后以原原本本保存地方文献和珍贵资料的汇录……要附与当地有关且有重要史料价值的原文、原件，切忌滥收。"④《中国地方志词典》的解释为："方志体裁之一。从字义来看，它本身具有记载、抄写、抄录之意。古代以录为方志名目的志书……到了后期，'志'在志书中占了主导地位，而'录'便逐渐居于从属地位。'录'所记载内容，正象章学诚在《方志立三书》中所称，'阑入则不伦，弃之则可惜'，属'稗野说部之流'，常以附录形式缀于志后。瞿宣颖也主张：'琐事零闻不入正志……其无所附丽者，然后附入

---

① 黄苇:《中国地方志词典》，合肥：黄山书社，1986年，第356页。
② 中国社会科学院语言研究所词典编辑室：《现代汉语词典》（第5版），北京：商务印书馆，2005年，第427页。
③ 陈至立主编：《辞海》（第7版缩印本），上海：上海辞书出版社，2022年，第638页。
④ 《中国方志大辞典》编辑委员会：《中国方志大辞典》，杭州：浙江人民出版社，1988年，第97—98页。

丛录为是。'……附录除了置于全志的后面外，也可附于各篇、章之后，一般皆辑录与本编、章有关的有价值的资料，以辅助正志的记述。"

2. 相关概念关系

为了弄清楚附录的概念，还需辨别录与志、附与附录、附录与附记、附录与杂记的关系。

录与志。以"录"为名的志书大约始于魏晋时期，流传至今的有宋程大昌的《雍录》和高似孙的《剡录》。当时"录"与"志"在体裁和记述方法上区别不大，同属一类。"录"与"志"的字义相通，都有抄写、抄录之意。宋以后，"志"在志书中成为述事主体，"录"居于附属地位，两者在志书中有了明确的分工，"录"成为志书的一种体裁，"录"既依附于"志"，又有其相对的独立性。①

附与附录。"附"与不同事物组词后有不同意思，如附件、附奏、附录、附记等，一切附件皆可称"附"。两轮区（县）志书中，以"附"为名的志书比例最高。不少二轮志书中，一个"附"字之下尽收各类附件。②

附录与附记。首轮修志，强调附录为与当地有关且有史料价值的原文、原件。《中国方志大辞典》解释为："'附录'与'附记'不同，'附录'为原文照录，'附记'为编纂者之言。"③ 即

---

① 郑东辉：《附录的设置与编写》，《新疆地方志》1995年第4期。
② 张凤雨：《地方志书附件存在问题浅见》，《广西地方志》2013年第4期。
③ 《中国方志大辞典》编辑委员会：《中国方志大辞典》，杭州：浙江人民出版社，1988年，第98页。

附录是原文、原件、原始资料,是照录、照抄,是出自他人之手,并非编纂者自己撰写。首轮志书,附录部分大多设附记,如《古代诗文》《旧志序跋》《党和国家主要领导人重要指示、批示》《重要文献》《诗词选辑》等。二轮修志以来,一些志书除收录原始资料外,也加入了《前志简述》《前志勘误》《历史要事述略》《古迹考》《限外大事记》等。①附录的设置与收录内容,不再是首轮志书附录的概念,既收原文,又收编者之言,这实际上是体裁的混淆。

从附、附录、附记三者的关系看,附的内涵最广,包括内容最多。附录是原文照录,附记是编纂者之言。以广州市两轮区(县)志书24部为例,可知"附"逐渐减少,"附录"逐渐较多,"附记"小幅增长。②

附录与杂记。附录作为一个门类出现于志书之末,最初是由旧志中的"杂录""杂记"演变而来,直到清末光绪年间才正式出现"附录"一名。附录是否应该包含杂记?方志界有不同的看法。一种观点认为附录应该包含杂记,"每一部县志附录的内容也有很大的不同。但这些内容一般可分为两类:一类是'文存',包括重要文献、地方文献要目、诗文选录等;一类是'杂记',包括地名考释、史实考辨、奇闻轶事、怪异现象、大事记略等"③。另一种观点认为附录和杂记有别,附录不应包括杂记,

---

① 张凤雨:《地方志书附件存在问题浅见》,《广西地方志》2013年第4期。
② 李玉平:《浅论志书中的随文附录——以广州市两轮区(县)志书为例》,《广西地方志》2019年第1期。
③ 梁滨久:《县志附录篇目议》,《方志研究》1990年第5期。

"附录不是杂记、杂录,杂记是专为收录'入则不伦,弃之可惜'的奇闻轶事和民间传说之类的零碎事物而设的一个门类,内容主要包括内容考释、史实考辨、奇闻轶事、怪异现象、大事记略等,它属于撰著体,而附录属于纂辑体。附录应严格按照录体的要求,使用原始资料。附录和杂记两者既不能偏废又不能混为一体,在志书中均应单独列章"①。

基于以上分析,附录可定义为:附录是附属于志书正文的一种录体,收录与正文密切相关的,与正文相互印证的,或需要入志但不宜记入正文内容的,表现地方特色的各类重要原始文献。

(二)附录的特点

1. 原始性

《地方志书质量规定》对"录"有较为具体的规定:"附录的原始文献、补遗考订等资料具有重要存史价值。"附录是原文、原件、原始资料,是原原本本保存地方文献和珍贵资料。

2. 依附性

附录是附在正文后面与正文有关的文章和参考资料。附录首先依附于正文,附于正文之后。内容与正文有所关联,是为正文服务的,与正文相得益彰。附录的依附性是绝对的。

3. 独立性

在依附于正文的前提下,附录又具有相对的独立性。内容选择上,有较大的灵活性,选择范围更宽广。写作手法多种多样,具有较大的自由性。

---

① 李琳琳、沈松平:《再论附录》,《黑龙江史志》2012年第24期。

4. 地方性

附录资料与当地密切相关，而且更全面准确地反映一地最有特点的客观存在，诸如一地自然、社会中最有特点的东西。

（三）附录的作用

附录的作用决不能低估。附录虽处于"附"的地位，但不能把它当作是附带之物，可写可不写。相反，附录在志书中有着举足轻重的地位和作用。它的作用主要有如下几方面：

1. 保存原始文献

《地方志工作条例》明确了地方志书是资料性文献，其最基本的属性是资料性，修志的主要目的之一就是保存地方文献。附录是一种能够最大限度保存原始资料的体裁形式。首轮、二轮新方志的编修，最被理论界所诟病的问题就是资料性，使用原始资料不加注释，大大降低志书的存史价值。附录能保存原始文献，可以弥补这一缺憾。

2. 拾遗补阙

在方志编写中，常常碰到这一类问题，有的内容无法自成门类、难以纳入正文中；有的正文对一些事件和现象无法评论和解释，在"附录"中可全面如实记载，补充正文内容。有的内容收进正文中，有喧宾夺主或削足适履之嫌，但又客观存在，不收进志书，就不能客观、真实、全面地反映一地的全貌。附录内容应是归之无类、弃之可惜，且有重要价值、观点正确的资料。附录，因其内容比正文更典型、更丰富、更原始、更具体，能补充和印证正文之中所述而述不细，所载而载不全的史料内容，达到附录为印证正文的说明性、补充性、检索性，以及增强可读性、趣味性、史料性的修志目的。

3. 深化内容

正文的记事范围受到一些约制，无法展开详写，"附录"有较大的机动性和灵活性，记事的范围也较宽广。附录能在各正编完成之后，辅载有关志书的内容，使之更加充实和丰富，并解决正编"以事分类，门类齐全，横排竖写"中所遇到的一些难以解决的实际问题。比如，通过附录文件、文告、重大事故、重要文献、碑刻、事件的调查报告、新闻报道、口述资料等，不仅印证了正编对此事的有关记述，还讲步加强了记述的深度，使之全面、具体，既可增强史实，丰富志书的内容，又加强了志书的科学性和整体性。不能划分在正文篇目框架下，但记述内容与该地域范围有关且有重要价值的文献资料，可设附录。

4. 表现地方特色

地方志囊括今古，门类齐全。正文记述事物时，由于横排竖写，不可能把每一件事从头到尾写得完善详细，只能用典型资料来揭示兴衰，彰明因果。如果只注意"共性"，忽视"个性"，就会变成"千人一面"，失去了编写"附录"的意义。各地的自然条件不同，历史情况各异，经济发展不平衡，形成各自的地方特点。突出地方特点，就是挖掘本地事物与外地的不同之处，充分反映地方特色，使人读后身临其境。一部志书如果附录编排得当，能够生动反映当地的特色，以一斑得窥全豹，定能为全志增色。收入"附录"的文告、法则也应该是对该地具有特殊意义的地方性文献。

志书与附录的关系是主与从、整体与局部的关系。选编附录能更好保存原始资料,能增强和丰富志书内容,使志书更有地方特色,能够为现实服务或为后人研究提供借鉴或参考。

二、附录的学术史回顾

东汉班固撰《汉书·地理志》首创"附注"类目,实录当时各郡县户口数量、山岳陂泽方位、水道源流、水利设施和著名城邑乡聚、名胜古迹等。附录作为志书的一个门类出现,始于北宋。朱长文撰《吴郡图经续记》,此志第二十七目即为"杂录"。但那时尚无"附录"之名。清末、民国有了"附录"之名,但旧志中命名"附录"的志书甚少。直到中华人民共和国成立后开展首轮修志,各地志书才普设附录。

(一)附录设置及位置

首轮修志以来,相较于其他体裁,方志界对附录的专题研讨和明文规定是很少的。1985年4月《新编地方志工作暂行规定》、1997年5月《关于地方志编纂工作的规定》、2008年9月《地方志书质量规定》,都明文规定"录"为新方志的必备体裁之一,但除了2008年的一句"附录的原始文献、补遗考订等资料具有重要存史价值"外,没有更具体的说明和要求。20世纪80年代召开的10余次地方志研讨会,也未涉及附录的编写和质量问题。20世纪90年代以来,始有零星专门探讨附录文章,但实践中附录的篇目设置、内容结构、编录方式等随意性较大,认识不一。[①] 刘

---

① 莫艳梅:《关于志末附录的若干问题——以28部志书附录为例》,《广西地方志》2011年第1期。

贯让发表《"附录"与"杂记"议》的文章之后，杨秀林写了《议附录的编写要求及其他——与刘贯让同志商榷》一文[①]，对于《附录》的研究和讨论掀起了小小的波澜，但未能持久展开。2000年3月中国地方志指导小组下发的《关于续修地方志的几项规定（讨论稿）》，把附录列为续修志书的五项基本内容之一。

根据"录"在志书中的位置，有学者将其细分为三种类型：志首录、志中录、志末录。志首录即目录；志中录包括人名录、动物名录、植物名录等各种名录以及篇、章、节、目之后设置的附录；志末录为全志之附录。[②] 此外，新编地方志中，随文附录的设置非常普遍。以广州市两轮区（县）志书为例，24部志书中19部设随文附录。随文附录主要包括篇（编）下附录、章下附录、节下附录、目下附录、子目下附录、大事记附录、人物附录七种。总体而言，章下附录、节下附录、目下附录所占比例最多，篇（编）下附录、子目下附录占比不多，大事记附录、人物附录占比最少[③]，总体看，从第一轮志书到第二轮志书，随文附录的数量大幅下降。

（二）附录的作用

韩章训认为：一是可补充和深化正文内容；二是可扩大读者视野，为读者研究提供参考资料。周慧认为："附录有存史和资治、补充和拓展、说明和印证、阅读和使用四大功能。"[④] 张莹

[①] 刘贯让：《"附录"与"杂记"议》，刘凤仪等主编：《编纂方法》，长春：吉林人民出版社，1991年，第372页。
[②] 周慧：《论志书的附录》，《中国地方志》2011年第8期。
[③] 李玉平：《浅论志书中的随文附录——以广州市两轮区（县）志书为例》，《广西地方志》2019年第1期。
[④] 周慧：《论志书的附录》，《中国地方志》2011年第8期。

认为:"附录尽管名目繁多,内容广泛,但其作用大体相同,主要有以下几点:1.存史、资政。2.纪实、备考。3.补充、引证。4.深化、论证。"① 熊步成认为,附录的功用可归纳为三点:"便于读者查考,起着存史的作用;有助于读者理解正文,起着注释的作用;使无类可归的内容,有所归属,起到不遗不漏的作用。"也有将附录作用归纳为十个方面者:一是极大丰富志书内容,增加历史资料;二是"补史之缺,参史之错,详史之略,续史之无";三是对正文具有佐证(印证)作用,有助于人们学史用史;四是集中体现和展示历史文明,尤其是精神文明建设的巨大成果;五是突出地方特色的大舞台,反映其来龙去脉;六是为后人著书立说、开展科学研究提供素材;七是保存史料,使珍贵史料免于佚失;八是起到深化主题,加深理解的作用;九是解决著述体例与保存资料矛盾的好形式、好办法;十是方志体例日臻完善和学术品位逐步提高的重要标志。②

(三)附录的内容

20世纪80年代初,中国地方史志协会推出《新编市志基本篇目》《新编县志基本篇目》,前者志末有三块内容:杂类、修志始末、跋;后者志末附录有三个目:县志编修始末、重要文献辑存、地方文献要目。至21世纪初,市县志末附录内容多为:遗闻轶事、艺文、重要文献、史实考辨、历代修志、志序、前志补遗勘误、先进集体荣誉、经济社会发展状况、限外辑要等。《续

---

① 张莹:《志书附录编纂应注意的问题》,《中国地方志》2008年第4期。
② 广西地方志编纂委员会办公室编:《续修地方志教程》,南宁:广西人民出版社,2005年,第449页。

志编纂要览》指出，附录"以收录不宜编入正文而又有重要价值的法规、文件、报告等文献资料为主"①。

附录的收录内容，从旧志看大体上主要有以下几种：志余珍补（即"余文剩说"，补遗、拾遗）、民间传说、异闻轶事、古今趣事、事故灾异、重要考辨、存疑待考、修志始末、文献辑存、大事年表。②旧志附录繁杂、琐碎，为后世留下诸如天象异常、地理变化、奇闻异说等资料。首轮修志结束后，新编志书如雨后春笋般出现。综观各类志书，民间传说、事故灾异、重要考辨、存疑待考、修志始末、文献辑存、大事年表成为新志书中附录的主要内容。尤其以修志始末、文献辑存为最。

易大桂提出，附录内容必须具备5条标准：一是与正文的相关性，二是表现形式有别于正文，三是具备典型性，四是有佐证作用，五是"非附不可"的珍贵资料。他认为附录应是"附在志书后面或章节之后与正文内容相关的佐证性、印证性、说明性、补充性文章或图表，和非正文可包含但与该地域范围有关，非入志不可的重要资料"③。王炬提出9条收录范围：第一，领导机关发布的，在本地区、本部门有重大影响的文件。第二，最具地方特色，影响深远，比较完善的地方法律、法规、条例、条令。第三，本地区、本行业有重要影响的规划、计划。第四，能反映本地区政治、经济、自然、社会发展状况的调查报告、考察报告、工作总结。第五，重大科学发现、科研成果的原始记录、专项报

---

① 广州市地方志办公室：《续志编纂要览》，广州：广州出版社，2003年，第24页。
② 李春华：《关于附录的几个问题》，《黑龙江史志》2005年第7期。
③ 易大桂：《关于新方志附录的问题》，《中国地方志》1990年第1期。

告、技术总结和鉴定书。第六,精品文摘,内容包括有史以来关于广西历史与现状、发展研究等方面的名作、著述的节选。第七,杂录。第八,重要的碑刻和考古报告。第九,修志始末。①

(四) 怎样编写好"附录"

朱祖周认为,必须注意如下几个问题:一是要剔除糟粕。剔除含有封建因素、迷信色彩的内容。二是要抓住典型。做到"当附的则附,不当附的就不附"。一定要抓住典型,把与正编有关而又能辅助和印证正编记述事物的最主要、最突出的典型资料加以收录,既不能以偏概全,也不能挂一漏万,而要分清主次,抓住本质,使写出来的"附录"真正达到"附"的要求,前后照应。三是要选准角度。编写"附录"要选准角度,使之独成一格。最基本的要求,应从"拾遗""补缺""辨误""佐证"等方面去记人、记事、记物、记名胜、记掌故、记奇闻异象,使之得体和有规律,形成自己独特的风格和特色。②

三、二轮志书附录编纂实践及存在的问题

综观地方志,虽设置附录,但尚无统一的规范,在附录中还存在不少问题,主要有:归属不当、内容庞杂、附录与正文内容重复交叉、篇幅悬殊、纂辑体与撰著体混编等。

1. 不该作附强作附

一是,一些本应该入正文的内容却作了附。二是,一些认为

---

① 王炬:《关于"附录"的一些看法》,《广西地方志》2003年第2期。
② 朱祖周:《浅谈新方志如何编写好附录》,《新疆地方志》1993年第2期。

不好的事情就作附。如有的县志"公安司法"篇附《爆竹厂爆炸事故》《重大交通事故》《白天鹅宾馆重大火灾》等。这些虽不是好事，但却是一地实实在在发生的大事。与其他事物一样作为附件，有明显的轻视、打入另类之嫌。三是，以"调查报告"与"分析研究"作附录中的新事物。①

2. 归属不当

篇题的内涵与外延不能包容所纂辑的内容，造成归属不当。时有当附不附、不当附却附现象发生。

3. 附录与正文内容的重复交叉

最常出现的问题是，志书正文和附录表格的重复，尤其是一些统计表格较多的专业志书，如财政志、金融志、物价志等。志尾附与前面的正文有关章节内容重复的问题容易被忽略。

4. 附录内容辑录规范性问题

志书中的有些内容在各专业志中，放在一部志书中可作为正文内容处理，但在另一部志书中却只能是辑录入附录。如："农事谚语""林业谚语""气象谚语"等，进入文化志有关章节是正文，在地理志、农业志等志书中则应该收录入附录。②

5. 附录内容问题

有些志书附录内容芜杂，或是把附录视为"杂货铺"，事无巨细，堆砌而成，内容五花八门，乱附滥录；或将杂记与附录混为一谈，自乱章法；或是篇幅悬殊，有的不足全志内容1%，有

---

① 张凤雨：《地方志书附件存在问题浅见》，《广西地方志》2013年第4期。
② 胡浩泉：《新方志附录编纂琐谈》，《新疆地方志》2014年第3期。

的则达10%以上。有人曾对17个省市区20部新志书附录作过统计，篇幅最少的仅占全志0.85%，最多的达12.26%，其中有4部在10%以上，9部在5%以下。① 王炬通过对新编第一届《广西通志》各专志的"附录"进行分析，指出附录内容方面的问题主要是：以管理规定、章程为主，反映工作实绩的文献极少，这类附录不在少数；以机构设置、人员编制的文件为主，涉及主体业务的文献极少；不注意文献资料的覆盖面，以一二个企业的资料为主；附录篇幅在整部志书中所占比例太小，仅为3%以下。② 朱玺对伊犁河谷9部首轮志书附录进行解读，指出不足之处多为选用材料不精，存在公式化甚至滥竽充数、勉强凑数的情况。主要问题有：遗漏重要文献资料、所录与当地无关、要项不该从"正位"贬到"附录"、存在"志中有志"的问题、个别附录缺少价值。③

6. 附录置放位置

没有统一标准，或是集中附于区域志全文之后，如《哈尔滨市志》《福州市志》《贵州省志》等；或是分散附于区域志丛书中的专志后，如《北京市志》的民政、林业、金融、档案志等，《上海市志》的海关、电影、政协、妇女、农业志等；或是缀于篇、章之后，如《绍兴市志》在"风俗卷"的"信仰习俗章"附公益会社、乡规民约。

---

① 刘希汉、刘金凤、曹立红：《续志附录编纂漫议》，《黑龙江史志》2000年第4期。
② 王炬：《关于附录的一些看法》，《广西地方志》2003年第2期。
③ 朱玺：《伊犁河谷9部首轮志书〈附录〉胜谈》，《新疆地方志》2016年第4期。

7. 附录形式

附录形式包括全录、节录、重组加工型等，形式不一。全录指对重要但数量少的原始文献，采用全文照录的方式收录全文。如领导讲话、文件选辑、新闻报道等。节录是对原文进行删节，对重要但数量较多的原始文献，采取把最典型、特色的核心材料加以部分选录。如《上海市志·民俗方言分志·民俗卷》的附录"《协大祥同记棉布庄店员规例》摘要"：1912年协大祥开张时，有一本"范围簿"，规定店员须遵守的店规范围。1923年，"店规"有20余条，称《店员规例》。1927年增添到63条，1937年有12章117条（称《协大祥同记棉布庄店员规例》），1947年更达17章166条。这部《店员规例》内容之详、条文之多，堪称沪上之最。民俗卷附录分为通则、防卫、俸给、用货、请假、作辍、晨起等12章，每章选择重要的内容或主要的规定。民俗卷的附录"五四以来描写上海民俗的文学作品选介"，作者不可能对文学作品内容详细介绍，只是对书里描写上海民俗的内容进行简单介绍或直接引用。

重组加工型指作者根据原始资料综合编写、精练而成。主要有：一、表格类。如《上海市志·中国共产党分志·党史研究卷（1978—2010）》的附录"有关党史工作文件目录选编"（1982—2010年部分党史工作文件目录一览表）、"中央与上海相关领导关于党史工作讲话目录选编"（1981—2010年中央与上海相关领导关于党史工作部分讲话目录一览表）属表格。《上海市志·工业分志·钢铁业卷（1978—2010）》的附录大量运用表格，有党和国家领导人视察上海钢铁企业一览表、外国政要访问上海钢铁企业一览表、上海地区钢铁企业荣誉奖项一览表、上海钢铁业部分单位名称沿革表。二、名录类。如《上海市志·文学艺术分志·电影卷》的附录：1978—2010年上海地区出品的科教片名录、纪录片名录，1978—2010年上海电影译制厂出品的译制片名录，第一届至第十九届"上海影评人奖"获奖名录。《上海市志·工业分志·纺织业卷（1978—2010）》的附录所包括的企业名录。三、文章类。如《上海市志·黄浦江分志（1978—2010）》的附录"1958年整治黄浦江方案"，是作者根据相关资料整理而出的。有的附录兼有文字介绍和表格，如《上海市志·文学艺术分志·文化娱乐业卷（1978—2010）》的附录"1978—2010年新编长篇评弹书目"，先对1978年到2010年的33年中上海书坛呈现的新编长篇书目的内容、题材进行简单介绍，再列1978—2010年编演的长篇评弹演出二类书目表。

8. 其他实践问题

上海市二轮区县志共出版24部志书，其中区志15部、县志9部。从这24部志书附录一览表可见，附录的名称各不同，有附录、志余、文献。24部志书，有6部志书无附录，占25％。篇名为志余的志书有3部，占12.5％；篇名为文献的志书1部，占4.2％；篇名为附录的志书14部，占58.3％。从附录内容看，有文件辑录、文件选目、对照表、一览表、调研报告、名录、简介、前志勘误、前志补遗等。24部志书中，12部志书有前志勘误或前志补遗，占50％，说明上海的二轮区县志是非常重视前志勘误或前志补遗的。其中4部志书的附录与前志勘误、前志补遗是并列关系，附录放在前志勘误、前志补遗前面或后面的都有。见表10-1。

表10-1 上海市二轮区县志附录一览表

序号	志名	篇名	附录内容	类别数	备注
1	卢湾区志	附录	新旧路名对照表、旧新路名对照表、卢湾区境现存里、坊、弄、村一览表、湮没里、坊、弄、村一览表	4	
2	普陀区志（1991—2003）	附录	1991—2003年中共普陀区委主要文件目录、1990—2002年普陀区人大常委会主要文件目录、1991—2003年普陀区人民政府主要文件目录、1998—2003年普陀区政协主要文件目录	4	附录前有前志勘误与增补，两者为并列关系。前志勘误与增补包括：1. 1950—1990年普陀区国民经济和社会发展情况补述；2. 前志人物传略增补；3.《普陀区志》(1994年版)校订。
3	杨浦区志（1991—2003）	附录	调查报告、调整后的第二届杨浦区地方志编纂委员会、《杨浦区志（1991—2003）》编纂人员、《杨浦区志（1991—2003）》审定人员、前《志》勘误、编后记	7	调查报告有：杨浦区私营经济发展趋势与对策思考、杨浦区平凉路街道十七家市属杨浦棉纺织厂的调查报告、杨浦区九家棉纺织厂的调查报告、杨浦区人民生活状况抽样调查。
4	上海市宝山区志（1988—2005）	志余	调研报告、前志勘误	2	

310

(续表)

序号	志名	篇名	附录内容	类别数	备注
5	上海市长宁区志（1993—2005）	附录	1993—2005年中共长宁区委部分文件目录，1993—2005年长宁区人大常委会办公室部分文件目录，长宁区人民政府部分文件目录，1993—2005年长宁区政协、区政协党组、区政协办公室部分文件目录	4	附录后有前志勘误、前志补遗，两者为并列关系。前志补遗包括：1. 1956—1984年长宁区行政区划沿革情况；2. 20世纪50年代末至60年代初长宁区群众文艺评论和创作；3. 1984年12月—1992年12月党史工作；4. 1991年长宁区享受政府特殊津贴的专家、学者、专业技术人员。
6	上海市虹口区志（1994—2007）	附录	1994—2007年虹口区国民经济与社会发展主要指标、文件目录辑存、文件选录	3	附录后附有前志勘误与增补，两者为并列关系。
7	上海市闸北区志（1994—2005）	附录	1994—2010年中共闸北区委主要文件目录，1994—2009年闸北区人大常委会主要文件目录，1994—2010年闸北区人民政府主要文件目录，1994—2010年政协闸北区委员会主要文件目录	4	

311

(续表)

序号	志名	篇名	附录内容	类别数	备注
8	上海市静安区志（1993—2010）	附录	2010年静安区国家机构、党派团体全称简称对照表、静安区新旧路名对照表	2	附录前有前志勘误，两者为并列关系。
9	上海市闵行区志（1992—2011）	附录	1. 关于进一步简政放权、搞活企业的几点意见 2. 中共闵行区委、闵行区人民政府关于加快推进生态区建设的决定 3. 闵行实施科教兴区行动纲要 4. 中共闵行区委、闵行区人民政府关于闵行区民生指标体系的实施意见 5. 附件闵行区民生指标体系	5	
10	上海市嘉定区志（1993—2010）	附录	文件选目、文件选录、《嘉定县续志》勘误	3	

（续表）

序号	志名	篇名	附录内容	类别数	备注
11	黄浦区续志	志余	补遗、查考、前志补正	3	补遗：20世纪初第一次国际性万国禁烟会在沪汇中旅馆召开；毛泽东第一次到上海在霞飞路中国学生会留下足迹；20年代初"王莲英被害案"一则社会新闻掀起出书热，舞台走红；1950年3月在黄浦区境内的外商洋行、公司、1985—1992年招商引资工作纪事。查考：关于清咸丰年间江海关被焚劫事件的查考；解放前黄浦区境内楼宇经济的考查；解放前现代服务业中区境内保险业、律师业情况的查考。前志补正：差错更正、错字改正。
12	南市区续志	附录	上海老城厢之最	1	

313

(续表)

序号	志 名	篇名	附 录 内 容	类别数	备 注
13	上海市徐汇区志（1991—2005）	无			有《徐汇区志》勘误与增补。增补：中共徐汇区委机关驻地、中共常熟区委机关驻地，徐汇区人民政府（人民委员会）驻地、常熟区人民政府（人民委员会）驻地。
14	松江县续志	附录	国务院关于同意上海市撤销松江县设立松江区的批复；上海市人民代表大会大会关于撤销松江县设立松江区的决定；中共上海市委关于松江区若干问题的决定；中共上海市委副书记孟建柱在松江建区干部大会上的讲话；中共松江区委书记牟毫在松江建区干部大会上的发言；锐意进取 奋力拼搏，以两个文明建设的新成就迎接新世纪；中国共产党上海市松江区第一次代表大会的决议；中国共产党上海市松江区委员会报告；中国共产党上海市松江区委员会第一届委员会书记、副书记、常委名单；中国共产党上海市松江区纪律检查委员会书记、副书记、常委名单；上海市松江	10	附录为松江撤县设区资料选录。

314

(续表)

序号	志 名	篇名	附 录 内 容	类别数	备 注
14	松江县续志	附录	区人民代表大会常务委员会、区人民政府、区人民法院、区人民检察院领导人名单、中国人民政治协商会议上海市松江区第一届委员会主席、副主席、秘书长、常务委员名单	10	附录为松江撤县设区资料选录。
15	上海县续志	文献	县情资料、地方史志资料	7	县情资料包括：文告选；调查、规划、统计资料。地方史志资料包括：县志；乡镇志、专业志；宗族谱、人物年谱；地方文献杂著；碑刻选；有关建县资料。
16	奉贤县续志	附录	文件选录、江海遗址考古发现、前志拾遗、前志勘误、县情要览、区情要览、奉贤县部分县级部门简称、全称对照表	6	"前志拾遗"包括：五七干校，知识青年"上山下乡"，韩琨事件始末。
17	川沙县续志	附录	人民生活调查表、文献辑存、方志出版、川沙县籍近代营造企业家业绩一览表、传统民居建筑简介、首届志书勘误		

315

(续表)

序号	志名	篇名	附录内容	类别数	备注
18	嘉定县续志	志余	先秦至唐代嘉定县建置沿革备考、嘉定县历代县域面积考、《前志》补正、1991年嘉定县农村居民生活接近小康标准、1978—1991年嘉定县农村居民食物结构调查、1987—1992年嘉定县居民膳食生活调查、1988—1992年嘉定县居民住房装潢及婚丧宴请抽样调查、1961—1990年嘉定县气象观测资料	8	
19	青浦县志（1985—2000）	附录	文件辑录、前志补遗、勘误、与青浦建立友好关系的州（市）、区、县名录、驻青单位简介	4	前志补遗、勘误包括：“文化大革命"在青浦纪略；前志勘误。
20	上海市浦东新区志（1993—2009）	无			

316

(续表)

序号	志 名	篇名	附 录 内 容	类别数	备 注
21	上海市南汇区志(2001—2009)	无			
22	崇明县志(1985—1994)	无			
23	金山县续志(1986—1997)	无			
24	南汇县续志	无			

来源：上海图书馆《万方数据知识服务平台新方志数据库》、上海市地方志办公室网站（https://www.shtong.gov.cn/）及相关书籍。

四、第三轮志书附录的编纂建议

由于对附录研究不够、重视不够,二轮修志留下很多遗憾和教训。三轮修志应注意前车之鉴。

(一)附录需要注意的几个问题

1. 辑录原则

一是"要"的原则。不可忽视"重要"二字,应选录那些属于地方党政部门决策性的、对当地社会经济发展及其各项事业起到积极推动作用的、存史价值高的重要文件、有重大影响的决策等。附录必须具有历史价值,可供后人研究、考证,不能滥收或者采取"编不了的都放在'附录'里"的做法。要把最重要、最具影响力的文件收录进来,要避免附录成为文件汇编。二是"时代性"。三轮志书的断限全部在改革开放时期,突出改革开放的时代特征既是此轮记载的重点,更是区别于前志的最大特点。此轮改革开放从经济起步,逐渐拓展到政治、经济、文化、社会各个层面。附录选取文件汇编为主的记载方式,更容易直观地记录这一逐步演进的历史进程。三是"特"的原则。"特"就是选取该地区的特色处加以记述。应根据当地实际情况,精选与当地有关的、能体现地方特色的内容,不能千篇一律,千人一面。

2. 附录标准与篇幅

不能滥设附录,也不能滥录。如在县级以上报纸、刊物发表的作品才能列入附录。要选择当地的材料,与当地无关的材料不入附录。要选择有代表性的材料,如是全国通用的共性材料,不是某地独创的,不列入附录。志书时限内各个时期均选有代表性的，不要集中选几年内的资料作附录。关于附录的"量"：附录"量"的选择应因志而异，不能滥竽充数，也不能太多，占全志总篇幅5％—15％即可。

3. 附录设置与撰写时间

安排附录要和篇目设计同步进行。在考虑篇目的同时，要考虑附录的设置。不要等到志稿完成后，匆忙找几个文件附在后面。只有在长期的收集研究、反复琢磨精选、不断积累筛选后，才能选出真正有价值的文献。附录收录资料断限时间要与志书断限时间保持一致。要收录在志书断限时间以内发表的作品，超过下限时间发表的作品，不属收录范围。地方志书的编修一般20年左右，志书内容包罗万千，为什么不收集正文断限内的内容呢？你又如何知道这些资料是附录而不可能是下一轮志书的正文呢？

4. 附录标题和位置

附录标题要列入目录中。应将文件名按政治、经济、社会、文化排名，同类型的再按时间顺序排列，以便读者知晓、查阅。附录以不入分志序列和不设章节为宜。附录是志书志、述、记、传、图、表、录7种体裁中的一种，只能放入志尾录。如附录太多，可以单独成一本志书。

5. 附录来源

原文直录的附录，注明来源，即始发的报刊、图书、网站、制发机关、作者、时间等。重要文件、讲话，录时用原文，要含文件讲话发表的时间、文号、作者。古文、诗词歌赋应注明出处、作者、年代等有关情况。民间传说、掌故不署作者名。考辨型附录除了收录原文外，没有标点符号的应点注标点符号，需要注释的给予注释。原文有错误的字句等，在不违背原意的前提下，用括注形式予以改正，加"编者注"。如有的附录是作者根据原始资料编写的，也应把所有来源写上。

专记、索引、编后记、编纂始末不入附录。编纂委员会、评审人员名单不入附录。专记所记为志书记述时限内跨章节的重要事项，属于志书正文内容，不编入附录。

（二）附录内容

附录不是"杂货收购站"，不要把附录当成大杂烩。具体选择几类应视志书正文篇幅、志书性质，再结合实际选择使用，可以包括领导讲话、文件辑存、典型事件、重要文章、艺文、有价值的口碑资料、前志补遗勘误及摘要。一般志书至少要包括文件辑存、前志勘误与补遗两类。前志勘误与补遗不可缺少。志书难免美中不足或有漏错，补遗勘误能弥补前志的遗憾，避免以讹传讹。修志代代相传，补遗勘误代代相传，是对历史负责、对读者负责。其他的如重大事件志和文艺卷、风俗卷志书，可以多选用典型事件、重要文章、口碑资料、艺文类作为附录。

1. 领导讲话与重要文件

重要领导人在本地区、本行业的重要讲话、指示、批示。

重要文件包括：重要的或有地方特色、影响深远的地方法规、制度、命令、文告、布告、通知、规划、计划、章程等。重要文件的选用标准：具有重要存史价值，具有独创性、开拓性、地方性、综合性、领先地位等。附录中的文件辑存不可忽视"重要"二字，应选录那些属于地方党政部门决策性的、对当地社会经济发展及其各项事业起到积极推动作用的、存史价值高的重要文件。如湖南《南县志》设《重要文献资料》。《北京市房山区志》附录分为史料文献与专文（良乡县城沿革考略）。史料文献包括：清乾隆三十五年典地文约；天津贺家口、小滑庄、东楼村、西楼村、小刘庄全体佃农哀告书；房山县城的一般情况和进城工作的初步意见；北京市房山区经济社会发展战略（1989～2000年）。《安徽省志气象志》附录有中央人民政府人民革命军事委员会、中央人民政府政务院《联合命令》（1953年），安徽省人民政府财政经济委员会（函）（1953年）等13个重要文献辑存。《汶川特大地震北川抗震救灾志》附录分为政策、批复、规划、文言、统计表。

2. 重要报告与文章

重要报告如重大的事故、灾害，对本地区、本行业产生重大影响的重大事物、事件报告，具有较强的地方特性、专业属性等。如《铜陵市志（1986—2010)》的附录有中国（铜陵）青铜文化博览会、铜陵淡水豚国家级自然保护区等重大事物内容。

重要文章包括报纸、书刊的新闻报道、经验介绍、学术论文及名作、重要调查报告、著述的节选、工作总结、文献（章、件）名录或目录、史实考证文章等。《北海市统计志》的附录有：北海市政府统计科1953年工作总结、北海市统计局1990年工作总结。《汶川特大地震上海市对口支援都江堰市灾后重建志》的附录有：文件信函辑存、管理政策、信函、新闻报道选、诗文选。

3. 艺文与口述史

艺文包括诗词曲、散文、碑刻、民间故事、轶闻传说、歌谣、旧志序跋等。如《苏州市志·杂记》主要收辑时限内苏州的遗闻轶事，共 96 条，内容包括地方掌故、名人轶事及具有科学价值和健康趣味的奇闻异事。《铜陵市志（1986—2010）》的附录有艺文选载，包括古代文学作品选、当代文学作品选、民间故事。《休宁县志》的附录包括要文辑存、旧县志序跋、轶事奇闻录。

　　口述史主要收集有价值的口碑资料。唐纳德·里奇认为："口述历史是以录音访谈（interview）的方式搜集口传记忆及具有历史意义的个人观点。口述历史访谈指的是一位准备完善的访谈者（interviewer），向受访者（interviewee）提出问题，并且以录音或录像记录彼此的问与答。访谈的录音（影）带经过制作抄本（transcribed）、摘要、列出索引这些程序后，储存在图书馆或档案馆。这些访谈纪录可用于研究、摘节出版、广播或录像纪录片、博物馆展览、戏剧表演以及其他公开展示。"① 口述历史选择的是在当代重大历史事件中的当事人和亲历、亲见、亲闻者。通过录制真实场景和历史当事人的讲述，将历史事件和人物形象原生态地保留下来，这比文字记载的历史更全面、更真实、更生动，而且能够多方面、多角度地保留历史，成为历史研究的依据。如：改革开放以来，千千万万的温州人白手起家，凭着"敢为天下先"的精神，率先下海，大胆创业，兴办民营企业，创造出许多"全国第一"，形成闻名海内外的"温州模式"。《温

---

　　① ［美］唐纳德·里奇：《大家来做口述历史：实务指南（第二版）》，北京：当代中国出版社，2006 年，第 2 页。

州市志》附录,部分选录改革开放以来在温州任过职的市委、市政府主要领导及部分省委领导所撰写回忆文章15篇,从决策层面见证"温州模式"的发展历程。在记述私营工业发展历史与现状时,为解决由于机构变更、部门撤并等导致的资料缺少问题,《萧山市志》选择4位私营工业企业经营者进行访谈。多方位、多角度地展示了萧山私营工业企业,从创业到发展的情况,比较详细地收集了私营工业企业业主的创业动机、如何创业、创业资金、生产资金、生产经营、发展原因、最大挫折、主要困难、从业人员(包括工资、福利、社会保险)等重要历史资料,将这些资料整理成《萧山私营工业企业经营者访谈录》,并以"附"的体裁入志。①

4. 前志勘误与补遗

2000年3月,中国地方志指导小组办公室在《关于续修地方志的几项规定(讨论稿)》中明确提出,"补遗和考订"是续修志书的五项内容之一。勘误,主要关注前志在时间、地点、人物、事件、数字、计量单位、语法、标点等方面的错误。补遗,指续志对上部志书的缺漏内容进行补充。前志有缺漏,后志要有补遗。补的内容包括:前志遗漏的门类、人物、事件或前志遗漏的门类、人物、事件的相关重要资料。本地区内的大案、大事件对后人有教育、启迪作用者。重要机构、学会、协会、研究会等应集中记载。重要文化成果、重大科技项目的记述。反映地方特点的土特产、名小吃等。重要人物的记载,如重大历史事件的关

---

① 金雄波:《〈萧山市志〉附录口述史料的探索》,《上海地方志》2016年第1期。

键人物、全国劳模、获重要奖项的各类文学工作者和艺术家、身怀绝技的工匠、公益事业的典型人物等。

前志勘误、前志补遗应成为三轮志书中必不可少的附录内容，并统一归为附录（志书的附录要统一名称为"附录"）。附录的类别数以3—6个为宜。

索　引

刘效红

地方志是官书信史，是记录历史、传承历史、弘扬历史的重要载体，也是我国璀璨文化遗产的重要组成部分。中国数千年文明史中遗留下了浩如烟海的地方志书，它们综合记述了一个行政区划内的政治、经济、文化、教育等方面的历史情况。这些志书由于流传久远，其文化和文物价值日益凸显，越来越受到重视。索引作为地方志书的重要组成部分，它以构成图书的某一概念、内容为揭示对象，指示这些概念、内容在书中的位置，从而帮助读者阅读、理解、查考其内容，是深入揭示图书内容的一种重要方法。

一、方志索引概述

方志是我国特有的一种历史文献，它综合记述了一个行政区划内的政治、经济、文化、教育等方面的历史情况，是一个地方的百科全书，具有资政、存史、教化的功能，从其发端至今已有数千年的历史。地方志已经成为人们了解地方历史、进行经济建设和爱国主义教育等方面工作的有利工具。方志索引的编制工作，便是为了适应并满足人们读志用志的需要而产生和发展起来的。

(一) 方志索引的概念

索引，旧称"通检""备检"，英文 index，音译为引得。索引是对某种文献集合中所包含的各篇文章，或所讨论的各个局部主题，或所涉及的各种事项（如地区、人物、机构、事件、生物、矿物、产品、设备、公式、数据、著作等）以简明的方式分别著录标引，即确定其检索标识和指出其所在位置，并将款目按一定的可检顺序排列和组织，以方便检索的一种工具。①

我国的索引编制始于明代万历年间张上佩编制的《洪武正韵玉键》。现代意义的索引始于 20 世纪 30 年代。最有成就的是洪业主持哈佛燕京学社引得编纂处运用现代科学方法编纂的中国古典文献索引。该社自 1930 年 9 月宣告成立，到 1950 年冬天停办。21 年间，共编印出引得 64 种 81 册，并著有《引得说》，专门讲述索引的编制原理和方法，开创了我国有组织、有计划、系统性、大规模地编纂现代索引的历史。我国方志索引的编纂始于 20 世纪 30 年代。1934 年商务印书馆在影印河北、山东、浙江、湖北、湖南、广东各省通志时，书后都附有四角号码索引。1939 年还出版了《吴县志列传人名索引》，它是我国的第一部方志人名索引。②

中华人民共和国成立后，随着我国地方志事业的发展，方志索引的编制工作也有了新的进展。1998 年 2 月，中国地方志指导小组颁发《关于地方志编纂工作的规定》，要求"全书要附有

---

① 中国索引学会编著：《中国索引学论文集（1991—2011）》，上海：上海辞书出版社，2012 年，第 7 页。

② 康伟宏：《编制方志索引刍议》，《图书馆建设》2004 年第 4 期。

索引"。索引成了"新志书不可少的有机组成部分"[①]。2008年10月，中国地方志指导小组印发《地方志书质量规定》，在第三章"体裁"中的第十一条指出，"地方志书包括述、记、志、传、图照、表、录、索引"等八体。这也是第一次正式地将"索引"纳入志书编修体裁。2008年11月3日，中国国家标准GB/T2466-2008《索引编制规则（总则）》颁布，明确指出："地方志书或地方志书集合中的概念、语词及其他项目等的信息检索工具，由一系列款目（标目、注释、副标目和出处等）及参照组成，并按照一定规则排序。"[②]

（二）方志索引的种类

方志索引的分类，大致有专题性索引和综合性主题索引两种。志书索引的编制与地方志编写要求一样，在于实用，要从志书内容的实际出发制定编写方案。

1. 专题性索引

又称为分类索引，它是为某一专项内容编制的索引。如人名索引、地名索引、图表索引、事件索引、物产索引、文物古迹索引、书目艺文索引以及机关团体名称索引等。较之综合性索引更快捷、更实用。比如，《上海世博会志》为了方便读者使用这部400多万字的专志、充分挖掘志书中的信息内容，专门编制了人名、机构、图表、主题、展览展示共5个专题索引，并编排在志书最后，有效支撑了这部专志的出版和使用。

[①] 赵峰、顾海英：《地方志索引基本问题思考》，《中国地方志》2006年第9期。
[②] 陈曼平：《续修志书编制索引浅探》，《广西地方志》2001年第4期。

2. 综合性主题索引

这是一种囊括全志内容的索引，即把志书中含有实质意义的内容，人、事、物等具有独立意义的概念，提炼为主题词，然后按一定的排列原则把这些标目（主题词）汇集一起，组成索引。常见的有两种：条目索引和内容索引。由于地方志记述的主题很广泛，涉及政治、经济、文化、科技、社会生活等各方面，而综合性主题索引具有明显的兼容性特征，因此其是目前志书、年鉴中使用最广泛的索引类型。

上述仅是较为常见的两类方志索引，实际索引类型不止这些。要编制哪些类型的索引，要从地方志的信息内容考虑。方志索引类型的选择，要根据方志的内容、性质、篇幅等因素综合衡量。

（三）方志索引的作用

不同于文学作品和专业论著，志书是记述地情的资料性著述，内容丰富，篇幅浩繁，具有多种功能和巨大的使用价值。用志是修志的主要目的，也是当代修志与历史上修志的重要区别之一。志书作用的发挥受各种条件影响，但最主要的是受用志手段和方法的影响，仅靠目录一种检索工具，远远不能满足读者查找志书中有关内容的需要。索引作为一种检索工具，能够给人们提供高效便捷的服务。志书索引可以使志书信息系统化，可以使志书信息增值、可以使静态信息产生动态效果。[①]

[①] 杨军昌：《中国地方志学概论》，北京：中国社会科学出版社，2022年，第189页。

1. 方志索引提供多方位的引导路径

方志索引可以使志书中的静态信息转化为动态信息，使修志成果走向社会。从索引的类别不难看出，索引提供多方位的引导路径，无论是地名、人名，还是事件、表格等，它都能使读者直达"目的地"，得到所需的资料。一般来说，目录是志书的窗口，是读者的路标，有了"路标"读者就可以直奔主题，进行查阅。志书的目录一般设篇、章、节、目四层或章、节、目三层，为读者提供的是"主干道"，使读者接近"目的地"。然而，要到达"目的地"还需费时寻找支线。因此，子目与细目索引或条目索引，可以从低层次对目录进行有益的补充，建立起连接"主干道"的交通网，使读者直达"目的地"得到所需资料。

2. 方志索引是传递方志信息的窗口

方志是内容丰富的百科全书，是信息密集的知识大全。尽管方志都有详细的目录，但因为志书分类造成的信息不确定性、分散性和隐匿性，很多内容被覆盖在志书的深处。如《上海市志·文学艺术分志·音乐舞蹈卷（1978—2010）》中涉及钢琴的条目有 8 条，涉及歌剧的条目有 5 条，涉及上海之春国际音乐节的条目有 30 条，涉及音乐的条目有 47 条，通过索引可以把分散在不同页码的相关机构名称、人名资料等信息集中揭示出来，大大方便了检索和利用。编制索引的过程，是将志书中的散在信息重新组合、重新标引、重新存贮的过程，也是深入开发方志资源的过程。通过索引的编制，就可以经过抽象化处理、重新组合，把分散在一部志书或多部志书各卷各章的信息内容重新集中起来，形成新的信息系统，集中传递给读者，使志书的信息增值。

3. 方志索引促进方志利用

科技成果需要转化,才能变为生产力。同样方志成果也需要转化,方志索引正是转化修志成果的桥梁和纽带。一部志书资料再翔实、内容再丰富,如无索引,也难将丰富的内容、翔实的资料展示给读者,成为"资治"的依据、"教化"的教材,发挥其应有的作用。浙江省绍兴市志办编制完绍兴市志后,受地名索引启迪,产生一个创新思维,开发出探讨"绍兴市社会经济发展与外界的关系"这一新的研究课题。他们选择北京、上海、杭州、宁波四市与绍兴社会经济发展的关系作比较研究,从索引中地名出现的次数入手,分析索引的统计数据,发现上海地名在索引卷中出现的频率高达 400 多次,比北京、杭州、宁波等市地名出现的次数多得多。据索引揭示的这一信息,查阅志书相关内容,加之统计学分析,得出结论:绍兴的社会经济发展和人才流动都与上海密切相关,尽管杭州占省府之优,宁波占地理之势,但都不能与上海相比。鉴于此,绍兴市地方志办公室向市政府呈送报告,建议绍兴经济发展与上海浦东新区接轨。市政府对报告中援引志书索引提供的信息和志书提供的资料进行充分论证,认为报告具有科学性、严密性和完整性,从而确定了与上海浦东新区接轨发展绍兴经济的战略决策。① 这个例子充分证明了志书索引的潜在功能与价值。

二、索引在旧方志整理中的应用

中国地方志文献内容丰富,数量庞大。据不完全统计,现存

---

① 陈曼平:《续修志书编制索引浅探》,《广西地方志》2001 年第 4 期。

旧志多达 8 000 余种。在旧志整理的过程中，编制索引不仅可以使这些稀见珍本志书以新的面目面世，而且可以增加旧志的利用率，从而大大提高旧志的文献价值。旧志索引编制可以划分为两个阶段。

（一）建国前的旧志索引编制工作

1930 年由容媛主编的《方志中金石志目》，开创了方志目录学成果的索引形式。1933 年出版的李濂堂著《方志艺文志汇目》，汇录了北平图书馆藏 19 个省府县 1295 部方志的艺文志卷次，共收 800 余种，列出志书名称、卷数、艺文志起止卷数、方志修著年代及其他各项。[①]《方志艺文志汇目》首次为综合目录编制方志索引。1934 年至 1936 年间，上海商务印书馆出版的嘉庆《重修一统志》和山东、广东、湖南、湖北、畿辅、浙江等《通志》均附有索引，此举首开方志书后索引的先例。以《嘉庆重修一统志》为例，书末附有王云五四角号码索引 10 册，凡山川、古迹、关隘、津梁、堤堰、陵墓、寺观、人物、图表、疆域、风俗、户口、田赋、税课、职官、土产，均予以编制，人称"有此索引，则此书兼有清代人名、地名辞典之用矣"[②]。1937 年《歙县志》之《人物志姓名备查表》，已经完全具备了现代索引的特征和功用，无论在形式上还是内容上都算作方志索引诞生的标志。1939 年江苏省立图书馆主编的《民国吴县志列传人名索引》，为民国时期影响最大的方志人物传索引。[③] 此外，各省市

[①] 周保明：《20 世纪以来旧方志索引编制述略》，《图书馆学刊》2010 年第 10 期。
[②] 何多源：《中文参考书指南》，北京：商务印书馆，1939 年，第 787 页。
[③] 衡中青：《地方志知识组织及内容挖掘研究——以〈方志物产·广东〉为例》，芜湖：安徽师范大学出版社，2012 年，第 37 页。

还有数目颇多的旧志整理的索引成果。

(二) 建国后的旧志索引编制情况

朱士嘉编《宋元方志传记索引》(中华书局 1963 年版,上海古籍出版社 1986 年重版) 是中华人民共和国成立后出版的第一部方志索引,该书依据 33 种宋元方志人物传记编辑而成,书末附人名四角号码索引,以姓氏笔画为序。

陈绍乾和林成西编《成都地方志篇目索引》(内部印行,1983) 收录明天启《成都府志》、清康熙《成都府志》、清嘉庆《成都县志》《华阳县志》等志书篇目。之后,很多旧志索引编制成果纷纷出现,主要包括:池秀云编《山西通志人物传记索引》(内部印行,1984),高秀芳等所编《北京天津地方志人物传记索引》(北京大学出版社,1987),香港学者潘铭燊编《广东地方志传记索引》(香港中文大学出版社,1989),东北三省图书馆联合编制《东北方志人物传记资料索引》(辽宁人民出版社,1991),广西通志馆旧志整理室编《广西方志传记人名索引》(广西人民出版社,1989),童银舫编《光绪慈溪县志列传人名索引》(内部印行,1991) 和《光绪慈溪县志艺文作者及书目索引》(内部印行,1993),华东师范大学图书馆古籍部编《天一阁明代方志选刊人物资料人名索引》(上海书店出版社,1997),沈治宏、王蓉贵编《中国地方志宋代人物资料索引》(四川辞书出版社,1997),王蓉贵、沈治宏编《中国地方志宋代人物资料索引续编》(四川辞书出版社,2002),蔡志展编《清代台湾三十三种地方志采访册纪略人名索引》("国立中央图书馆"台湾分馆,2000)。

亦有其他的方志文献索引:《元和郡县图志》(中华书局,

1983）附地名索引，《舆地纪胜》（中华书局，1992）附地名索引，杨淮和张莉编《太原古方志索引两种》（内部印行，1990），潘一平等编《武林坊巷志坊巷名称索引》（浙江人民出版社，1990）附地名索引，骈宇骞主编《地方志·书目文献丛刊书名索引》（北京图书馆出版社，2007）等。①

三、编制方志索引的相关研究

索引是进行信息检索不可缺少的重要工具，与书籍的目录、页码、页眉等共同构成一本书的检索系统。现代索引虽然是舶来品，但是随着我国学者不断学习、引进、吸收、消化、创新，目前在方志索引的研究方面已经有了较大的发展。

（一）方志索引研究

夏侯炳指出，增加索引，志书就回归了工具书本位，获得了货真价实的工具书的各项功能，志书是资料性文献，主要供人查阅，为便利读者用志、提高信息使用效率，必须编制索引。② 康伟宏指出，编制索引的过程，是将志书中的散在信息重新组合、标引、存贮的过程，也是深入开发方志资源的过程。科学、合理、全面、完备的方志索引是用志的工具和利器。如果每部志书都能编制出与该书内容相关的索引，每省每市乃至每个地区都能编制一部本省、本市、本地区的综合索引或专题索引，用志工作便会由口号变为现实。随着读志用志的深入开展，必将带来方

---

① 周保明：《20世纪以来旧方志索引编制述略》，《图书馆学刊》2010年第10期。
② 夏侯炳、吴乔生、谢丹丹：《新志编纂通论》，南昌：江西科学技术出版社，2015年，第270页。

事业的新繁荣。①

王彦祥对一轮志书的索引情况进行了分析,"第一轮志书中,附有索引的比例很低,且大多为手工编制,只有少数采用计算机辅助编制,究其原因,一是计算机在索引编制的应用中还没有普及,人们对机编索引的方法和技术不熟悉。二是缺乏专门的索引编制软件,这些索引编制软件既包括机辅索引又包括自动索引"②。刘枚指出,要查阅研究所需的人物资料,就需要了解我国各地区省、府、州、县乃至乡镇编有哪些方志,何时何人所编,这些方志的收藏情况等,就需要借助于方志目录的工具书。③

关于适度把握志书索引篇幅的问题,也有学者论及。陈曼平指出,编制志书索引既要着眼于尽量提供系统化的信息指南,又要考虑篇幅,因为涉及制作成本——投入的人力、时间和印刷经费。把握志书索引的篇幅,可以从整体上考虑确定索引篇幅占志书总篇幅比例的大致范围。若条件允许,索引篇幅扩大到占全志篇幅15%左右,会更能满足多种用户的需求,将会更受用户欢迎。④

任桂全认为,志书索引作为一种检索渠道,与按目检索的传统方法相比,更具有快捷的特点。因为索引采用的是一种代码信

---

① 康伟洪:《编制方志索引刍议》,《图书馆建设》2004年第4期。
② 王彦祥、殷岚:《计算机辅助编制年鉴索引》,《年鉴信息与研究》1998年第2期。
③ 刘枚:《地方志人物传记资料的检索》,《江苏教育学院学报(社会科学)》2011年第4期。
④ 陈曼平:《方志索引基本问题的再探讨》,《广西地方志》2003年第2期。

息符号,通过代码把信息转化成特定的信息符号,然后按照一定的规则排列成符号序列供用户使用。索引的编码有两个组成部分:一是信源编码,二是信道编码。这种用数字、字母或其他符号来代表信息内容的信息符号,具有简洁、明快、便于识别和排序等特点,对于读者来说,不仅可以解除按目逐页寻找的费时费力之苦,而且查找志书信息方便快捷有效,是传递和获取志书信息的理想信道。①

衡中青对计算机编制方志索引问题进行了研究。他认为,计算机编制方志索引需要索引标准指导。计算机编制索引有两种情况,一种是使用计算机辅助编制索引,是指在人工标引索引词(索引标目)并输入到计算机之后,由计算机完成排序、存储、打印输出,最后产生正式索引的过程,简称机辅索引。另一种是计算机自动编制索引,索引编制的全部过程由计算机完成,简称自动索引。对于方志索引来说,无论是机辅索引还是自动索引,都能大大提高索引的编制速度和效率。②

(二)旧方志索引编制的相关研究

旧方志没有书后索引,在一定程度上影响读者对方志的利用效率。为旧方志编制索引是一项复杂的工作,需要整合社会力量合作完成,需要有规范性的指导,需要完善的人员配备等等。王爽指出,索引的编制要有前瞻性,可以借助数据库为旧方志编制索引,通过增加字段来添加新内容,在原有基础上扩充籍贯、字

---

① 任桂全:《论地方志索引》,《中国地方志》1998年第3期。
② 衡中青:《制订〈新编地方志索引标准〉的可行性分析及技术性建议》,《佛山科学技术学院学报(社会科学版)》2010年第6期。

号、归属地等字段,将人物与地名的信息更加细化,将同一地区人物、同一地区地名集中到一起,建立一个完善的方志索引数据库,形成独具地方特色的数字资源。① 不论是旧志还是新志,其档案实录的特性与方便研究利用的功用和目的是一脉相承的。就上海地区而言,上海府县旧志数目繁多,是宝贵的资料文献,刘效红认为,编制上海府县旧志索引,无论是从提高地方志质量的角度,还是从发挥地方志社会功用、尽可能为读者提供查阅便利的角度,均显得十分必要。在上海府县旧志整理过程中,编制索引不仅可以使这些稀见珍本志书以新的面目面世,而且可以增加旧志的利用率,从而大大提高了旧志的文献价值。②

(三)新方志索引编制研究

地方志书是辑录各方面信息资源最为集中的载体,新修志书的编纂继承和发扬了旧志书的优良传统,信息的收集领域更加广阔,内容更加丰富和全面,不再唯"人物"独尊,使得编制形式更加多样、门类更加齐全的索引成为可能,同时索引的编制从内容到形式再到手段都有了一些不同。③ 首轮新方志编纂时,胡乔木在论述志书科学性问题时强调了索引制作的必要性。著名学者谭其骧、胡道静也提倡新方志要编好索引。随着第二轮新编志书工作的日趋深入和读志用志工作的蓬勃开展,方志索引的编制逐

---

① 王爽:《新形势下旧方志书后索引编制——以〈奉天通志·人名地名索引〉编制为例》,《农业图书情报学刊》2012年第12期。

② 刘效红:《关于上海府县旧志整理中索引编制问题的若干思考》,《中国索引》2019年第1期。

③ 周保明:《从〈索引编制规则〉看方志索引编制——以新修地方志为例》,《中国地方志》2011年第1期。

渐被广大修志工作者所重视。

柳成栋指出，最初的方志索引大多为表格索引，例如黑龙江的《巴彦县志》、山东的《临朐县志》、浙江的《萧山县志》，均是如此。一些方志已不满足于单纯的表格索引、图照索引，增加了人名索引、地名索引、事件索引、专题索引、主题索引等，如《安吉县志》除图表索引外，还设有主题索引，《慈溪县志》除图表索引外，还编制了《目与子目索引》，《衡阳市志》编制了《事物索引》，一定程度上深化了索引的编制工作，提高了索引的质量。[1]

关于新志书索引类型的认识，也是见仁见智。蔡一民认为："志书索引可分为自然与社会索引、经济索引、政治索引、文化索引、大事索引、人名索引、地名与名胜古迹索引、资源物产名产索引与图表索引等九大类。"[2] 王中明认为，新志书索引大体可以分为三大类29种，"一为主题索引，二为综合索引，三为专题索引"[3]。周保明认为，志书索引的类型选择需根据编制索引的实际情况而定，"比如一部六七百页的县志，编制索引分类过细恐怕就不太恰当，志书的内容和篇幅决定了编多少、编什么样的索引"[4]。殷勇认为，索引分为两大基本类型，即检索情报源

---

[1] 柳成栋：《如何编制志书索引》，《黑龙江史志》2011年第2期。
[2] 蔡一民：《新方志索引的编制》，《福建史志》1999年第3期。
[3] 王中明：《地方志书〈索引卷〉的编制原则与方法》，《陕西史志》2001年第3期。
[4] 周保明：《从〈索引编制规则〉看方志索引编制——以新修地方志为例》，《中国地方志》2011年第1期。

的索引和直接检索事实情报的索引。①

四、新方志索引的编制情况

第一轮志书数量庞大，但是普遍缺乏索引。据有关学者统计，能查到编制了索引的不到总志书的1‰②。在第二轮修志工作中，索引已被广泛纳入方志体例。以《上海市志》为例，该志书包括140部分志分卷，各分志分卷采用篇章节体，卷首设概述、大事记，以专记、附录、索引殿后。从标引内容、标引密度、标引方法到款目设计、款目编排、助检手段等方面看，该志书有别于其他文献索引，其所编制的索引不仅方便检索，又突出体现了地方特点，在很大程度上方便读者查找，极大提高了检索效率。如《上海市志·科学分志·人文社会科学卷（1978—2010）》中的索引采用了主题索引和表格索引两种编制类型，索引词条由索引词和指引项组成。索引词即检索对象，也称标目、检索词。指引项也称出处、地址码，指的是索引词的出处在志书中的具体位置。

《上海市志·科学分志·人文社会科学卷（1978—2010）》
主题索引

A 阿拉伯国家文学批评 473

B 巴金研究 463

C 长三角区域一体化发展研究 733、734

---

① 殷勇：《志书索引类型刍议》，《中国地方志》2015年第3期。
② 夏侯炳：《论续修志书推广索引体裁的必然性》，《中国索引》2010年第1期。

表格索引

表1-2-1　1995—2010年上海市民办社科机构一览表 64

表5-1-2　1992—2010年"五个一工程"奖理论文章类获奖一览表 765

表5-1-16　2007年首届中国出版政府图书奖获奖名单一览表 770

新编地方志编修工作开始后，志书索引的重要性越来越引起人们的重视。随着以计算机、网络技术和通讯技术为基础的现代信息技术的不断普及，地方志书目数据库和计算机辅助编制索引逐步建立。[①] 1998年2月，中国地方志指导小组颁发《关于地方志编纂工作的规定》，要求志书要附有索引。2008年9月，中国地方志指导小组下发的《关于地方志书质量的规定》要求"分类标准统一，名称概念清楚，提炼的标题符合主题原意，附缀正文页码准确"[②]。其中第三章"体例"第十一条，把"索引"列为第八种体裁，形成"述、记、志、传、图、表、录、索引"八体。索引成为新编地方志书不可缺少的有机组成部分，这也是地方志编修史上首次正式、明确地把"索引"纳入地方志的编修体例，具有里程碑意义。

2008年11月，中国国家标准GB/T22466-2008《索引编制规则（总则）》（以下简称《规则》）颁布，并于2009年4月1日

[①] 衡中青：《中国地方志目录学整理综论》，《佛山科学技术学院学报（社会科学版）》，2011年第6期。

[②] 孔令伟：《〈方志百科全书〉索引条目撰写研究》，《中国地方志》2011年第1期。

起实施。《规则》的颁布,对修志工作尤其是二轮、三轮志书编修具有指导性意义。其一,《规则》将索引按照不同的标准(功用、标目、编排和组织方式、发表方式及载体)分为许多种类,运用到志书索引编制中,规避掉之前修志过程中索引编制存在的一些问题,如取词不规范、种类单一、参照系统薄弱等。这些不足均可以在《规则》的指导下得到规范和改善。其二,《规则》明确了志书索引标引的范围。标引范围即索引项源文献的具体部分。《规则》指出,索引项即"文献或文献集合中被标引对象的类称"。凡是志书中论及的主题和事项,诸如人名、地名、团体名、事件名、物品名、著作名等,只要具有检索意义,皆可用作索引项,制成索引标目。标引范围应该有清楚的界定,参考《规则》对志书中可标引内容和不予标引内容的限定,志书的前言、序跋、后记、正文、图表、参考书目和附录等可标引,题辞、卷首提纲、致谢、目次、标题、摘要等不予标引。具体而言,标引范围的确定要从实际出发,新修志书一般有章节体和(篇)条目体两种体例,每种志书的体例或略有不同。① 其三,《规则》指出了志书索引编制过程中建立交互参照系统的重要性。《规则》指出,交互参照系统是"由一个索引标目指向另一个或多个索引标目或副标目的指示。可以增强相关索引标目之间的联系,故又被称为索引的连接系统"。交互参照系统分为见参照、参见参照两大类,前者是"一种反映等同关系的规定性参照,即由非规范

---

① 周保明:《从〈索引编制规则〉看方志索引编制》,《中国地方志》2011年第1期。

用词的索引标目指向规范用词的索引标目的参照形式，主要用于控制同义词、准同义词"。后者是"一种反映等级关系和相关关系的建议性参照，即由一个索引标目或副索引标目指向一个或多个相关的索引标目与副标目的参照形式"。当然，参照并不是越多越好，参照的目的是为了压缩、减少索引的篇幅和确保同一概念或特征的标目的一致性，从而利于标引也利于使用。此外，《规则》还对志书索引的出处、编排方式等做了相关规定。

无论是旧方志还是新方志，都蕴含着丰富的史料。这些史料对人民生活、科技和文化的进步以及社会发展有着足资参征的价值。地方志索引是一种检索地方志信息的工具，是以志书中某种信息单元为标目，如人名、地名、物产名、事件名、文献名、职官名、机构名等，并标明它们在志书中的地址（页码、栏目）以便查找的一种文献内容索引，是读志用志的利器。索引作为志书的有机组成部分，其编制与否、编制质量是衡量志书整体质量的重要标准，因此，《规则》的颁布十分必要。

五、关于编制方志索引的思考和建议

中华人民共和国成立以来，党和国家非常重视地方志书的编纂工作，注意发挥志书的作用，编制方志索引具有重要意义。索引是志书的重要组成部分，与凡例、前言、目录等内容一样，都是志书的构成要件。

（一）方志索引编制工作中存在的若干问题

地方志作为一种资料性工具书，其每一部分都具有重要的信息价值。地方志索引是以志书中某种信息单元（如人名、地名、物产名、事件名、文献名、职官名、机构名等）为标目，并标明它们在志书中的地址（页码、栏目）以便查找的一种文献内容索引。然而，1949年以前出版的旧方志很少编制索引，始于20世纪80年代的全国第一轮修志工作中编修的志书也极少编制索引，编制出的索引缺乏规范性，索引的基本要素残缺不全。

1. 关于新志书索引类型的认识，学术界并没统一，甚至较为混乱

蔡一民指出，"志书索引可分为自然与社会索引、经济索引、政治索引、文化索引、大事索引、人名索引、地名与名胜古迹索引、资源物产名产索引和图表索引等九大类"①。王中明则认为大体可分为三大类29种，"一为主题索引，包括自然区域、政治、军事、法制、农业、工业、建设环保、交通邮电、金融保险、国内贸易旅游、外经外贸、非国有经济、经济综合管理、科教、文卫体和社会生活16种。二为综合索引，揭示散见于志书中数量比较多的具有共性的内容，单一清晰、易于标引，包括地情、人名、插图照片、表格和机构团体单位索引5种。三为专题索引，揭示比较独特的散见于志书中的内容，或特殊读者群需求的具有地域特色的内容，包括全省之最、人民革命斗争、物产、胜迹文物景观、名优产品、著述文献、获奖成果和专用名词术语8种"②。

在方志索引编制的实践中，不是照搬照抄或直接套用哪套索引，而是要具体问题具体分析，要根据地方志书的实际情况，根

---

① 蔡一民：《新方志索引的编制》，《福建史志》1999年第3期。
② 王中明：《地方志书〈索引卷〉的编制原则与方法》，《陕西史志》2001年第3期。

据方志的内容和篇幅,最终决定编制什么样的索引合适。

从现有成果看,旧志书内容索引大部分为人名传记资料索引,这其中又有专门为一部志书所做的索引和以多部志书为信息来源所做的索引。新志书的索引数量颇多,但体例、内容均各取所需,各行其法。例如,首轮志书中《萧山县志》(1987)之表格索引,《天门县志》(1989)之人物传索引、革命烈士表索引,《龙游县志》(1991)之大事、机构或单位、人物、事务及专题索引,《慈溪县志》(1992)之目或子目、图表索引,《临安县志》(1992年)之要类索引,《宁波市志》(1995年)之文字索引、入传人物索引和图表索引等。

2. 关于方志索引的标准化问题

著录和标引是编制方志索引的关键所在,也是评价方志索引质量的根据之一。标准著录和方志标引有助于将书目、索引转为机读的目录、索引,实现志书著录的国际统一,这是建立统一检索体系和实现网络化的基础,是方志编修工作现代化的重要课题,也是提高方志资料利用率,达到方志资源共享的重要手段。近年来,方志索引编制工作得到了各地的普遍重视,但总的来说,已出版的方志索引中,依然存在检索途径单一、检索功能有限现象,在标引的深度、正确率、覆盖率、规范性等方面存在不少问题。《索引编制规则(总则)》为修志工作尤其是三轮志书提供了科学、合理的方志索引编制规则,对于维护地方志书的科学性和完整性具有举足轻重的作用。《规则》明确了方志索引的分类标准和编码规则,可以使得信息的录入和查询过程更加标准化和系统化,以确保方志索引乃至一部志书的完整性和准确性。

3. 索引编制的力度有待进一步加强

在推广方志索引的问题上，现在已经有大批方志专家、学者大力提倡。志书尤其是二轮志书的编纂工作中，索引已成为组成部分之一。然而，索引编制的力度仍有待加强。有学者主张可以通过举办培训班、开展业内讨论、制定行业标准或试行办法、在约稿合同中增设索引条款、将有无索引列入评估条件等，多措并举促进出版环节的索引编制，以提高从业人员认识、普及索引知识、交流索引编制经验、加强法规建设。此外，为了使业界形成索引共识，不仅要通过各种渠道进行有效宣传和呼吁，对书籍索引工作实施指导、督促，使图书生产、流通、利用各环节密切配合，还要采取奖励、补贴等一系列措施，支持索引的编制和出版。①

（二）如何编制科学规范的方志索引

不断提高编制方志索引重要性的认识，把编制方志索引纳入整个修志读志用志体系中来，全盘规划，科学安排。

1. 确定索引类型

地方志内容丰富，涉及面极广，仅有一个编（篇、卷）、章、节、目的目录，对于读者来说，要查阅一个归属多样化的内容无异于大海捞针。此外，志书的记述对象——自然与社会本身具有复杂性，必然导致交叉、重复的情况②，因此，在编制索引前需要确定索引的类型。索引的种类繁多，如分类索引、主题索引、篇目索引、人名索引、地名索引、机构名称索引等。地方志书的

---

① 周柏康：《关于图书内容索引的一段对话》，《中国索引》2007 年第 5 期。
② 上海市地方志办公室编：《方志编修教程》，北京：方志出版社，2004 年，第 183 页。

索引范围,即标引对象,是省志、市志、县志、乡镇志和专业志等,志书索引类型的确定要符合方志的特点,并且符合读者的需要。特别是编制旧志索引时要特别注意古今地名的异同,重复人名、地名的区分与处理,尤其是少数民族人名,满语、蒙古语及其他少数民族语言的句读不能标错。[①]

主题索引是实用性最强的索引,也是编制难度最大的索引,它是指用规范化的语言对文献主题内容加以标引,并按一定的顺序排列一些词语,从而向读者提供检索文献内容的指南。在编制综合性较强的志书索引时,首先应考虑编制主题索引,其次再考虑其他索引。从已出版的《上海市志》的书后索引来看,该套志书的索引能够较为全面地揭示各专志的专业术语、专有名词等内容特征。如《上海市志·文学艺术分志·音乐舞蹈卷(1978—2010)》在卷末采用了主题索引的编制方式,分音乐、舞蹈主题进行检索。

《上海市志·文学艺术分志·音乐舞蹈卷(1978—2010)》
音乐

发展交响乐事业基金会 162、178

傅聪 417、511

黄贻钧 180(图)、252、253、434、520、520(图)、647 半身像(图)、252

民族室内乐 289、398

民族乐器 245、606

---

① 柳成栋:《如何编制志书索引》,《黑龙江史志》2011年第2期。

民族乐团 4、186、187、525

舞蹈

《阿 Q》798、821、979

芭蕾舞剧 12、796、889

芭蕾舞团 748、753、829、851、878、891、895

《霸王别姬》761、803、819、820、888、979、981

黄豆豆 14、908、1050

对于新修志书而言，通常采用的编制方式是给专志编制综合索引。将全部索引款目统一排列成一个综合索引（单一索引），还是按照款目的特点分编成几个专门索引（多重索引），往往取决于地方志书（或志书集合）的内容和篇幅。对规模不大的志书内容索引来说，可以选择综合索引而不宜选择同时设置几个专门索引。规模较大的索引是否编制多个专门索引，要看是否具有相当数量的同类索引款目、足够单独建立一种索引。[①]

2. 确定标引范围

标引范围也就是索引项源文献的具体部分。索引项即文献或文献集合中被标引对象的类称。凡是志书中论及的主题和事项，诸如人名、地名、团体名、事件名、物品名、著作名等，只要具有检索意义，皆可用作索引项，制成索引标目。编制方志索引时，必须充分考虑索引项的形式和来源，充分挖掘志书中包含的有检索意义的属性。标引范围应该有清楚的界定。参考《索引编

---

① 周保明：《从〈索引编制规则〉看方志索引编制——以新修地方志为例》，《中国地方志》2011 年第 1 期。

制规则（总则）》对图书中可标引内容和不予标引内容的限定，志书的前言、序跋、后记、正文、图表、参考书目和附录等可标引，题辞、卷首引语、章首提纲、致谢、目次、标题、摘要等不予标引。具体而言，标引范围的确定要从实际出发，新修志书一般有章节体和（篇）条目体两种体例，但每种志书的体例或略有不同，如《松江县续志》，它的概述、大事记、正文（43卷）、专记、附录以及正文中所包含的大量的图、表等，都应该在标引范围，而序言、凡例、目录、卷首引语、编后记和编辑人员名单等就不必索引。

需要指出的是，索引范围和索引深度关系密切。《索引编制规则（总则）》中指出，"索引深度不仅取决于索引项的类型和数量多少，而且还取决于标引的索引单元的大小，标引的索引单位越小，标引深度就越大"，对志书（或志书集合）的揭示就越全面，提供的检索途径就越多。索引深度的大小既影响检全率，又影响检准率，在标引深度方面，现有的传统检索工具给我们提供了很多启示。志书中的人名、地名、官名、书名、年代、典故、制度、族属、范畴、语词等关键词都有相应的标引。此外，标引年代和人物、事件关联的检索工具有年表、年谱，标引人物传记出处的有人物传记资料索引，标引人物亲属关联的有家谱、世系表、行第录，标引地理方位的有历史地图、全国地理总志或地方志，等等。[①]

[①] 中国索引学会编著：《中国索引学论文集（1991—2011）》，上海：上海辞书出版社，2012年，第82页。

3. 科学合理编排

方志索引设计的核心是针对有关的索引源、结合读者的需求选择和发掘索引项，然后将确定的索引项进行合理的安排。即按照志书的内容加以分类，在阅读全志的基础上，确定编制索引的形式与范围，在确定了索引项之后，对索引结构进行设计，对各种索引项作出合理的、精心的安排，将所需标引的词目以某种顺序编排在一起，规定索引排检规范，提炼出具有实质含义的关键信息，按照一定的编排规则（音序或笔画）排列顺序，用能简括其意的主题词作为标引，注明其页码，汉字字符排序如拼音、笔画和四角号码等方法均适用于志书索引，可以以一种编排法为主，以其他编排法为辅。非汉字字符如阿拉伯数字、拉丁字母等往往起到辅助作用。如《三门峡志》的索引说明："一、本志书的索引收录范围包括书中的所有内容，都可以在本索引中检索。二、本索引采取主题索引方法，按字母顺序排列，阿拉伯数字及字母开头者排在一画之前。三、索引名称后面的数字表示索引词所在的页码。四、内容有交叉的索引词，在索引中重复出现，同一索引词后面的数字是按页码的顺序排列。五、人名索引收录包括正文及附录中的人名，其中人名后面的页码上有'＊'号的表示此人物有传记或简介，同一人名可多次出现，以后面的页码顺序为准。"新方志索引的编排方法可借助辞书的检索编排方法，如音序法、笔画法、部首法，旧版辞书还有四角号码检索法。①如1996年出版的《绍兴市志》不仅索引单独成册，有主题索引

---

① 张小莲：《方志索引的编制方法探析》，《上海地方志》2016年第3期。

1种（目与子目索引），分类索引3种（人名索引、地名索引、艺文志著录书目索引），形式索引2种（图照索引、表格索引），而且篇幅占到全志页数的11％，是新编志书中索引容量最大的一部志书，切实发挥了信息系统化，信息增值，以及揭示、报导隐匿信息，使静态信息产生动态效果等功能。一是能够在不影响志书自身系统性的前提下，把分散在志书各卷、章中的信息内容重新集中起来，形成新的信息系统。举例来说，鲁迅是绍兴的名人，著名文学家，中国现代文学的奠基人，五四新文化运动的主将。但因为志书"横排竖写"的书写方法，与鲁迅相关的人、事、物，被分门别类地写入有关卷、章中，如鲁迅故居列入《文物》卷，三味书屋在《教育》卷中记述，文学创作见诸《文学》卷，风土人情则在《风俗》卷中反映。如果想了解鲁迅在绍兴的活动，就只好到志书相关的卷、章中去"按目逐页地找寻"。但《绍兴市志》因为有了《人名索引》，在"鲁迅"条款目下，把志书中涉及鲁迅的144处地方都一一记下其册数、卷数、页码和栏别，使原本散见于志书各个卷、章中的有关鲁迅的信息集中在一起，形成了一个关于"鲁迅"的新的信息存贮系统，方便读者快速、有效地查寻到鲁迅的全部信息。二是志书信息通过索引重组以后，在促使志书信息系统化的同时，还能产生出新的信息，实现志书信息的增值。如《绍兴市志》通过编制《人名索引》，得知全志共有13 619名人物入志，其中以事系人的人物13 094名，这就是直接的信息增值，因为以事系人在志书中是分散记述的，很难对此作出精确数字估计，因此在未编《人名索引》之前，很难搞清楚志书究竟有多少入志人物。三是通过编制索引，可以使志书的静态信息变成动态信息，产生直接的社会效果。①

4. 建立交互参照系统

建立交互参照系统是编制志书索引款目时不可忽略的重要过程。交互参照是一些指令，不考虑它们将会失去整个索引和索引内相关款目的指南。志书中常见有内容相同或者相近，但主题词不同的记述，还有同一主题的信息用不同形式的同义词表述，因此，设置检索款目时将会出现同一主题的信息分散到不同款目之下，降低索引的查全率，若将同一主题信息的出处一一注在不同索引词下，势必造成篇幅膨胀，同时加大检索次数。为了控制同义词的分散和提高检索效率，有必要建立交叉参照系统。②《索引编制规则（总则）》中指出："参照是由一个索引标目指向另一个或多个索引标目或副标目的指示。可以增强相关索引标目之间的联系，故又称为索引的连接系统。"分为见参照、参见参照两大类，前者是"一种反映等同关系的规定性参照，即由规范用词的索引标目指向规范用词的索引标目的参照形式，主要用于控制同义词、准同义词"，后者是"一种反应等级关系和相关关系的建议性参照，即由一个索引标目或副标目指向一个或多个相关的索引标目或副标目的参照形式"。参照的目的是为了压缩、减少索引的篇幅和确保同一概念或特征的标目的一致性，从而利于标引也利于使用。通过交叉参照，将最重要的标题选为正式词语，通过交叉参照把检索者引向相关的资料。

---

① 沈松平：《索引入志的历史回顾与未来趋向》，《广西地方志》2020 年第 5 期。
② 张小莲：《方志索引的编制方法探析》，《上海地方志》2016 年第 3 期。

5. 确认索引出处

《索引编制规则（总则）》指出，索引出处用来"指明索引标目或副标目所识别的某一概念或事项在文献或文献集合中的具体位置"，索引出处往往采用被标引文献本身具有的特征，例如页码、区段、章节号、文献号、条目号等。索引出处标示的总原则是准确、简练。地方志书索引出处主要采用外表形式定位标识，旧志书主要采用页码、栏目，而新志书一般采用卷（册）、页码、栏目等。

此外，编制志书索引需要遵循几项原则。一是准确性原则。编制索引必须以准确性为前提。索引名称一定要规范、清楚，不产生歧义。如人物索引可能产生广义、狭义两种理解。广义看，可指人名；狭义看，可指在某方面有代表性或具有突出特点的人。例如，首轮《绍兴市志》中有关鲁迅的资料多达144处，由于编有索引，很快就可以利用其《人名索引》"鲁迅"款目将分散在500余万字的信息中无一遗漏地找出来。[①] 二是简便性原则。这是编制索引目的性的体现。编制索引是让人能快捷地找到所需信息，因此索引要简单明了，便于操作。三是合理性原则。索引分类要标准统一，合乎逻辑，不可使分类子项相互包容或分类不全。同时，检索方法要实用，要符合检索内容在文中的特征，不可一概用笔画检索法。如人名、地名从习惯看，用笔画检索最为理想；大事记以年代先后检索为宜；图、表格按先后次序检索为好。四是信息性原则。具体志书的信息量都不是无限的，对于某

[①] 任桂全：《论地方志索引》，《中国地方志》1998年第3期。

一志书而言，在确定可标引内容时，如果少于其实际具有的可标引内容，最终会造成漏检，如果多于其实际具有的可标引内容，最终会造成误检。索引要体现信息价值，不具有实际意义及无参考价值的例子或习惯用语宁少勿滥。

总之，方志索引的编制，应遵循《索引编制规则（总则）》的要求，客观、公正地选择志书中的可标引内容，用精心挑选、确切的词语去表达志书中的概念或特征，标引用词应做到前后一致。

（三）未来修志如何运用索引的几点建议

方志索引是获取方志知识的检索工具，捕捉方志信息的利器，也是地方志编修各项工作科学化和高效化的有力保障。随着互联网的不断发展，利用计算机编制方志索引成为方志索引编制技术发展的高级阶段。

1. 索引编制呈数字化趋势

方志索引编制工作既是一项智力劳动，也是一项繁杂的事务性操作。人工编制方志索引耗时较多，而且难免出现查错。互联网时代的到来，为方志索引的编制带来了新的发展天地，带来了更为广阔的数字资源和技术应用环境。计算机数据库技术的出现，为索引的编制提供了一个高效、简便的工具。与传统索引相比，数字方志索引除了具备传统索引所具备的检索功能外，还具有传统索引不具备的功能，例如出版地、出版年等都可以作为检索字段提供检索（一般是作限定检索），还可以实现多种途径的单一检索和多组配检索等。采用计算机数据技术编制索引，不仅可以使索引的编制达到事半功倍的效果，而且还极大地丰富了读者的检索途径,进而实现以往传统的印刷型索引所达不到的效果。纸型版志书索引还可以利用和借鉴电子网络数据库的检索技术,实现多级、交叉或全方位、高效的查询功能,为制作纸型志书索引服务。迄今应用较为广泛、功能较为完备、在出版过程中应用的索引软件颇多,如王彦祥与王广林等合作开发的《索引之星》。编制图书索引的流程如下:打开《索引之星》并灌入目标文档→标引(抽取)索引款目→索引文档即时校对和修改→索引款目自动排序→人工合并调整并添加排序符号→粘贴使用说明→索引文档排版后的内容及格式校对→提供索引成品。①

2. 数字方志索引的特点及标准

数字方志索引有别于传统的检索方法,对志书内容进行主题索引是计算机数据技术编制索引的一个特点,也是数字检索有别于传统印刷型检索的重要标志,计算机可以写入、记录、增删改、查错、替换、格式整理、排序(任意序列、单项或多项排序)、合并数据和重新排序、打印或转录(任意格式、任意部分)、制印版、检索(单项索引、多项组配检索)。② 数字方志索引具有传统索引不具备的优势。可以说,传统方志索引的全部检索功能,在数字方志索引中都能实现,而数字方志索引中的许多检索功能却是传统索引所不能实现的,数字方志索引比之传统方志索引有更多的检索功能。

---

① 王彦祥:《我与索引——一名中国索引学会会员的索引服务经历》,《中国索引》2004年第2期。
② 侯汉清:《索引技术和索引标准》,北京:北京图书馆出版社,1997年,第110—111页。

第一，数字方志索引可能实现一次输入、多次多种输出。即方志索引数据一次性输入并校对正确后，可以根据实际需要生成不同检索途径、不同范围、不同格式、不同载体的各种方志索引产品。

第二，数字方志索引的编制，可以在很大程度上减少传统方志索引在编制过程中抄写、排序、打字或者排版过程中产生的差错，大大提高方志索引的质量。

第三，数字方志索引的编制具有成本低、速度快等优势。可以大大缩短由一次文献到二次文献（索引产品）的时差，从而提高工作效率，大大降低生产成本。

为使数字检索达到应有的效果，数据库对于主题词的使用有相应的标准：一是索引用词的规范性。数字方志索引选用的词应具有检索意义和组配意义，并能够表达相应的概念，词义必须明确，一词一义，应当参照《中国图书分类主题词表》中的词汇，按照上述原则编制主题词表。二是索引用词的准确性及全面性。数字方志索引的标引用词应准确无误地指向原文中的具体位置，以便读者能够快速找到相关信息。此外，数字方志索引还应覆盖志书中所有重要内容和主题，以确保满足读者的不同需求。三是标引用词的适度性。由于方志内容浩繁，主题标引应恰如其分，若是标引用词过少，就不能全面准确地揭示事物的基本情况，在检索的过程中难以达到预期的效果；反之，标引用词过多，则会造成对某一内容界定过细，同样会加大检索过程的难度，降低检索效果。四是索引用词的易用性。数字方志索引的编排和设计应当简洁明了，便于读者使用和查阅，索引的检索方式应便于读者快速搜索目标信息,例如,可以通过关键词、主题或者标题进行检索等。此外,数字方志索引还应考虑数字化技术的特点和应用,如采用先进的技术手段提高索引的检索效率和准确性,以及适应不同的阅读设备和平台等。

3. 传统索引与数字索引的关系

需要指出的是,强调数字方志索引的重要性,并不意味着抛弃传统方志索引以及其原理和方法。传统方志索引仍有使用价值,可以将其转换成数据库,进一步开拓其应用领域,继续发挥其价值。

索引是方志文献开发利用的重要工具,数字方志索引是推动方志事业发展的有力支撑,数字方志索引是索引的新形式。

随着时代的发展和社会的进步,包括方志索引知识、方志索引理论、方志索引编制方法与编制形式、呈现形式等各种与方志索引相关的内容仍需要理论结合实践,结合我国方志编纂的实际特点,依据国家标准,推陈出新。一方面,用方志编制实践为方志索引理论夯实基础。另一方面,科学的方志索引理论将对方志索引实践的发展起到积极的指导作用,二者相辅相成,不断推动方志索引编制工作的更好发展。

编纂科学规范的索引是修志工作中最基础、最核心的工作之一,事关志书的水平成效,进而影响志书的质量和价值。两轮修志工作中的索引编纂工作既有思想认识、工作模式、问题处理等方面的共同点,也有顶层设计、研究手段、工作难点等方面的不同点。两轮修志索引编制工作呈现出认识不断深化、方法不断拓宽、手段不断创新、模式不断丰富、研究不断完善的发展趋势,但同时也存在一定的路径依赖问题，主要表现为对索引编纂工作的重视度不够，编纂索引的比例过低，索引编纂的形式单一，规范性欠缺，等等。准确是志书的灵魂，质量是志书的生命线。如何使第三轮志书的索引功能最大化，这是编制志书索引必须要考虑的基本问题，也可以说是三轮修志工作中编制索引的出发点和落脚点。三轮修志工作要树立更加规范、主动、开放、多元的观念，建立质量标准控制体系、拓宽收集渠道、完善保障机制等，破除前两轮修志索引编纂工作的路径依赖，全方位适应和保障修志工作的全面开展。

方志索引编制工作的未来，是基于方志索引的发展历史和现状基础之上的。只要读者存在着读志用志的需求，方志索引就会存在，而且这种需求的变化最终必然导致方志索引工作朝着更为现代、更为实用的方向发展。地方志部门要适应不断变化的形势，将传统与现实良好地结合，既有传承，也有创新，努力打造经得起历史检验的地方志书，继续坚持修志为用，发挥好地方志服务发展大局功能。

英文翻译

赵明明　石梦洁

地方志作为我国特有的记录地方历史的文献形式，是对外传递中华传统优秀文化的重要渠道之一。首轮新编地方志书基本不涉及英文翻译。随着社会不断发展，各国文化交流互鉴逐渐成为构建人类命运共同体的价值诉求，地方志书英文翻译的重要性日渐突出。第二轮新编地方志书（简称"二轮志书"），以及一些未被纳入二轮规划的志书，开始重视英文翻译。

一、地方志英文翻译概述

地方志的英文翻译，顾名思义，就是将地方志这一中国传统的文献形式用英语表达出来。习近平总书记指出："要把优秀传统文化的精神标识提炼出来、展示出来，把优秀传统文化中具有当代价值、世界意义的文化精髓提炼出来、展示出来。"[①] 就地方志这一优秀传统文化而言，英文翻译对其在文化交流方面的作用主要体现在以下三点：

一是有利于文化外交。中国地理版图幅员辽阔，各地风土人情不尽相同。国际社会对中国文化的印象如果还停留在京剧、唐

---

① 2018年8月21日习近平总书记在全国宣传思想工作会议上的讲话。

装、书法、舞龙舞狮等符号上，难免刻板化、片面化。英文翻译的地方志，可以以地区为单位向海外宣传介绍中国，让国际读者更好地理解和欣赏中国不同地区的文化特色。

二是有利于国际合作。地方志除了记述人文地理之外，还包含一个地区政治、经济、科学技术、医疗卫生等方面的情况，可谓是一地之"百科全书"。以上海地区二轮志书为例，140部市志中囊括了农业、商业、服务业、旅游业、财政税收、对外经贸、交通运输、城乡建设、邮政电信等各行各业的分志、分卷，全方位展现了上海改革开放以来取得的成就。这些记载中包含的信息资源，对于国际间的合作具有重要价值。英文翻译地方志，有助于建立起更广泛的国际伙伴关系，推动跨国地方与地方之间在经济、科技、学术等各领域的合作。

三是有利于旅游推广。地方志可以突出介绍地方的自然景观、历史遗迹、特色活动等旅游资源，通过英文翻译，有助于在国际舞台上展示地方的独特之处，增加目的地的吸引力。同时，地方志作为一种工具书，里面包含着关于衣食住行方面的实用信息，对国际游客规划旅行、提升旅行体验具有一定的价值。

当前，国内在地方志英文翻译中存在一定的不足。一是信息缺失。由于文化的差异转换，某些地方特有的文化元素，在英文翻译中可能无法得到完全体现。二是专业术语翻译困难。地方志作为中国独有的历史记录形式，一些专业表达在英文中没有确切的对应，就连"地方志"三个字本身的英译在海外汉学界都未曾得到统一，诸如此类的争议导致翻译的准确性会有所偏差。三是方言俚语无法表述。地方志中的一些记载会具有当地独特的语言特点,很多地区还有专门的"方言志",这类志书在翻译时准确性更加难以传达。四是英语翻译人才的不足。当前中国地方志领域能够从容应对专业的英文写作和沟通的学者凤毛麟角,而翻译专业的人才虽然对语言熟练掌握,但往往不具有文史学科的知识背景,难以对地方志做出专业性的翻译。

基于上述原因,迄今为止,地方志英文翻译大多还是体现在目录翻译上,全本翻译的案例并不多。鉴于这一情况,本文对地方志英文翻译作出的探讨,主要聚焦于目录以及专有名词的翻译现状。

二、关于地方志英文翻译的研究现状

1996 年,杨全红、李文涛较早开始探讨"地方志"一词的英译问题,称地方志"是我国独特的文化遗产",列举并分析了 11 种"地方志"的英译名,认为以 local records 译"地方志"总的来看是比较"忠实"与"通顺"的。① 2000 年,沈思睿发现在《中国大百科全书》上几乎所有的条目中文名称后都有英译名,可是很遗憾在"方志"和"地方志"的条目下却没有标明,于是查阅若干权威工具书,如《远东汉英大辞典》(新华出版社,1995 年,梁实秋主编)、《汉英大词典》(上海交通大学出版社,1993 年)等,并咨询中央编译局英文处,发现使用比较多的、词意上比较接近原意的当属"local chronicles",或者直接译为

---

① 杨全红、李文涛:《"地方志"英译名刍议》,《中国翻译》1996 年第 1 期。

"chronicles"。① 2003 年，傅昭桂对《"地方志"英译名刍议》一文作出回应，针对"地方志"能不能译成 gazetteer 的问题，认为普通的英语辞书通常将其解释成 a list of place names（地名表）或 an index of geographical names（地名索引），但某些大型的工具书则有更加深入详细的解释。他进而提出：gazetteer 一词同中文的"地方志"除按字母顺序编纂这一点外，含义大体上是吻合的；也正因为如此，以 gazetteer 译"地方志"更为英美学者所惯用，一些汉学家就是用（local）gazetteer 一词来翻译"地方志"的。② 从上述这些学者的研究中也可以看出，早期业内主要侧重于对"地方志"英译名的探讨，基本不涉及具体内容翻译的问题。

随着二轮修志工作的筹备和推进，探讨地方志英文翻译的文章逐渐增多，探讨主题也更加多元化。大部分文章对地方志英文翻译，尤其是目录部分翻译的重要性和必要性持肯定态度。如：新疆的刘爱春指出，自治区现已出版的志书中，设置英文目录的极少。作为一地最具权威的"官书"，这不能不说是个缺憾。新疆作为中央西部大开发战略决策的重要实施之地，跨国招商引资、合作开发正成为各级政府发展当地经济的重要举措。志书作为官方出版物，其准确、翔实、全面的资料信息，就是为需要者而备。英文版志书出版发行条件尚不成熟，若在志书中先设英文目录，则可方便部分使用者通过查询目录确定有无需要的信息，

---

① 沈思睿：《"地方志"英文该如何翻译？》，《上海地方志》2000 年第 6 期。
② 傅昭桂：《"地方志"不能译成 Gazetteer 吗？》，《五邑大学学报（社会科学版）》2003 年 2 月。

为这些潜在读者群提供服务。① 卢万发提出，编写地方志必须坚持"质量第一"原则，提出出台新编地方志质量评估标准，从政治标准（20分）、记述标准（40分）、体例标准（20分）、特色标准（10分）、出版印刷标准（10分）以及附加分（10分）等维度进行评估。其中，附加分的衡量标准包括精装与平装、是否随书刻录光盘、是否用英文翻译目录和概述，以及发行量多少。在同等条件下，有英文翻译的志书比没有英文翻译的志书多2.5分。② 吉祥在《中西方文化语境中"方"与"志"的比较研究》中，探讨了中西方文化语境中的"志"及其语言翻译转换。作者通过对汉语和西方语言两种文化语境的考察，发现中国文化的"（方）志"，在西方人看来和他们的（地方）编年史、地理词典有部分接近的成分。而西方的地理学地志和人类学民族志，以中国人的眼光看，又含有类似中国的"志"的意义。这种文化翻译，恰恰体现了中西方对"志"和"方志"的双向理解，正是这种理解构成了中西方关于"志""方志"文化学术交流的基础。③ 赵明明《地方志书英文目录常用术语翻译述评——以上海市级专志为例》通过调查、分析2018—2019年出版的上海市级专志，发现其英文目录存在不同程度的翻译不统一甚至失准的情况。究其原因，主要在于翻译与编纂脱节、与评审脱节、与学术脱节。④ 田

---

① 刘爱春：《第二轮修志工作应注意的几个问题》，《新疆地方志》2007年第1期。
② 卢万发：《论志书质量评估标准》，《广西地方志》2007年第1期。
③ 吉祥：《中西方文化语境中"方"与"志"的比较研究》，《史志学刊》2017年第5期。
④ 赵明明：《地方志书英文目录常用术语翻译述评——以上海市级专志为例》，《上海地方志》2019年第4期。

丰在《中国地方志跨文化传播中的受众意识》中,认为语言的多样性可以满足受众的接近性需求。地方志的文本翻译,一方面已经实现了语种的多样化,各国学者通过查阅地方志形成的多语种研究成果,在客观上扩大了地方志的影响力,方便更多语种的使用者直接或间接接触中国地方志;另一方面,受众的接受程度是检验翻译效果的直接标准,在"中国名镇志丛书"的中英文版对比中,可以发现译文力求自然贴切,采取了符合英语使用者阅读习惯的多种翻译策略。①

也有个别研究者对地方志的英文翻译持否定态度,认为地方志目录等部分英文翻译产生的初衷,固然是为了便于国际交流,但更大的原因是一味追求创新、时尚,是从学术期刊上移植过来的,这种形式是否完全适合于志书有待商榷。其理由包括:一是志书不同于学术期刊。学术期刊以交流为主,近年来,随着对外交流的深入发展,国内越来越多的学术期刊将刊物的目录译成英文,以便外国读者了解中国学者的观点,让中国学者的科研成果走向世界;地方志书以资政、教化、存史为主要目的,对外交流意义不大,所以与学术期刊不同。二是除学术期刊外,古今中外各类书籍没有这种形式(全书中英文对照者不计),有悖书籍语体及地方志"语体文"惯例。三是意义作用有限。阅读使用志书的绝大多数是中国人,英文目录无意义;有部分外国人使用,光有英文目录无作用。四是每部志书的英文目录多达 20 多个页码,

---

① 田丰:《中国地方志跨文化传播中的受众意识》,《中国地方志》2020 年第 1 期。

占比为全书的 1/40，要投入一定的资源财力。①

总体来说，虽然近 30 年地方志学术研究十分活跃，但关于英文翻译方面的研究相对匮乏，理论性、系统性、连贯性不强。

三、英文翻译在地方志书目录中的应用

(一) 目录常用术语翻译差异性

上海二轮修志工作 2010 年启动，具体任务包括编纂《上海市志（1978—2010）》、上海市级专志以及上海市区县志。其中，上海市级专志（又称"实体志"）的记述和编纂主体是能够代表或体现上海行业、事业特点的大型企业集团和重点院校、科研院所、医疗院所等事业单位。和首轮修志不同，上海二轮修志启动伊始便对志书英文目录作了明确要求：志书目录必须与正文标题、页码相符，并采用中英文对照，中文目录居前，英文目录居后。目录标题一般到正文节以下第一级类目的标题，特殊的重要内容也可不受此限，包括放置重要图表的标题和附录文献的标题。②

本节内容以二轮修志期间出版的前 7 部上海市级专志为例，实证分析目录等要素在英文翻译上的差异性。③ 7 部志书均设有中文目录和英文目录，中文目录均设"篇""章""节""目"4

---

① 张凤雨：《地方志书附件存在问题浅见》，《广西地方志》2013 年第 4 期。
② 上海市地方志办公室编：《〈上海市志（1978—2010）〉编纂十二年》，上海：上海辞书出版社，2022 年，第 552 页。以下凡引此书仅注书名和页码。
③ 此后，随着上海二轮志书编纂出版工作深入推进，主管部门加强了指导，英文目录逐渐统一规范。

个层级。其中，只有 2 部志书的英文目录"篇""章""节""目" 4 个层级齐全，而另外 5 部只设有"篇""章""节"三个层级，详见表 12-1。

表 12-1　7 部上海市级专志目录常用术语中英文对照表

中　文	英　　　文
目　录	CONTENTS、Contents
序	Preface by、Preface
凡　例	Explanatory Notes、Notes、General Statement、Guide to the Use of This Book、General Notices
总　述	Overview、Sketch
大事记	Chronicle of Events、Historical Events、Chronicles
第一篇①	Article One、Part One、Part 1
第一章	Chapter 1、Chapter One、Chapter I
第一节	1.1.1②、Section One、Section I、Section 1、1.
第一目	1、1.1③
概　述	Summary、Brief Introduction、Introduction、Overview
人　物④	Personages、Personage、Personalities、Significant Figures、People

---

① 关于篇、章、节、目的表述，此表均以"第一……"为例。
② 1.1.1 表示的是第一篇第一章第一节。
③ 1.1 表示的是第一节第一目。
④ 上海市级专志设人物篇，篇下一般设人物传（略）章、人物简介章以及人物表（录）章。

(续表)

中文	英文
人物传（略）	Character Biography、Historical Biography、Deceased Vice-principals、Biography
人物简介	Introduction to the Characters、Personalities' Introduction、Outstanding Figures in the Field of Teaching and Research、Biography、Introduction
人物表（录）	Personages List、Staff Name-list、Outstanding Figures、Selection of Personages、Figures Lists
专记	Special Events、Special Subject、Special Notes
附录	Appendix、Appendixes
索引	Indexes、Index
编后记	Afterword、Postscripts、Postscript

从上表可以看出，在上海市地方志办公室的统一规范和要求下，志书目录中的常用术语的中文表述能基本保持一致，但对应的英文翻译则明显"各自为政""百花齐放"，甚至没有一例是7部志书完全一致的。有些词汇居然出现5种不同的翻译，如凡例（Explanatory Notes、Notes、General Statement、Guide to the Use of This Book、General Notices）、人物简介（Introduction to the Characters、Personalities' Introduction、Outstanding Figures in the Field of Teaching and Research、Biography、Introduction）等。需要说明的是，目录、序、凡例、总述、大事记、概述、人物、人物传（略）、人物简介、人物表（名录）、

索引、编后记是上海市级专志必设要素，专记、附录为非必设要素。以专记为例，7 部志书中只有 3 部设专记，然而其对应的英文翻译也有 3 种。

（二）常见地方志术语英文翻译问题的讨论①

1. 地方志/方志

《现代汉语词典》中对此解释为："记载某一地方的地理、历史、风俗、教育、物产、人物等情况的书。也叫地方志。"②中国地方志工作办公室给出的官方解释为"全面、系统地记述本行政区域自然、政治、经济、文化、社会的历史与现状的资料性文献"③。英语中对"方志"比较常见的表达有两种，local chronicle 和 local gazetteer。**Chronicle**："a written record of events in the order in which they happened"④，这种表达能符合地方志按照时间记录的特点，即业内常说的"纵书史实"；但对于另一个重要的书写要求"横排门类"体现得并不明显，使人感觉"方志"和"编年史"的概念差异并不明晰。**Gazetteer**："a list of place names published as a book or at the end of a book"⑤。美国汉学家、威斯康辛大学历史系副教授戴思哲（Joseph R. Dennis）2015 年的专著 *Writing, Publishing, and Reading*

---

① 以本文表 12-1 中所列词汇为主要讨论范围。
② 中国社会科学院语言研究所词典编辑室编：《现代汉语词典》（第 7 版），北京：商务印书馆，2016 年，第 367 页。以下凡引此工具书仅注书名和页码。
③ 中国方志网，http://difangzhi.cssn.cn/sygk/。
④ [英]霍恩比原著，赵翠莲等译：《牛津高阶英汉双解词典》（第 8 版），北京：商务印书馆，2014 年，第 346 页。以下凡引此工具书仅注书名和页码。
⑤ 《牛津高阶英汉双解词典》（第 8 版），第 724 页。

*Local Gazetteers in Imperial China，1100—1700*①（中译名：《中华帝国方志的书写、出版与阅读（1100—1700年）》）颇具影响力，戴氏将方志表达为"local gazetteer"，此书由他2004年的博士论文改写，从中可一窥当代西方汉学界对"方志"这一中国特有文献形式的理解和接受程度。但从"gazetteer"这一单词比较主流的解释来看，似乎更强调"地名册"或者"地名索引"（a list of place names），未能涵盖地方志体裁的历史性、时间的系统性以及内容的全面性。尽管两个单词都不能完全反映"地方志"的特点，但是相比较而言，"local chronicle"在语意上更接近一些。目前，中国地方志工作办公室在网站、期刊等官方媒体上使用的都是"local chronicle"的复数形式，可视作一种自上而下的规范和统一。

2. 图照

志书中的"图照"意为图片和照片，以后者为主。照片即相片，图片则主要有区位图、示意图、流程图、结构图等。**Picture**："a painting or drawing，etc. that shows a scene，a person or thing""a photograph"②，同时具备"图画、绘画"和"相片、照片"两种含义，比photo、photograph、print等词更恰当和全面。

---

① Joseph R. Dennis，*Writing，Publishing，and Reading Local Gazetteers in Imperial China，1100—1700*，Cambridge，Mass.：Harvard University Asia Center，2015. 中译本见［美］戴思哲：《中华帝国方志的书写、出版与阅读（1100—1700年）》，上海：上海人民出版社，2022年。

② 《牛津高阶英汉双解词典》（第8版），第1541页。

3. 目录

"书刊上列出的篇章名目（多放在正文前）"①。**Contents**："the different sections that are contained in a book"②。中英文对应的释义较为明确和统一，分歧在字母大小写。按照惯例，应为大写"CONTENTS"。

4. 序

相当于"序文""序言"，"一般写在著作正文之前的文章。有作者自己写的，多说明写书宗旨和经过。也有别人写的，多介绍或评论本书内容"③。方志从南宋定型以来，"序"也被逐渐应用，并积习相承，成为独立的组成部分。首轮和二轮社会主义新方志中皆有前序。序可分为三类：① 自序，即作者或编者自撰；② 他序，即上司或其他人撰写；③ 代序，即用一篇有关的文章代序。志书序文内容大致有几种：追溯方志源流，论及史志关系；评述方志优劣，阐明修志理论；比较修志得失，探讨方志体例；论述方志功能，说明重要价值；议论修志人员的德才标准；记述资料的来源，强调取舍考订的重要；介绍前志版本、内容情况；概述一地建置、特色或行业特点；简介成书经过；简介修纂者的生平情况，等等。英文中关于"序"有两个对应词汇：**Preface**："an introduction to a book, especially one that explains the author's aims"④；**Foreword**："a short introduction at the

---

① 《现代汉语词典》（第 7 版），第 928 页。
② 《牛津高阶英汉双解词典》（第 8 版），第 321 页。
③ 《现代汉语词典》（第 7 版），第 1480 页。
④ 《牛津高阶英汉双解词典》（第 8 版），第 1608 页。

beginning of a book"①。相对而言，前者的释义更符合地方志序文的目的和要义。

5. 凡例

"书前关于该书体例的说明"②，"说明著作内容和编纂体例的文字"③。凡例亦称"例言""发凡""总例""叙例""略例"等。语出西晋学者杜预《春秋左氏传·序》："其发凡以言例，皆经国之常制，周公之垂法，史书之旧章。"可见发凡、例言、凡例等皆引申自"其发凡以言例"。发凡者，就是针对一本书的形式、内容，作出具体条文式的规定和说明。用方志学家朱士嘉的话来说，凡例不但"对于编修目的、方法和内容结构"要作"纲领性说明"，且"对全书有指导意义"。凡例虽然文字不长，但内涵极其丰富，有特殊的地位，它具有权威性和法则性，有立体解义之作用，是修志的方案、阅读的指南。笔者认为，凡例是翻译难度系数最大的词汇之一。英文中相对应的表述有这样几种：第一种 **Explanatory Note**，其中 Explanatory 是一个形容词，涵义为"giving the reasons for sth; intended to describe how sth works or to make sth easier to understand"④；Note 是名词，涵义为"a short comment on a word or passage in a book"⑤。第二种，**Note** 单独使用。第三种 **General Statement**，其中 General 涵义为

---

① 《牛津高阶英汉双解词典》（第8版），第821页。
② 《现代汉语词典》（第7版），第358页。
③ 中华书局辞海编辑所主编：《辞海》（第六版），上海：上海辞书出版社，2009年，第463页。以下凡引此工具书仅注书名和页码。
④ 《牛津高阶英汉双解词典》（第8版），第721页。
⑤ 《牛津高阶英汉双解词典》（第8版），第1404页。

"affecting all or most people, places or things"①，Statement 涵义为"something that you say or write that gives information or an opinion"②。第四种 **General Notice**，Notice 的涵义为"a sheet of paper giving written or printed information, usually put in a public place"③。第五种 **Guide to the Use of This Book**，其中 Guide 涵义为"a book, magazine, etc. that gives you information, help or instructions about sth"④。根据英文释义，Explanatory Notes 的涵义为"解释性说明文字或者注释"，Notes 涵义为"注释"，General Statements 涵义为"总的说明"，General Notices 涵义为"总的通告或声明"，Guide to the Use of This Book 涵义为"本书的使用指南"。5 种翻译都有一定道理，但似乎又均未能体现中文中"凡例"二字的奥妙和精髓。相对而言，Notes 更加简洁易懂。

6. 总述和概述

对总述和概述的使用方法因志书而异。一般而言，在翻译时应明确总述的英文涵义须比概述的更加宏观。《辞海》和《现代汉语词典》均未收录总述一词，根据字面解释，笔者认为总述的涵义是"总的叙述、描述和阐述"。《现代汉语词典》对概述的释义为"大略地叙述"⑤，《辞海》没有收录该词。**Overview**："a

---

① 《牛津高阶英汉双解词典》（第 8 版），第 870 页。
② 《牛津高阶英汉双解词典》（第 8 版），第 2037 页。
③ 《牛津高阶英汉双解词典》（第 8 版），第 1405 页。
④ 《牛津高阶英汉双解词典》（第 8 版），第 934 页。
⑤ 《现代汉语词典》（第 7 版），第 419 页。

general description or an outline of sth"①；**Sketch**："a short report or story that gives only basic details about sth"②；**Summary**："a short statement that gives only the main points of sth, not the details"③；**Introduction**："the first part of a book or speech that gives a general idea of what is to follow"④。综上，overview、sketch、summary 均有"概述"的涵义，但相对而言，overview 涵义更宏观一些（内含 general），而 sketch、summary 更强调其 short 的特点。Introduction 则更侧重于"引言""引导"的涵义。因此，总述宜翻译为"overview"，概述译为"summary"或"sketch"均可。

7. 大事记

"把重大事件按年月日顺序记载，以便查考的材料"⑤。**Chronicle**："a written record of events in the order in which they happened"⑥；**Event**："a thing that happens, especially sth important"⑦；**Historical**："connected with the past"⑧。综合来看，Historical Events 缺少"按年月日顺序"的涵义；Chronicles 未能体现大事、要事的特点，且目前官方较多使用这一词来翻译"地方

---

① 《牛津高阶英汉双解词典》（第 8 版），第 1469 页。
② 《牛津高阶英汉双解词典》（第 8 版），第 1944 页。
③ 《牛津高阶英汉双解词典》（第 8 版），第 2091 页。
④ 《牛津高阶英汉双解词典》（第 8 版），第 1107 页。
⑤ 《现代汉语词典》（第 7 版），第 245 页。
⑥ 《牛津高阶英汉双解词典》（第 8 版），第 346 页。
⑦ 《牛津高阶英汉双解词典》（第 8 版），第 702 页。
⑧ 《牛津高阶英汉双解词典》（第 8 版），第 997 页。

志"，容易引起混淆。相比之下，Chronicle of Events 更恰当。

8. 篇、章、节、目

这部分属于层级划分，互相之间在涵义上具有一定的交叉。篇，"成部著作中的一个组成部分"①。**Article** 并无与之对应的涵义，**Part**（a section of a book②）更适合。单独的"章"和"节"在词典中并未找到对应的释义，词组"章节"涵义为"文章的组成部分，通常一本书分为若干章，一章又分为若干节"③。**Chapter** 的相关释义为"a separate section of a book, usually with a number or title"④，**Section** 的相关释义为"a separate part of a document, book, etc."⑤ 对应章、节，没有分歧。"目"，因为难以找到匹配的英文词汇，目前只能用阿拉伯数字来表示。综上，第一篇、第一章、第一节、第一目建议分别用"Part 1""Chapter 1""Section 1"和"1"来表示。

9. 人物

根据志书的实际内容来看，人物篇一般既记载"在某方面有代表性或具有突出特点的人"⑥，也记录普通的员工、职工。**Personage**："an important or famous person"⑦；**Personality**："a famous person, especially one who works in entertainment or

---

① 《辞海》（第六版），第 1432 页。
② 《牛津高阶英汉双解词典》（第 8 版），第 1493 页。
③ 《现代汉语词典》（第 7 版），第 1650 页。
④ 《牛津高阶英汉双解词典》（第 8 版），第 324 页。
⑤ 《牛津高阶英汉双解词典》（第 8 版），第 1863 页。
⑥ 《现代汉语词典》（第 7 版），第 1099 页。
⑦ 《牛津高阶英汉双解词典》（第 8 版），第 1526 页。

sport"①；**Figure**："a person of the type mentioned"②；**People**："persons；men，women and children"③。综上，Personage、Personality 过于强调 important、famous 的涵义，People 的涵义又过于大众化。因此，人物篇宜翻译为"Figures"，但无需前缀"Significant"（有重大意义的，显著的）。

9. 人物传（略）

《现代汉语词典》对传记的释义为"记录某人生平事迹的文字"，对传略的释义为"比较简略的传记"④。《辞海》中对传记的释义为"或单称传，记载人物事迹的作品"⑤，未收录传略一词。从志书实际内容来看，该部分篇幅有限，无论其名为"人物传"还是"人物传略"，其实质都是"传略"。**Biography**："the story of a person's life written by sb else"⑥，基本符合传记的涵义，但没能体现篇幅小和记述简略的特点。**Character** 的涵义为"令人讨厌或古怪的人""有趣的或不同寻常的人""书籍、戏剧、电影中的人物或角色"⑦，作为前缀不妥；**Historical** 涵义为"历史的、历史题材的"⑧，作为前缀，实无必要；**Deceased Vice-principals** 涵义为"已故副校长"，查询该志，内容的确是记述学

---

① 《牛津高阶英汉双解词典》（第 8 版），第 1526 页。
② 《牛津高阶英汉双解词典》（第 8 版），第 771 页。
③ 《牛津高阶英汉双解词典》（第 8 版），第 1517 页。
④ 《现代汉语词典》（第 7 版），第 1722 页。
⑤ 《辞海》（第六版），第 2528 页。
⑥ 《牛津高阶英汉双解词典》（第 8 版），第 186 页。
⑦ 《牛津高阶英汉双解词典》（第 8 版），第 324 页。
⑧ 《牛津高阶英汉双解词典》（第 8 版），第 997 页。

校已故常务副校长、副校长的生平，但作为对应的中文目录"人物传"的翻译，不够具有普遍性。综上，"人物传（略）"宜翻译为"Brief Biography"，增加前缀 brief（简洁的、简单的[①]）。

11. 人物简介

《现代汉语词典》对简介释义为"简要介绍的文字"[②]，《辞海》没有收录该词。**Introduction to the Characters** 没有体现简要的涵义，且 Characters 上文已探讨过，不适合作为人物的翻译；**Personalities' Introduction** 也不妥，原因同上；**Outstanding Figures in the Field of Teaching and Research**，意为"教学和科研领域的杰出人物"，表述过于直白，且英文翻译也须要兼顾地方志行文朴实的特点，尽量不用 Outstanding 等描述性的溢美之词；**Biography** 是传记的意思，不妥；**Introduction**，"the act of making one person formally known to another, in which you tell each the others' name"[③]，侧重于面对面（正式的）介绍、引见或者用信函来介绍、引见。**Profile** 涵义为 a description of sb/sth that gives useful information[④]，涵义最接近。综上，人物简介宜翻译为"Profile"。

12. 人物表（录）

表，始创于司马迁《史记》，是纪传体史书的组成部分，用表格形式记述历史大事。根据地方志实际内容来看，"表"就是

---

① 《牛津高阶英汉双解词典》（第 8 版），第 243 页。
② 《现代汉语词典》（第 7 版），第 638 页。
③ 《牛津高阶英汉双解词典》（第 8 版），第 1107 页。
④ 《牛津高阶英汉双解词典》（第 8 版），第 1634 页。

分类排列记录事项的表格；录，就是"名录"，涵义为"登记人名或其他事物名称的簿子；名册"①。《牛津高阶英汉双解词典》对 **List** 的相关释义为"a series of names, items, figures, etc., especially when they are written or printed"②，基本能够表达表、录的实际意思。**Personages List** 中的 Personages 不妥，上文已探讨；**Staff Name-list**，特别强调 name 姓名，实际上表格里常常不仅有姓名，还有其他诸如职务、任职年限等内容；**Outstanding Figures** 杰出人物，不能涵盖全部人员，且上文已讨论过，地方志中不宜使用 Outstanding；**Selection of Personages**，被选中的人物，涵义与人物表（录）相差较大。综上，鉴于通常人物表（录）都是设置在人物篇下，从行文简洁的角度考虑，可以直接表述为 List 即可。

13. 专记

《现代汉语词典》和《辞海》均未收录该词，中国地方志指导小组《地方志书质量规定》要求"专记设置因事制宜，选题严格，数量适度"（中指组字〔2008〕3 号），《方志编修教程》中解释为"专记，或称专题记述，是就某一事件展开深入记述的一种体裁……专记是纪事本末体在志书中的具体运用"③。《牛津高阶英汉双解词典》对 Special 的相关释义为 "organized or intended for a particular purpose"④。**Special Events** 涵义为特设

---

① 《现代汉语词典》（第 7 版），第 912 页。
② 《牛津高阶英汉双解词典》（第 8 版）。
③ 上海市地方志办公室编著：《方志编修教程》，北京：方志出版社，2004 年，第 120 页。以下凡引此书仅注书名和页码。
④ 《牛津高阶英汉双解词典》（第 8 版），第 1997 页。

的大事，**Special Subject** 涵义为特设的主题、题材，**Special Notes** 涵义为特设的记录（但这个记录指提醒自己的记录，或者在听讲、读书时的记录①）。相比较而言，Special Events 较为接近专记的中文涵义。

14. 附录

"附在正文后面与正文有关的文章或参考资料"②。**Appendix**："a section giving extra information at the end of a book or document"③。中英文对应的释义较为明确和统一，分歧在单复数。附录数量超过一个的，用复数 Appendixes 或 Appendices。

15. 索引

"旧称'通检'或'备检'，也据英语 **Index** 音译为'引得'。检寻文献资料的一种工具"④。索引的翻译无争议，分歧也在单复数。志书设置的索引种类通常超过一个，如主题词索引、人名索引、表格索引等，用复数 Indexes 或 Indices。

16. 编后记

《现代汉语词典》和《辞海》均未收录该词，《方志编修教程》中解释为"对志书编纂工作从开始到完成的整个过程的高度概括和总结，是研究方志的重要辅助史料"⑤。**Afterword**："a section at the end of a book that says sth about the main text,

---

① 《牛津高阶英汉双解词典》（第 8 版），第 1404 页。
② 《现代汉语词典》（第 7 版），第 409 页。
③ 《牛津高阶英汉双解词典》（第 8 版），第 81 页。
④ 《辞海》（第六版），第 1814 页。
⑤ 《方志编修教程》，第 144 页。

and may be written by a different author"①；**Postscript**："extra facts or information about a story, an event, etc. that are added after it has finished"②。相比较而言，Afterword 一词更接近编后记的中文涵义。

四、对三轮志书英文翻译的建议

二轮志书中，英文目录逐渐增多，部分还设有英文序言和总述（概述）。整本志书翻译的情况也开始出现，如方志出版社在"志书精品走出去"项目中推出名镇志《乌镇志》《枫泾镇志》《周庄镇志》英文版之后，又启动了俄语、越南语等多个小语种的图书出版；2019 年 3 月，推出名村志《开弦弓村志》英文版。2020 年 6 月，江苏省南京市栖霞区地方志办公室编纂的《栖霞简志》英文版出版发行。该志以 2002 年版《栖霞区志》为蓝本缩编、翻译而成，保留了原志中对现代化建设仍有参考价值的篇章，强化了有时代特色、栖霞地域特色的内容，减缩篇幅，浓缩精华，并体现了简志的特点。全书共设 24 编，40 余万字，采用追踪式叙述、全景式扫描、多角度透视栖霞区的自然、人文、经济建设、社会发展和民生百态，反映了栖霞区的基本风貌和发展演变轨迹。《栖霞简志》英文版是全国首部英文区县级综合性志书，对未来地方志英文版的编修实践具有重要意义。此外，越来越多翻译专业的研究生论文，也

---

① 《牛津高阶英汉双解词典》（第 8 版），第 37 页。
② 《牛津高阶英汉双解词典》（第 8 版），第 1596 页。

开始以志书（节选）为翻译实践样本。①

在全国首轮和二轮修志过程中，地方志主管部门很少公开将英文翻译列为工作任务，也很少对英文翻译的相关质量作出规定要求。中国地方志指导小组办公室主编的《当代志书编纂教程》，第三章"方志的体裁"，下设八节，分别为志体、述体、记体、传体、图体、表体、录体和方志的其他体裁（序体、凡例、索引），并未提及英文翻译。② 此外，无论是中国地方志指导小组印发的《关于第二轮地方志书编纂的若干意见》（中指组字〔2007〕1号）③、《地方志书质量规定》（中指组字〔2008〕3号）④，还是上海市地方志办公室制定的《上海市地方志书评审验收办法》（沪志办〔2014〕43号）⑤，均未对地方志书的英文翻

---

① 张洪岩：《汉英翻译中的选词策略研究——〈沙河口史话〉英译实践报告》，辽宁师范大学2014年硕士专业学位论文；张雅慧：《地方志文本中复杂句式英译的实践报告——以〈朝阳历史与文化〉翻译实践为例》，辽宁师范大学2015年硕士专业学位论文；李楠：《顺应论视角下〈大连市中山区志〉英译实践报告》，辽宁师范大学2017年硕士专业学位论文；王栖：《顺应论下〈金县志〉英译句式重构实践报告》，辽宁师范大学2019年硕士专业学位论文；汤文浩：《〈商丘地区志（续卷）〉（节选）汉英翻译实践报告》，宁波大学2019年硕士专业学位论文；余英：《旅游文本〈太湖志〉英译实践报告，上海师范大学2020年硕士专业学位论文；尹枫：《旅游文本汉英翻译实践报告——以〈岳阳楼志〉节选为例》，上海师范大学2020年硕士专业学位论文；杨恒：《〈莱芜地方志资料库〉（节选）汉英翻译实践报告》，吉林外国语大学2020年硕士学位论文；李丹阳：《〈中国地方志〉（节选）翻译实践报告》，山东建筑大学2020年硕士学位论文。

② 中国地方志指导小组办公室编：《当代志书编纂教程》，北京：方志出版社，2010年。

③ 中国方志网，https://www.difangzhi.cn/flfg/fggh/202007/t20200721_5158427.shtml。

④ 中国方志网，https://www.difangzhi.cn/flfg/zdjs/201510/t20151028_4944622.shtml。

⑤ 《〈上海市志（1978—2010）〉编纂十二年》，第591页。

译作出质量规定,也未将英文翻译列入评审验收的审查范围。以《上海市地方志书评审验收办法》为例,地方志书评议、审定和验收的内容和重点都有较为详细的规定,但这些规定均未涉及英文翻译。在志书评议、审定等工作实践过程中,也鲜有专家对英文目录的翻译提出意见。

有鉴于此,对新一轮修志工作中的英文翻译工作提出以下建议:

(一)全国各级地方志主管部门应对志书英文翻译问题予以重视

近年来地方志事业发展迅速,无论志书编纂,还是学术研究,都取得了长足的进步。全国性的"扶贫志""小康志"编纂正在开展,三轮修志即将启动,方志学也在积极申报国家一级学科。鉴于志书英文翻译目前相对"拖后腿"的状况,在制定修志规划时,就适当考虑将英文翻译纳入其中。体量小的志书,考虑整本翻译;体量大的志书,暂时先考虑翻译目录、序、总述和概述等,逐步推进。对常见地方志用语的翻译,给予指导性意见和标准,以免参差不齐、花样百出。加强评审把关的力度,尝试建立统一且具有可操作性的翻译质量规定和评判标准,在遴选评审专家时,选取1到2位具有评审志书英文翻译能力的专家。加强学术探讨,《中国地方志》《上海地方志》等学术刊物可以将"地方志英文翻译研究"列入论文选题参考范围,积极营造学术研究的氛围。

(二)翻译不能与编纂脱节

翻译是一门精深的学问,既要有扎实的外文基础,也要与时俱进,对翻译对象有充分的认知,了解相关学科、行业的历史和发展情况。从以往的情况来看，很多志书的英文目录并非出自一线编纂人员之手，而是由承编单位另觅擅长英文的工作人员临时客串翻译，或者临时聘请的英文专业人员翻译。尽管这些人员的英文水准毋庸置疑，但他们对地方志可能并不了解。而且因为是临时客串的工作，也难以苛求他们花时间、花精力去熟悉志书内容。在一不了解地方志学科、二不熟悉志书内容的前提下，出现翻译不统一甚至失准的状况是必然的。志书承编单位在志书编纂工作启动时，就应为编纂班子选配至少1名具有较强英文功底的人员，而非临时抱佛脚，以"完成任务"的心态应对英文翻译。

（三）规范三轮志书常用词汇英文翻译

对三轮志书常用词汇的英文翻译统一规范，供志书编纂单位参考使用；对非常用词汇或所编纂志书专业性词汇等的英文翻译，由志书编纂单位自行研究决定。表12-2为笔者提出三轮志书常用词汇的英文翻译建议，供参考。

表12-2　三轮志书常用词汇英文翻译建议表

中　　文	英　　文
地方志	Local Chronicles
图照	Pictures
目录	CONTENTS
序（言）	Preface
凡例	Notes

(续表)

中　　文	英　　文
总　述	Overview
概　述	Summary 或 Sketch
大事记	Chronicle of Events
第一篇	Part 1
第一章	Chapter 1
第一节	Section 1
第一目	1
人　物	Figures
人物传（略）	Brief Biographies
人物简介	Profiles
人物表（录）	Lists
专　记	Special Events
附　录	Appendixes 或 Appendices
索　引	Indexes 或 Indices
编后记	Afterword

说明：表格内单复数系按照常规情况设置。

后　记

为弥补方志学有关编纂体裁研究著作的不足，更重要的是进一步总结二轮修志相关经验、为三轮修志提供参考借鉴，上海市地方志办公室于2023年下半年开始整合地方志系统和上海市地方志发展研究中心的科研力量，开展《地方志编纂体裁述论》（以下简称本书）的编研工作。

2023年6月，组成编研组，落实分工；7月，查找资料，思考篇目框架；8月初，集中交流，确定篇目框架和述论体例，主编开展撰写培训；8—10月，撰写初稿；11月初，初稿讨论会；11—12月，根据主编意见修改，草定初稿。2024年1—6月，反复修改书稿；3月底，定版12篇学术论文，作为阶段性研究成果；7月下旬，进入出版流程。

本书的"序跋、凡例、述体、大事记、志体、传体、图体、表体、专记、附录、索引、英文翻译"12章，由市区两级地方志工作办公室和上海通志馆、当代上海研究所的16位地方志研究人员在上海市地方志发展研究中心主任、复旦大学历史学系教授巴兆祥的学术指导下撰写。上海市地方志办公室研究室主任唐长国，协调推动编研及出版工作；对本书的篇目设置和各章研究体例严格把关，对书稿中的内容及文字仔细修改。当代上海研究所副所长陈畅，协助主编修订书稿、协调编研组工作、落实编校出版流程。上海市地方志办公室李晓阳，精心组织编研会议，并与复旦大学方志学博士研究生张晨一起做好校样工作。

在2024年5月14日由上海市地方志办公室主办的"上海地方志论坛"上,12篇学术论文作为"地方志编纂体裁述论"阶段性研究成果,获得来自全国高校、科研院所、地方志工作机构专家学者的广泛关注和充分肯定。

再次感谢14位作者的求真务实的科研精神和孜孜不倦的辛苦付出!同时感谢文汇出版社社长周伯军为本书严把编校质量关及其顺利出版所作出的重要贡献!